葬儀業の
エスノグラフィ

田中大介［著］

東京大学出版会

An Ethnography of the Funeral Industry in Japan

Daisuke TANAKA

University of Tokyo Press, 2017
ISBN 978-4-13-056310-9

目　次

序章　死をめぐる儀礼と産業の結びつき　　1

1　問題の所在　　1
2　先行研究の展開　　8
3　小　括　　30

第1章　日本における葬儀業の歴史的展開　　33

1　葬儀業の原初形態　　33
2　専門業者の成立　　40
3　サービス産業への道程　　50
4　小　括　　59

第2章　葬儀業界の構成　　63

1　市場規模　　63
2　業界団体　　68
3　業種間ネットワーク　　76
4　小　括　　92

第3章　葬儀社の仕事　　95

1　N　社　　95
2　仕事の連鎖　　107
3　知識と能力　　118
4　小　括　　141

ii

第4章　新しいサービスの創出 ………………………… 143

  1　儀礼空間の演出　143

  2　家族葬　152

  3　ライフエンディング・デザイン　167

  4　小　　括　175

第5章　ケア産業としての葬儀業 ………………………… 179

  1　ケアと葬儀業　179

  2　デス・ワークとデス・ケアの接点　184

  3　ケア文脈の諸相　191

  4　小　　括　207

第6章　つくられる葬儀 ……………………………………… 211

  1　葬儀のイノベーション　211

  2　「マクドナルド化」論を超えて　219

  3　葬儀をつくる――文化資源論の視座から　227

第7章　「現代の死」と葬儀業 …………………………… 235

  1　現代葬儀における能動性と創造性　235

  2　わたしらしい死　239

  参照文献　241

  あとがき　251

  索　　引　259

序章　死をめぐる儀礼と産業の結びつき

　本書は現代日本の葬儀業に関する人類学的エスノグラフィである．葬儀業という仕事の広がり，そして葬儀業が今日の社会で果たしている役割を明らかにすることが，これから取り組む作業である．

　そしてまた，これらの題材に取り組むということは，必然的に今日の葬儀のありようを描き出す試みと重なっている．つまり本書は，葬儀業への注目を通じて，葬儀について考えるのである．

　だが，とりわけ人類学において葬儀という研究対象が膨大な問題群を構成していることをふまえれば，「葬儀について考える」という上述の表現は研究対象を示唆する最も大きな輪郭でしかない．それでは，本書は葬儀の何について問うのか．また，葬儀業への着眼は何を浮き彫りにするのだろうか．まずは，全体を貫く問い・視点・調査設定などを確認し，さらに先行研究の展開を考察しながら，本書の位置づけと意義，および問題意識を明らかにしておきたい．

1　問題の所在

⑴　焦　　点

　本書の研究対象は，現代日本における葬儀業[1]の活動と，葬儀業によって提供される葬儀サービスの諸相である．これらに関する筆者の調査事例を人類学

---

　1)　「葬祭業」も一般的な名称のひとつであるが，本書では日本標準産業分類の表記に準じて「葬儀業」を用いる．ただし，参照文献などで葬儀業以外の名称が用いられている場合は，各々の表記を変えることはしていない．また，筆者のこれまでの論稿では「葬儀産業」の語を用いている場合があるが，これは葬儀業以外の関連業種を含む包括的な産業カテゴリーを念頭に置いたものであり，その使い分けを本書でも踏襲する．

的エスノグラフィとして提示し，その考察から次の問いに対する説明を導き出すことが筆者の目的となる．

今日の葬儀において，葬儀業はどのような役割を果たしているのだろうか．

おそらくは，「葬儀業の役割とは葬儀を請け負うことである」という言葉が，ごく当たり前の応答として想起できるだろう．しかし本書の問題意識の焦点は，まさにその当たり前に対する疑問にある．まずは，この点についての説明を議論の契機としたい．

現代において，特に第三次産業が一定の成熟を見せている地域では，葬儀社の供給するサービスはすでに葬儀の実施に必要不可欠となっている．本書が対象とする日本においても同様であり，葬儀を「多彩な民俗や慣習が織り成す局地的な実践」という観点から把握することは困難になり始めている．とりわけ高度成長期以降は，葬儀社と葬儀サービスの浸透はまさに津々浦々への普及という形容で語ることができる．重要なことは，この津々浦々への普及が，事業者数の増加や営業範囲の拡大という量的な変化を意味するだけでなく，葬儀業に求められる役割が単なる便宜供給から総合的・中心的な差配へと移行したという質的な変化の側面も有していたことである．言い換えれば，それは死の発生から葬儀社への依頼までが一連かつ当然の手続きとして人びとに受けとめられるようになる，という変化でもあった．

この状況は，たしかに産業化という構図のもとに捉えることができる．なぜなら，上述の「一連かつ当然の手続き」は，売買・契約・供給・消費・職業労働・専門性・イノベーションといった種々の事象，すなわち産業的機制に含まれる諸事象と密接に結びついているからである．一方，本書ではこの構図を，厄介な手間が業者のサービスや商品によって代替されている風景として素朴に描き出すことはしない．たしかに，過去において葬儀業は代行業者の性質が強いものであったが，現在ではその範疇をすでに超えている．葬儀業に限らず，現代のサービス産業は消費者の嗜好を汲み取ることに多大な経営資源を注ぎ，その末に苦心して打ち出した新たなサービスが陳腐化すれば，また新機軸の創出に力を注ぐという循環にますます重きを置くようになった．すなわち，葬儀を葬儀社が請け負うという見慣れた光景のなかには，「新しい付加価値」や「消費者の嗜好」が葬儀サービスのやり取りを通じて具現化されるという回路

が埋め込まれているのであり，それはまた葬儀＝葬送儀礼を産業的実践として
も成り立たせる回路でもある．

　本書は，このような「儀礼と産業の結びつき」の機制がどのように成立して
いるのかという問題意識に基づいている．一見すると対極に位置しているかの
ようにも思われる「儀礼」と「産業」という2つのモノゴトを，葬儀業の人び
とはどのように融合し，あるいは調停しているのだろうか．そしてまた，葬儀
業の日々の仕事には，「葬儀業が葬儀を請け負うのは当たり前である」と単純
に受け流すことのできない多様かつ多元的な光景が展開されているのではない
だろうか．本書の取り組みは，最終的にはこれらの問いに向けて収束していく
ことになる．

(2) 視　点

　次に，本書の学術的な意義と位置づけを明らかにしておくために．先述の
「儀礼と産業の結びつき」という視点の背景について説明を加えておきたい．

　本書では，死と葬儀をめぐる人間関係の図式として思い描かれてきた，故人
や遺族を中心として同心円状に広がる血縁・地縁・知己といった関係に対して，
サービスのやり取りをめぐる供給者と消費者の関係を新たに加えることを試み
る．つまり本書が葬儀業の活動に注目する背景には，現代葬儀を観察する眼差
しのなかに現代的な供給—消費関係の力学を導入したいという企図が存在する
のである．それはまた，従来の人類学における儀礼観を再検討する試みにもな
り得るであろう．

　重厚な蓄積を持つ儀礼研究の総覧に取り組むことは，本書の問題意識から外
れるため，ここでは回避したい．しかし過去の儀礼研究で培われてきた主要な
儀礼観からひとつの潮流を抜き取るとすれば，「なぜ儀礼をするのか」という
因果論的な問いへの応答を目指していた点を挙げることができる．たとえばピ
エール・リエナールとパスカル・ボイヤーは，多くの儀礼研究が「儀礼の一元
的な定義」の探究に腐心してきたものの，それらの議論の多くは儀礼を儀礼と
して定めるための基準を設けるというよりも，「儀礼とは云々の出来事があっ
たときに行われる」という因果論に基づくものであったことを指摘している．
彼らに言わせれば，それは漠然と儀礼に当てはまりそうな諸実践を次々に思い

浮かべながら多配列分類的に列挙していく作業であり，そのため儀礼という用語は「結婚」や「宗教」と同じく明晰な分析概念に未だかつてなり得たことがなかったという [Liénard and Boyer 2006: 814-815]．このような儀礼研究の系譜的把握には，筆者も概ね同意する[2]．しかし，儀礼の有効な定義が確立し得なかったのは，彼らが示唆するような，相互に橋渡しのできない理論や図式が溢れかえって収拾がつかなくなっているという見立てとは異なる背景があるようにも思われる．むしろ，あるひとつの図式が，さまざまな儀礼を語る際のグランド・セオリーの座にあったからこそ，儀礼を明確な分析概念のもとに位置づけることが回避されてきたのではないだろうか．

　その図式とは，いわゆる民俗モデルのことである．その内容について，福島真人の記述を以下に引用してみたい．

　　外部の観察者が作り上げた分析モデルに対して，その当事者が自分達の行動の指針としているようなモデルを民俗モデル（folk-model）という．素朴な経済学者等が，現実（muddle）に対するモデル（model）といった形で普遍的経済人のモデルを想定し，その結果単純な二元論になるのに対して，文化人類学者の場合，文化的な観念体系が，その当事者の行動を全く規定しないと信じでもしないかぎり，その文化的拘束がある種のモデルを成していると想定して，この二元論の真ん中にこの民俗モデルを置く事になる．
　　[福島 1992: 296]

　このような民俗モデルを前提とした思考は，それを意識的に議論に組み込んでいるか否かの濃淡こそあれ，儀礼を語るための常套的な切り口とされてきた．しかし別の論稿 [福島 1993] において福島が指摘しているように，この思考の隘路は上述の「文化的拘束」を儀礼実践の土台に無批判に据えてしまうことによって，儀礼の意味や定義といった事柄についての記述と解釈が担保できなく

---

2)　しかし，この同意はあくまで彼らによる研究動向の把握に関するものであり，彼らが言うところの神経認知モデル neurocognitive model や危機察知システム hazard-precaution system のもとに儀礼を捉え得る [Liénard and Boyer 2006: 814] といった主張にまで賛同するものではない．というのは，そのような図式化自体が，彼らが批判している当の因果論的な儀礼観から抜け出ていないため，自己矛盾の感を生じているからである．

なってしまうという点にあった。つまり、儀礼の参加者に対して観察者が儀礼を行う意味や目的について問うたときに、「それが慣習だから」といった類の循環論法的な言明が返ってきてしまえば、その先に議論を進めることは、言わばインフォーマントが語ること以上の内容を恣意的に憶測してしまうことにつながると危惧されたのである。

福島だけでなく、この「儀礼の解釈不可能性」にまつわる議論は、少なからぬ研究者がこれまで指摘してきた。また、その多くは、儀礼の果たす機能の解明を目指す機能主義的手法と、儀礼が表現する意味の探究を目指す象徴主義的手法という、過去の儀礼研究において主軸であった2つの立場への疑義表明という位置づけのもとに捉えることができる［例として Asad 1983; ブロック 1994: 5-23, 杉島 2001: 228］。しかし、儀礼を抽象化するための有効な手立てが他に見出せなかったこともあって、結局のところ民俗モデルは現在に至るまで支配的な図式として採用されてきた。要するに、儀礼研究における一種の閉塞状況は、リエナールとボイヤーが示唆したように各々の研究者が違う方向を向いていたからというよりも、むしろ「民俗モデルを無批判に前提としていた」という構造的なものであったと考えることもできるのである。

これに対して本書の視点は、民俗モデルを批判的に見ること、つまり局地的な慣習[3]や、その文化的拘束と結びつかない儀礼を想定することから始まっている。繰り返すが、現代における葬儀は慣習に全面的に追随した実践ではなく、さりとて供給―消費関係のみで成立しているわけでもない。言わば、この2つ

---

3) この慣習 custom という語は、人類学では「習慣＝個人的行動の反復」との対比の上で語られることが常套手段となっている。つまりそれが社会集団の行動様式であるか否かという点に重きが置かれているわけだが、慣習と習慣の間に厳密な定義上の境界線を設けるのは困難であり、また法人類学における慣習法 customary law といった語用まで含めれば、慣習という語で想定できる範囲は無限の広がりを持つことになってしまう。したがって、それはあくまで観察対象を記述するための道具的な用語と見なすのが現実的手段であるが、筆者がここで想定している慣習とは何らかの制裁や社会的統合を前提とする構造機能主義的な理解［例として Radcliffe-Brown 1952］に特に基づいてはいない。むしろ、ウィリアム・サムナーが区分した「usage ＝日常生活上の便宜のために形成された行動様式」、「folkways ＝伝統に適う社会生活上の行動様式」、「mores ＝規範的判断に裏付けられた社会秩序の維持に関わる規制力」といった古典的な分類の内［Sumner 1906］、folkways を念頭に置いている。というのは、この folkways こそ本文中で述べた民俗モデルの暗黙裡の土台と見なされていたと筆者が考えるからである。なお、folkways の語には一般的に「習俗」という和訳が与えられていることが多いが、本書では慣習という語が持つ家族的類似の性格、つまりその語によって表される諸実践の包括性をそのまま残したほうが記述のためには適切であると考え、慣習の語を用いた。

がさほど違和感なく結びつき，また時と場合によっては違和感として顕在化するという可変的な状況が，現代葬儀をめぐる特質なのである．この点で，先述した「当然さ」への疑問とは，実は二重の意味を持ち合わせていることがわかるだろう．それはつまり，これまでの「儀礼とは慣習に基づいた文化実践である」という支配的な構図を疑うと同時に，「今日では慣習の拘束力に依拠しない儀礼実践が成立しているのではないか」というラディカルな問題意識を表現したものなのだ．

　その問題意識はまた，「慣習の文化的拘束という前提を抜きにして儀礼を語ると，何が見えてくるだろうか」という関心の裏返しでもあり，本書が産業の機制から葬儀を見つめる理由も，まさにこの関心から出発している．後章で順を追って事例を論じるが，葬儀を行うことの「意味」すら葬儀社の活動によって開発され，社会のなかで普及を遂げる場合もあるという今日の状況は，民俗モデルと地域慣習の組み合わせに根ざした「儀礼のやりかた」という従来の人類学的視点だけでは充分に説明ができない．だからこそ本書では慣習や伝統が織り成す文化的拘束に回収できない「儀礼のつくりかた」に注目し，文化的実践と誰もが見なしている儀礼の遂行のなかに極めて自然なかたちで産業の力学が入り込んでいるという様相を探究するのである．

　そのためには，これまでの儀礼観の発想を転換した以下のような眼差しが必要となるだろう．第一に，儀礼に関与する者を，その土地の人びと folks あるいは合理的経済人 homo oeconomicus のどちらの枠にも押し込めないこと．第二に，儀礼に関与する者を，漠然と想定された慣習 custom／folkways から意味を受け取って咀嚼するだけの，遺産相続者的な存在であると見なさないこと．第三に，儀礼を静態的で固定された慣習のみによって成立する出来事と見なさないこと．要するに，本書の視点とは，この 3 つを束ねたものなのである．

(3) 調査設定

　本書に盛り込まれる事例情報は，2001 年度から 2016 年度の間に重ねてきた国内各地でのフィールドワークから得たものである．そのなかで最も長期にわたる集中的調査は，東京都内の葬儀社である N 社において 2004 年 7 月から実施された．その詳細は特に第 4 章において記述されるが，この調査では同社と

雇用契約を締結し，規定の最低賃金を得るかたちで常勤従業員として現場作業に従事するというかたちを採った．これは，調査受け入れの折衝の時点では筆者から賃金の授受を拒んだものの，正式な雇用関係が発生しないと責任の所在も曖昧になるという同社からの要請を受けたことによる．ただし，2006年1月に常勤形態での活動を一旦終了した後も，同社には現在に至るまで断続的な調査を行っているが，賃金の発生を伴う雇用関係は取り結んでいない．さらに，N社での集中調査以降は，1都2府16県の都市部・村落部・島嶼部にまたがる国内各地の葬儀社・関連業者・各種団体・地方自治体・宗教法人などに対して短・中期の実地調査およびインタビュー調査を断続的に実施した．その対象の概要や調査結果などについては，個々の事例描写のなかで触れることとする．

　また，本書における実名および匿名の記述原則についても説明しておきたい．基本的にその区分は，当然ながら調査対象の意向に基づく．個人と集団の別を問わず，関係する調査対象からの情報について，論文・著書・発表などの学術的な生産活動を通じて調査情報が公開される可能性について原則的に調査時点で明示し，その許諾を口頭および文書で得た．ただし，調査対象のなかには「実名を開示しても構わない」という者の他に，「個人もしくは所属団体を同定されたくない」または「同定されても構わないが実名を開示したくない」という者も存在する．そのため本書では，やや煩雑とはなるが実名表記に加えて，アルファベットや架空名などを用いた仮名表記を併用した．仮名表記と実名表記のどちらを採用しているかということについては，そもそも「実名／仮名である」という情報を文中で示すこと自体が匿名性を損ねているという考えに基づき，特段の説明は記さないこととする．

　なお，私的な事柄に属することではあるが，筆者は2010年7月に自宅が全焼火災に遭い，それまでに収集した有形・無形の調査データ・文献・資史料などの多くが失われてしまった．したがって，記録を回復できたものを除き，本書における事例記述は筆者の記憶と事後調査をもとにして再構成されたものを含んでいる．

2 先行研究の展開

(1) 産業批判からの出発

　序章の後半部に当たる本節では，本書の研究対象である葬儀社および現代葬儀[4]に関する先行研究を系譜論的に概観する．その目的は，葬儀社という対象がどのような学術的注目を浴びてきたのかという点を整理することを通して，これまでの研究潮流に対する本書の位置づけと，本書が試みる探究の意義を示すことにある．同時に，葬儀社や葬儀という対象を主題に据えていない研究であっても，本書の主題に関連する諸研究には必要に応じて逐次触れながら[5]，葬儀の産業化をめぐる諸現象がいかなる問題を構成しているのかという点についての輪郭を把握していきたい．なお，議論を整理するための便法として，(1)から(3)では欧米における研究を，そして(4)から(6)では日本における研究を中心に扱うこととする．

　まず，職業としての葬儀業の起源をどこに求めるかという歴史学上の命題は本書の射程外であることを断っておかなければならないが，世界史的な見地においては少なくとも紀元前から存在が確認できる．たとえば，王政期から共和政期に至る古代ローマにおいてはディシグナトル dissignator，すなわち司式者と呼ばれる生業が葬儀の一切を司っていた．また，ディシグナトルに葬儀を依頼するほど金銭的に余裕がない奴隷層や低所得層などは，現在の互助会の趣旨にも通じる葬儀組合に所属して，共同墓地 columba/columbaria[6]に埋葬されていたという［レオン 2009: 364-366］．少なくとも，ここからは葬儀実践が商行為になり得たのは近現代に限ったことではないという端的な事実を確認でき

---

4)　ここでいう現代とは，本書では「同時代的 contemporary」の意味で用いている．したがって諸研究が各々の当代の葬儀を扱っている限り，現時点から見て大きく過去に遡った時代の葬儀であったとしても，現代葬儀の研究として言及する．

5)　筆者はすでに「葬儀産業研究の可能性」［田中 2004］と題した論稿において先行研究に関する考察を試みたが，そこでは人類学的儀礼研究・デス・スタディーズ・葬儀産業研究（葬儀社研究）という3領域を設定して，各々の動向のなかから死をめぐる現代的探究の方向性を展望するという議論を展開した．

6)　元来は「鳩小屋」の意味であり，壁に複数の納骨壇を設けてある光景から派生した語と思われる．また，現在でも英語圏では納骨堂のことをコロンバリウム columbarium と呼ぶ．

よう．だが，筆者が扱う先行研究の範囲を野放図に広げることはできないとすれば，ここでは資本主義経済が一定の広がりを見せ，消費者や供給者といった概念が一般的になり，かつ散文や歴史記録ではなく学術的考察として葬儀業に光を当てた研究が出現して以降の時代を対象とするのが，本書の問題意識からしても妥当である．

　この前提に立つ限り，葬儀業を研究対象としてとりあげた嚆矢は1920年代の米国まで遡ることができる．ジョン・ゲブハートによる *Funeral Costs: What They Average, Are They Too High? Can They Be reduced?* [Gebhart 1928] である．この研究は米国の大手生命保険会社であるメトロポリタン生命保険からの委託研究としての位置づけにあり，葬儀費用の分析と考察を趣旨とするものであるが，「その平均は？　高過ぎるのではないか？　もっと削ることができるのでは？」という直截的な題名から察することができるように，葬儀業批判という色彩を帯びている点に特徴がある．そして，葬儀業と現代葬儀に注目した研究潮流は，まさにこの「葬儀のために消費者が不当に高い費用を支払っている」という消費者主権運動に属する問題意識から出発したのであった．

　そのことは，たとえば英国においてもアーノルド・ウィルソンとハーマン・レヴィが *Burial Reform and Funeral Costs* [Wilson and Levy 1938] という著作を通じて，当時の英国における葬儀コストの緻密な分析を行い，一種の社会改革運動としての葬儀改革を唱道したという展開にも如実に見受けられる．これらの一連の潮流が内包していた「葬儀を社会問題として対象化する」という空気を表現しているものとして，以下に社会学者ルロイ・ボウマンが著した *The American Funeral: A Study in Guilt, Extravagance and Sublimity* [Bowman 1959] の序文を引用してみよう．

　　今日のアメリカの葬儀はアナクロニズムであり，昔のやりかたを多少近代的にしたにすぎない．あの馬鹿高い棺と，これまた高価過ぎる花のデコレーションに対する抗議の声をよそに，フューネラル・ディレクターたちは，自分たちは顧客に満足感を与えているだけにすぎないと大声で宣言する．遺された家族たちはある種のプライドと合理化がないまぜになった心理か

ら，ただ慰めを求めそのコストにはほとんど無関心．それどころか彼らは，遺族の社会的地位とプレスティージの高さは葬儀が語ってくれるものと頭からきめこんでいる．本書の目的は葬儀業者のもうけ主義はどのような方法によるものなのか，さらに「誇示的な」演出の社会的・心理的な土台にあるのは何なのか——これらの点について明らかにしようとするところにある．[石川 1990: 55-56][7]

ここで「誇示的」という語句が示唆しているものは，言うまでもなく 1899 年に上梓されたソースタイン・ヴェブレンの著作である *The Theory of Leisure Class* [1899]，およびそのなかで提示された誇示的消費 conspicuous consumption[8]，すなわち「見せびらかし」や「見栄」に属する消費行動をめぐる議論であった．制度派経済学の先駆者の一人にも位置づけられるヴェブレンは，同時に産業批判を中核的論旨とする社会学者の側面も持ち合わせていたが[9]，ヴェブレンの語用を通じて葬儀を社会問題化しようという特徴を把握することが可能であろう．そして，そのような議論において葬儀業は，現在にも受け継がれている「消費者を誘導して暴利を貪る者」という印象を与えられたのであった．

(2) デス・スタディーズとの連動

ここで，葬儀業に関する研究展開を把握するための補助線として，デス・スタディーズをめぐる一連の動向に言及しておきたい．デス・スタディーズとは文字通り「死の研究」として括られる学術的潮流であり，確固とした領域をなしているというよりは緩やかで学際的な取り組みと位置づけられるものである．

---

7) 当該箇所の和訳についてはすでに石川［1990］で抜粋が訳されているため，その文章を孫引きで引用した．

8) このヴェブレンの用語については他に「顕示的」や「衒示的」など複数の訳が存在するが，ここでは石川の引用文で用いられている「誇示的」の訳出に従った．

9) もっとも，ヴェブレンが社会学者として位置づけられることもあるというのは，彼が社会学の理論と手法に立脚していたからというよりも，そもそも当時の経済学においては「威信」や「地位」に対する顧慮といった社会的要因を分析に含めることが，「しばしば『社会学者』という軽蔑的な汚名を着せられ，彼らの議論は無視されるか論争の周辺に追いやられ」［メイソン 2000: 3］ることにつながっていたからとも言える．

したがって，葬儀業や葬儀も当然ながら死という出来事と強く結び付くものであるがゆえに，デス・スタディーズにおける有力な研究対象として現在でも見なされている．だが，その主たる眼差しは葬儀のように死後 post-mortem の事象に向けられているというよりも，死に至る時期 ante-mortem もしくは死に逝く dying 段階に向けられているという性質が強く，それだけに人びとの「死に際して何を成すべきか，死に逝くときの心境はいかなるものか」といった思いに応じることを目指したものでもあった．つまり，臨床・心理・終末期という要素が暗黙のうちに中核として意識されている印象が否めない．

　その背景のひとつには，そもそもデス・スタディーズの萌芽と見なしうる諸研究が「死の心理」という主題を掲げていたという理由も存在する．たとえば石川弘義は，青年心理学研究のパイオニアとして知られるスタンリー・ホールの「死への恐怖」に関する研究 [Hall 1897]，その弟子であるコリン・スコットによる老いのプロセスと死に向かう心理の相関に関する研究 [Scott 1896]，そして家族社会学と社会心理学の融合的な視点をもとに死別体験を扱った社会学者トーマス・エリオットによる一連の業績 [Eliot 1930; 1932; 1933] や，現在でもデス・スタディーズにおいておそらくは最も大きな研究対象となっている死別悲嘆 grief への臨床的対処を検討した精神科医エリック・リンデマンによる研究 [Lindemann 1944] などをデス・スタディーズの起点として論じているが [石川 1990: 29-63]，これらの先駆者の取り組みがいずれも心理学的問題を焦点化している点に注目できよう．

　ところで，デス・スタディーズという領域が質量を拡大してひとつの潮流を形成し，旺盛に戦線を拡大していくための立場表明となったのが，ウィリアム・フォンスとロバート・フルトンが1950年代末に発表した論文 "The Sociology of Death: A Neglected Area of Research" [Faunce and Fulton 1958] であった．その後に数多く見られる「死の社会学」の題名を冠した最初期の事例とも言えるこの論文は，基本的には死の局面における心理様態を学術的に把握することの重要性と，その手法の探究に向けた取り組みの強化を謳うことを主題とするが，注目すべきはその議論のなかでデュルケム，リヴァーズ，タイラー，マリノフスキーといった人類学および死者儀礼研究の先達が非西欧の無文字社会にしか光を当ててこなかったことを批判し [Faunce and Fulton 1958:

205]，それに代わって西欧社会の医療実践に接近して「死の意味」をめぐる学術的理論を整備する必要性 [Faunce and Fulton 1958: 206-207] を唱えている点である．つまり，それこそ彼らが論文の題名で「無視されてきた研究領域としての死」と述べた含意であり，それまで死を取り扱った学術的題材が非西欧の死者儀礼一辺倒であったことへの疑義表明であったと言えよう．

　そのような彼らの唱道に呼応して，デス・スタディーズの潮流はそれまでの人類学が守備範囲としてこなかったもの，すなわち西欧・臨床心理・医療・近代組織といった要素へと眼差しを向けることが主流となる．その眼差しが最も先鋭化された取り組み[10]であり，かつデス・スタディーズがもたらした社会的影響の頂点とも言えるものが，エリザベス・キューブラー＝ロスの *On Death and Dying* [Kübler-Ross 1969] である．そこで行われた取り組みは，200 人を超える終末期患者にインタビューを実施して，死に逝く者の心理様態がどのような段階を踏んで変化していくかを探るものであったが，その最終的な目標は「いかに安寧に死を受容するか」という点にあった．すなわち「どこかで起きている誰かの死」に視線を注ぐのではなく，死の不安の解消という効用がより明確に志向され，医療・臨床・終末期心理という問題設定のセットが社会に対して打ち出されたのである．また，この社会的需要への呼応という点こそが，1960 年代に端を発した「死の認知運動 the death awareness movement」と称される潮流の中核であった．この用語は一般に，「より深く死について考えよう」「より安らかな死を実現しよう」という啓蒙的エートスを色濃く含む社会的潮流のことと捉えられているが，ここからもデス・スタディーズが学術的動向と社会改革的風潮の融合によるものであったことが理解できる．

　極めて粗いものではあるが，このようにデス・スタディーズの展開を概観してきた理由は[11]，それが葬儀業の研究にも強い影響を及ぼしているからであり，

---

10)　フルトンらの業績とキューブラー＝ロスの取り組みをつなぐと同時に，臨床心理学および精神医学をデス・スタディーズの中核とする動きを加速化させた取り組みとして，ハーマン・ファイヘルの編著 *The Meaning of Death* [Feifel ed. 1959] や，心理学および老年学の泰斗にしてデス・エデュケーション（死の教育）の提唱者として知られるロバート・カステンバウムの論文 "Time and Death in Adolescence" [Kastenbaum 1959] を挙げることができる．とりわけ後者のカステンバウムは，1970 年代に入ってからルース・アイゼンバーグとの共著で *The Psychology of Death* [Kasutenbaum and Aisenberg 1976] を上梓し，終末期における心理様態の捕捉と分類という手法の拡大に大きな役割を果たした．

序章　死をめぐる儀礼と産業の結びつき　13

葬儀業に着目しつつ産業批判の視点を土台としていた初期の諸研究は，まさに
デス・スタディーズの持つ社会改革的・啓蒙的な唱道と親和性を持つものであ
った．言うなれば，死という事象に対する人びとの齟齬感を浮き彫りにすると
いう次元で両者は強く結びついたのである．

　ここまでの系譜を把握して，ようやく葬儀業について著されたもののなかで
最も人口に膾炙した文献に言及することが可能となる．それが，ジャーナリス
トにして批評家であるジェシカ・ミットフォード[12]の *The American Way of
Death* [Mitford 1963] であった．上述したキューブラー゠ロスの *On Death and
Dying* と同じ程度か，あるいはそれを上回るベストセラーとなった[13]彼女のこ
の著作は，初期の葬儀業研究が持っていた産業批判の論調をさらに苛烈にして，
かつ社会諷刺の色彩を増したという見立てによって語ることができよう．そこ
にはジャーナリスト特有の「隠されている真実を，ありのままに暴く」という
姿勢を強く観察することが可能であるが，この著作ではそれが「我々は自ら知
らないうちに，勝手に "伝統的" や "必要不可欠" と名づけられた葬儀を提供
されている」という論調になって表れている．つまり，その姿勢はまさに先述
のフォンスとフルトンが「無視されてきた研究領域」と論じた死の出来事を白
日のもとに晒し，人びとが議論の対象にするのを躊躇っていた「こんなものが
本当に，人生の最期に必要なのか？」という疑問 [Mitford 1963: 19] を前面に

---

11)　さらに詳細なデス・スタディーズの潮流展開に関する考察は，筆者の別稿 [田中 2004: 72-75] を参照されたい．

12)　*The American Way of Death* のブームは，おそらくはジェシカ・ミットフォードの異彩を放つ経歴にもよるところが大きい．男爵リーズデイル卿の五女として英国で生まれた彼女は，英国宰相ウィンストン・チャーチルの甥でありながら筋金入りの共産主義者でもあった最初の夫エズモンド・ロミリーに同行してスペイン内戦に参加し，二人は後に北米にわたる．しかしロミリーはカナダ空軍で爆撃隊に所属した後，ドイツ空爆中に戦死してしまう．その悲しみのなか，ミットフォードは米国における公民権運動の急先鋒であった弁護士ロバート・トゥルーハフトと出会い，再婚する．以降，彼女は生粋の米国共産党員として社会改革を唱える左翼系ジャーナリストの地位を築いていった．また，世に「ミットフォード姉妹」と言われた彼女の姉妹達もベストセラー作家などで名を馳せたことで知られている．とりわけ四女のユニティについては，ドイツにわたってファシスト党員となった後にヒトラーの側近の一人にまでなるというように，思想的にはジェシカと相容れなかったものの，姉妹としての親密な関係は終生変わることがなかったという数奇なエピソードが知られている．

13)　そのベストセラーとしての影響力の大きさは，30 年を経た後に修正を施した新版として *The American Way of Death Revisited* [Mitford 1998, 下線は筆者] が出版されていることからもうかがうことができる．

14

打ち出した試みでもあったのだ．そのことは，たとえばミットフォードによる以下の主張からも見てとることができる．

　　20世紀の葬儀に不可欠な「新しい神話」が拡大してきた——というよりも，まだ着実に築かれ続けているのかもしれない．もちろんそれは，死後処置をめぐる一風変わった慣習の数々を正当化するためのものである．自分自身の無謬性を確信していない限り妖術師は顧客をつなぎとめることなどできようはずもないが，同じように葬儀産業も彼らの信仰それ自体を一般大衆に対して売りつけてきたのだ［Mitford 1963: 17, 筆者訳］．

　このように述べた後でミットフォードはそれらの「神話」として，以下のような事項を挙げている．現代葬儀が過剰なまでに「アメリカの伝統」を（その歴史的真偽はともかく）打ち出す傾向にあること．良い生活水準を目指すことが人生の目標であるならば，葬儀もまた「良い死」の顕現であるべきこと．葬儀業が提供する各種のサービスはグリーフ・セラピー，すなわち死別悲嘆に対する心理カウンセリング的な効果を有していること．そして，「葬儀屋undertaker」を「フューネラル・ディレクター funeral director」に，「棺coffin」を「キャスケット casket[14]」に，そして「死体 corpse」を「ご遺体loved one」に言い換えるというように，死の事実を覆い隠しつつビジネスとして葬儀を成立させるための各種の婉曲表現が常に編み出され続けていること［Mitford 1963: 18］．

　もちろん，これらの指摘は先述の「消費者を誘導して暴利を貪る者」[15]とい

14）　元来は宝石や貴重品を入れる小箱を意味する．

15）　同時に，この辛辣なイメージは1940年代から現在に至るまで小説・戯曲・映画などの題材としても用いられてきた．たとえば英国を代表する諷刺作家イヴリン・ウォーの代表的著作であり，後に映画化もされた小説 The Loved One ［Waugh 1948］はその好例であるが，日本でも同種の事例として野坂昭如の短編小説『とむらい師たち』［野坂 1967］が一世を風靡し，後に勝新太郎主演で映画化されたことなどが挙げられる．一方，葬儀業に携わりながら文筆業を続けていた青木新門が著した『納棺夫日記』［青木 1993］はこれらの葬儀業への批判や諷刺とは一線を画し，納棺をめぐる仕事の描写を軸にして繊細な臨終の機微を浮き彫りにしている点で興味深い．また，この著作をもとにして製作された第81回アカデミー賞外国語映画賞を受賞した映画「おくりびと」［2008］に代表されるように，過去の画一的な「悪い葬儀屋」の印象は徐々に変化を見せつつある．

う葬儀業のイメージを受け継いでいるものだが，その糾弾の矛先が単なる費用面ではなく文化現象への言及にまで及んでいる点に大きな特色がある．それはつまり，一般的かつ伝統的と考えている葬儀のやりかたは実際のところ極めて奇妙なものであり，それを日々開発して社会に押し付けているのが葬儀業なのではないか，という論法のことであった．そしてこのような立場は，その後もしばしば葬儀業や現代葬儀の観察を題材に採った諸研究に現れることとなり，とりわけ 1960 年代以降の人類学の関心が非西欧だけでなく「自らの社会」としての西欧諸国にも向けられるようになると，自文化を省察するための話題に上るようになる．そのことは，たとえばピーター・メトカーフとリチャード・ハンティントンが『死の儀礼：葬送習俗の人類学的研究（第 2 版）』［メトカーフ＆ハンティントン 1996］のなかで，いわゆるライティング・カルチャー・ショックの震源地となった *Anthropology as Cultural Critique*［Marcus and Fischer 1986］の議論を引き合いに出しながら次のように述べていることからもうかがうことができよう．

> （前略）産業化の進んだ西欧社会のなかで，アメリカの死の儀礼はおそらく最も手の込んだものであり，他の国の人びとからは風変わりと見られてもおかしくないものであろう．その結果，それらは内省的ないしは批判的な様式をとる研究の明瞭な焦点となる．人類学が長年にわたって主張してきたのは，自らの文化的地平のくびきから一時的に，そして少なくとも部分的に逃れることによって，新たな自己像を手に入れられるという点であった．［メトカーフ＆ハンティントン 1996: 39］

メトカーフとハンティントンは自著の序論でこのように述べたあと，前掲したミットフォードの著作 *The American Way of Death* に倣った "American Deathways" という章題のもとに米国の現代葬儀を描写し［メトカーフ＆ハンティントン 1996: 265-299］，それをもって著作全体の結論部に据えている．彼らの目的を端的に抜き出せば，それは「われわれはエルツから手がかりを得て，死体の運命に焦点を合わせることによって，葬送儀礼がもつイデオロギー的，社会学的な意味を解明しようとしてきた」［メトカーフ＆ハンティントン 1996: 266］

16

となるが，ここからもわかるように彼らの試みは，かつてロベール・エルツが
ボルネオの諸民族の葬儀習俗に注目［Hertz 1907］したときと同様の視点で米
国式の葬儀から「死と死者をめぐる集合表象」や「生の根源的価値」を解釈す
ることであり，またその試みこそが上述の引用で彼らが「新たな自己像を手に
入れ」ると指したものであった．

　彼らの指摘はミットフォード流の辛辣な糾弾とはいささか色彩を異にするも
のであり，むしろ葬儀費用の多寡に対する意見提示を注意深く避けつつ，また
葬儀業への批判的言説が生じている淵源を議論のなかで焦点化さえしているが
［メトカーフ＆ハンティントン 1996: 273-279］，いずれにしても自分自身の社会を
新たな観察眼をもって振り返るために，自文化の葬儀習俗がいかに風変わりで
あるかを論うという眼差しは共通している．くわえて，それに類する視点は
1960 年代以降の人類学的業績に散見できるものであり，たとえば英国の人類
学者ジェフリー・ゴーラーは「葬儀屋の工夫を凝らした奇妙な作業」という表
現で同種の言及を与えている［ゴーラー 1986: 177］．こうして，初期の葬儀業研
究が有していた産業批判および消費者主義運動の風潮は，デス・スタディーズ
における「私たち自身の死を見つめなおす」という視点をもとにした社会改革
的エートスと結びつき，それがさらにライティング・カルチャー・ショック以
降の研究展開とあいまって，「社会における死はいかに構築されているのか＝
私たちの死の文化は葬儀業の影響力によっていかに風変わりな"伝統"として
押しつけられているのか」という問題意識へと連鎖反応的に変化したのであっ
た[16]．

(3) デス・ワーク研究

　それでは，葬儀業や現代葬儀を語るための切り口は，産業批判と文化批判と
いう 2 つの視点しか存在しなかったのであろうか．

　結論から言えば，そうではない．たとえば，すでに 1950 年代には，社会学
の領域が死の問題を主題化した嚆矢として位置づけられる論文 "Status After
Death"［Kephart 1950］がウィリアム・ケプハートによって *American
Sociological Review* に発表されている．その目的は社会的不合理を糾弾・批
判するというものではなく，「死後のステイタス」という題名のとおり人びと

序章　死をめぐる儀礼と産業の結びつき　17

の行動様式を社会階級の反映と見なす当時の支配的図式が葬儀や埋葬といった死の局面にも当てはまるか否かを議論することであり，当然ながら葬儀費用は重要な考察対象のひとつであった［Kephart 1950: 635］.

　一方，より先鋭的に葬儀業の役割や，その組織の内実に分け入ろうとする取り組みも現在に至るまで一定の蓄積を重ねてきた．その潮流に属する諸研究のことを，ここではデス・ワーク研究，すなわち「死の仕事 deathwork」に関する研究と呼ぶことにしよう．このデス・ワークという言葉は「死と遺体を扱う職業」という性質を前面に出して葬儀業を語るときに用いられることが多く，その点で職業研究・仕事研究・組織論という枠組みのもとに葬儀業を捉える際の用語であるとも言える[17].

　そして，このデス・ワーク研究を担っていたのは主に社会学分野の研究者達であり，その初期の胎動はいわゆるシカゴ社会学派の系譜に位置づけられるという点に特徴がある．その出発点となるのが，ロバート・ハーベンシュタインであった．シカゴ社会学派の総本山であるシカゴ大学社会学部に彼が提出した博士論文 The American Funeral Director: A Study in the Sociology of Work［Habenstein 1954］は，まさに副題に「仕事の社会学」と銘打っているように当時の米国における葬儀業の職業的実践と役割を緻密に論じたものであり，そこには当時教鞭をとっていたエヴェレット・ヒューズや，大学院生活を共にしたアーヴィング・ゴフマンの顕著な影響がある．たとえば前者のヒューズからの

---

16)　ここで展開したデス・スタディーズの学術的潮流に関する記述は，註5で触れた拙稿［田中 2005］で部分的に論じていることもあり，あくまで大局的な見取図の位置づけに留まる．一方，現代葬儀を視野に含むか否かを問わないならば，とりわけ近年の日本においてデス・スタディーズの系譜を発展的に受け継いだ業績が，研究上のアプローチに対する省察にまで深く踏み込んでいる点に注目できるであろう．たとえば澤井敦と有末賢の編著である『死別の社会学』［澤井・有末編 2015］は，研究対象としての「死」と「死別」の微妙な差異を論じつつ，社会学的な調査手法が個人の経験にどこまで肉薄できるかという視点を内包している．また，日本におけるホスピスおよび緩和ケアを題材とする田代志門の『死にゆく過程を生きる』［田代 2016］も，現代的な「死にゆく過程」を学術的な立場から支えることの困難と可能性の双方を論じている点で，今後のデス・スタディーズにおける研究調査の新たな展開を切り拓こうとする取り組みの代表例として挙げられる．さらに，川島大輔と近藤恵の編著である『はじめての死生心理学』［川島・近藤編 2016］では調査研究をめぐる手法の省察だけでなく，その倫理的課題を主要な題材のひとつとして扱っており，デス・スタディーズが追求してきた臨床性・応用性の背後に潜む課題を焙り出していることに新規性を見出すことができる．

17)　例として，グレニス・ハワースによる "Investigating Deathwork: A Personal Account"［Howarth 1993］など.

影響については，シンボリック相互作用論の隆盛へとつながる過渡期の記念碑モノグラフとして位置づけられることの多い *The Growth of an Institution: The Chicago Real Estate Board* [Hughes 1931] で展開された諸々の図式がハーベンシュタインの議論のなかにも導入されている．それは言わば，「不動産業というダーティーなイメージを帯びた新興の職業が，いかにしてプロフェッション（専門職）としての高い地位と権威を獲得していったか」[野田 1997: 383] という物語を職業化 professionalization や制度化 institutionalization[18] の概念で語ろうとしたヒューズの試みを，葬儀業の分析に当てはめたものであった．さらに言えば，職業研究の先駆者であったヒューズはそれまでの社会学的調査のほとんどに含まれていた社会改良主義の傾向を注意深く回避していたという特質を持つが [野田 1997: 402-405]，ハーベンシュタインがその後に成した葬儀業に関する研究 [例として Habenstein 1962, 1963a; Habenstein and Lamers 1955] でも同様にその特質が受け継がれている点にも注目できよう．

　こうして，ハーベンシュタインによって形作られた「職業研究および仕事研究として葬儀業の仕事を対象化する」という姿勢[19]は，先述のデス・スタディーズと結びついた批判型研究の潮流とは少なからず乖離を見せるようになった[20]．たとえばハーベンシュタインの取り組みと入れ替わるように 1970-80 年代を通じて葬儀業に関する研究を旺盛に生産したヴァンダーリン・パイン[21]は，葬儀社従業員を取り巻くインフォーマルな人間関係が現代葬儀に及ぼす影響を扱うなど [Pine 1975]，葬儀業が当時の社会科学における主題に即した対象で

18）　ただしヒューズが「制度」と呼ぶものについては，一般的な日本語の含意とは大きくかけ離れていることに注意が必要である．この用語はヒューズの数多くの著作のなかでさまざまな説明を与えられているが，皆川真寿美はヒューズ自身による最も簡明で抽象度の高い定義として「インスティチューションとは，最頻的な（modal）もの以外にも多数の行動の仕方がありえた領域における，人間が自らの手でつくりだした行動の様式（mode），ないしは行動の最頻値（modal point）」という内容を示している [Hughes 1971: 100; 皆川 1989: 65]．一方，ヒューズはまた同じ用語を「集団活動が運営される手続きの確立された形式」[Hugues 1955; 皆川 1989: 65] とも語っているが，これらの抽象化された分析概念の措定に，職業・仕事・企業といった存在をシンボリック相互作用論の範疇で語る際の典型例を垣間見ることができよう．

19）　一方，ハーベンシュタインは「職業 profession」という用語は「犯罪」「家族」「都市的」などと同様に概念として明確化することが困難であり，かつ社会学的な領域を構成し難いのではないかと指摘した [Habenstein 1963b: 298]．ただし，そのことは彼が「職業」という用語そのものを実体のない空虚なものであると捉えているということではなく，現代社会において「職業」と人びとが名指しする社会組織があまりにも多様な次元にまたがっていることを謙虚に認識するという態度表明と解することができる．

あることを示した一人であったと言える．そして言い換えるならば，これはシンボリック相互作用論の知見を積極的に導入しようとする試みでもあり，同種の方向性はその他の研究にも見受けられた［例として Crouch 1975; Unruh 1976］．

ところで，この動向は「葬儀業ではないデス・ワーク」の研究が 1960 年代中期以降に大きな注目を浴びたことへの対抗意識，あるいはそれらの研究との連動から生まれたものとも考えることができる．その「葬儀業ではないデス・ワーク」をめぐる代表的研究事例が，バーニー・グレーザーとアンセルム・ストラウスによる *Awareness of Dying* ［Glaser and Strauss 1965］，そしてデヴィッド・サドナウによる *Passing On: The Social Organization of Dying* ［Sudnow 1967］という，ともに病院における「死に逝く過程の構築」を題材としたエスノグラフィの試みである．医療施設という閉鎖空間において生起する微視的な出来事の数々から，彼らは「人間が死ぬ」のではなく「どのような文脈が生じると，死の事実という認識が共有されるのか」という，まさにシンボリック相互作用論の典型的な姿勢に基づいた問題を明らかにしようとした．とりわけ後者のサドナウは，上掲の文献を「人類学者，医者，精神科医，芸術家および文学者たちのあいだでは死が重大な関心事だけれども，現代西欧社会における死と死につつあることをめぐる状況について経験的に調査するという点には，全くと言っていいほど意が払われてこなかった」［サドナウ 1992: 9］という辛辣な糾弾から始めており，その後につながる「エスノグラフィとして死を観察す

---

20) ただし，1940-1960 年代においても「社会改良主義の色彩を伴わず，かつ職業研究として葬儀業を扱っているものの，シカゴ社会学の潮流には位置づけられない」という例外的な研究事例も存在する．たとえばロバート・フルトンは，聖職者と葬儀業者の間に横たわる役割面での摩擦（あるいは個々の職業が持つ役割葛藤）という興味深い題材を 1961 年の時点で論じている［Fulton 1961］．

21) 彼が葬儀業に対する批判的立場を採らなかったのは，家業がもともと葬儀社であり，かつ学術活動と並列して葬儀業にもコンサルタント的な立場として携わっていたという彼の経歴も考慮しなければならないだろう．とは言え，彼の目指したものは特に声高な葬儀業擁護というわけではなく，純粋な社会科学的題材として葬儀業を扱うことであり，また特に葬儀業を焦点化しない理論研究も行っている［例として Pine 1972］．ちなみに，彼はデレク・フィリップスの共著論文［Pine and Phillips 1970］において，初期の葬儀業研究のように葬儀費用の問題に特化した議論を展開しているが，そこではレイモンド・ファースやジャック・グディなどの人類学者による死者儀礼および財産承継に関する諸研究なども紐解きながら，現代社会では死と対峙するための儀礼的かつ社会的なメカニズムが失われつつあるため，結果として遺族は「どれだけ費用を使うか」という行為にしか死者への感情を表すことができなくなっているのだという主張を示している［Pine and Phillips 1970: 416］．

20

る」という研究動向の拡大に強い影響を与えている.

　一方，それに対する葬儀業研究の側からの呼応は，主として「葬儀社従業員を一人の行為者としてみたとき，彼がどのような意味づけを自らの仕事に対して行うか」，あるいは「どのような職業的価値観が（顧客や同僚などの）他者との相互行為から醸成されてくるか」といった問題を前面に押し出すことによって果たされた．また，これらの問題を扱いつつも，葬儀業の職業的特質を浮き彫りにするための図式として多くの研究者に採用されたのが，先述のアーヴィング・ゴフマンによるドラマツルギー論の図式であったと言えよう．その好例がロニー・ターナーとチャールズ・エジリーによる論文 "Death as Theater: A Dramaturgical Analysis of the American Funeral" [Turner and Edgley 1976] である．フューネラル・ディレクター，すなわち葬儀の遂行において中心的役割を担う葬儀社従業員の仕事の微視的事象に着目し，その様態を一種のパフォーマンスとして観察することを通じてターナーとエジリーは，葬儀の諸局面でフューネラル・ディレクターがみせる自己表現や印象操作の行為が散りばめられていることを綿密に論じているが，その議論にはゴフマンの *The Presentation of Self In Everyday Life* [Goffman 1959] や *Interaction Ritual* [Goffman 1967] の強い影響がうかがえる.

　その後も，業務上の過誤リスクへの対処 [Unruh 1979]，葬儀業の広告戦略 [Armour and Williams 1981]，修辞的コミュニケーションの諸相 [Cahill 1995]，女性の業務参画をめぐる軋轢 [Pringle and Alley 1995]，専門化に伴う職域規定 [Cahill 2011] など，デス・ワーク研究という枠組みで括られる研究主題は多様化しているものの，「フィールドワークをもとにした職業研究」という基本線は保たれて現在に至っている．そして近年では，葬儀社での長期フィールドワークをもとにした包括的な研究がいくつか生み出されており，たとえば葬儀業の歴史的変遷も含めて[22]包括的に分析しようとするグレニス・ハワースの試み [Howarth 1996; Howarth and Jupp (eds.) 1996] がその代表的な成果の事例である.

22）　葬儀業という職業が，とりわけ西欧諸国において一定の歴史を有した時期に来ているためか，近年では歴史学の分野から葬儀業に注目する研究が散見される．なかでも，ゲイリー・レーダーマンによる米国葬儀業の重厚かつ精緻な分析 [Laderman 2003] は，おそらくこれまでの諸研究で最も網羅的な研究となっている.

また，ハワースの取り組みにも見られるものであるが，近年のデス・ワーク研究の特質としては葬儀業の職業的特質の把握を結論とするのではなく，そこから先に見える死の社会─文化的様態を視野に入れるという傾向が強く観察できるが，その研究動向はもちろん，葬儀業の社会的影響と役割が増大していることの反映であると解することができよう．

⑷　祖型の追究

　これまでに論じてきた諸研究は，西欧の研究者が，西欧に属する諸地域の動向を対象として取り組んだものであった．それでは，本書と同様に日本の葬儀業と現代葬儀を対象とした研究については，どのような展開を辿ってきたのだろうか．

　この点について，山田慎也は「日本における葬制研究の展開」と題された論稿のなかで，葬儀を題材とした研究を多く蓄積してきた領域は民俗学であったとして［山田 2006: 166］，その手法の特徴を次のように指摘している．

　　（民俗学における葬制研究は）個々の儀礼を項目ごとに集成しその意味を探求することが目的であり，民俗地図のようにその地域的分布を含めて検討することが多く，地域におけるそれぞれの儀礼のコンテキストについてはあまり考慮されることがなかった．それはいずれも日本の葬制が単に仏教儀礼ではなく，固有の信仰としてあったものが基礎を成しているとして，仏教が浸透する以前の祖型の復元に重心が置かれていたからであろう．［山田 2006: 167-168，括弧内は筆者による補足］

　この「祖型の復元」という目標は，日本民俗学のみならず広範な「日本研究」の範疇に今も大きな影響を保つ柳田國男の考察にも散見される．たとえば「葬制の沿革について」［柳田 1990a］，「葬制沿革史料」［柳田 1990b］，「先祖の話」［柳田 1990c］など，葬儀および祖先祭祀に関連する柳田の主要な論稿には，日本人が失ってしまった弔いの様式をいかに探るかという問題意識が必ずと言ってよいほど明示されている．また『葬送習俗語彙』では，葬儀という題材は「他の色々の習俗とちがって，葬儀はその肝要な部分が甚だしく保守的であ

る」ために古俗の様式と思考回路を色濃く保っており，「意外な遠方の土地に
も争うべからざる一致があって，或はこの特色によって，土着の新旧を想察せ
しめる場合さえあるかと思われる」[柳田 1975]23) として，特権的な研究題材の
地位さえ与えられていた.

そして，そのような葬儀に対する眼差しは，山田慎也が上掲の引用文で言及
したとおり，個々の葬儀習俗が持つ意味を訓詁学的に調べるという作業と表裏
一体であったと言えよう. たとえば1977年に出版された井之口章次の『日本
の葬式』[井之口 1977] では「たまよばい」や「耳ふさぎ」といった習俗24)を
類型的にとりあげ，その各々に「何のために」という意味を付与することに問
題意識を向けているが，それはまた『生死の民俗』で井之口が述べているよう
に「昔の人は生と死とを，どのようにとらえていたのかを，事実に即して見て
いこうということである」[井之口 2000: 10] という伝承分析に主軸を置く姿勢
を柳田から受け継いだものであった25). 同時に，こうした周圏論・文化伝播論
に属する視座は，柳田が葬制研究に果たした業績を「日本民族の特性を追求」
[佐藤 1977]26)するものであったと位置づける研究者が少なからず存在すること
からも察せられるとおり，いわゆる「日本人論」としての性質を帯びていたの
も事実である27). このように，大局的な「日本」や「日本人」を念頭に置きつ
つ葬儀・葬制に光を当てた諸研究において，柳田がもたらした「祖型の追究」
という視座は現在でも根強く導入されており，その動向は「葬式は，いったい
何のために行なわれ始めたかに問題の焦点を合わせる」[芳賀 1980: 3] という
問題設定を通じて日本における葬儀習俗の包括的な歴史展開を把握しようとし

---

23) 頁番号なし.「序」の箇所における記載.

24) 「たまよばい」とは，死に際にある人間に向かって当人の名前を呼びかけたり，あるいは死に
際して遺族が屋根に上がり名前を叫んだりするなど，その実践と名称にはいくつかの種類が見受
けられる. また，「耳ふさぎ」についても同様に地域ごとに相違が見られるが，死者を看取った
あとに遺体の耳を餅で塞ぐというものが代表的である. 両者のいずれも，いわゆる「臨終儀礼」
に位置づけることができよう.

25) 同様の姿勢が色濃く見受けられる近年の研究例として，新谷尚紀による『日本人の葬儀』[新
谷 1992] や『葬式は誰がするのか』[新谷 2015]，あるいは板橋春夫による『生死』[板橋
2010] などが挙げられる. なお，新谷自身は柳田，およびその葬制研究における視座の継承者と
しての井之口の業績が自らの議論に強く影響していることを述べている [新谷 1992: 360].

26) 頁番号なし.「まえがき」の箇所における記載.

27) 人類学の知見を背景としつつ，日本人論と葬制研究を結びつけた取り組みの代表例としては，
波平恵美子による一連の著作が挙げられる [波平 1996; 2004].

た芳賀登や，日本の葬制の起源を中国に追い求めることによって「現代の葬儀における多くのものがすでにあったのを見つけることができるかもしれない」［菊地 2011: 9］と主張した菊地章太の試みなど，歴史学や比較宗教史といった民俗学以外の分野にも及んでいる[28]．

(5) 都市化の図式

第二次世界大戦後の高度成長を端境期として，さまざまな民俗的事象が村落社会に固有のものであるという素朴な見立てが崩れ去るようになると，上述の「祖型の追究」という眼差しはまた異なる方向へと展開した．「都市における民俗」，あるいは「村落社会の都市化に伴う民俗の変容」という問題が焦点化されるようになったのである．そのことは民俗・文化・歴史といった要素を扱う諸分野でそれぞれの都市論ないしは都市化論が拡大していったことからもわかるように，人文・社会科学の共通傾向でもあったが，その大きな潮流展開のなかで葬儀・葬制という対象は都市化の図式を導入する際の好適な題材として位置づけられていた．

---

28) 一方，興味深いことに葬制研究の一部として位置づけられる墓制研究の分野では，素朴な起源発見に与しない試みが多く見受けられる．たとえば近世大坂における墓所聖や葬具業者の研究を進めてきた木下光生は，「葬送という，我われにとって当たり前となっている人生儀礼・習俗には，現象的に見て超歴史的な部分もあるように見える．しかしながら，その習俗の『支えられ方』と『支えた人びと』は，時代によって大きく変化しているのであり，しかもその変化は，葬送を支えた人びとが抱えた，矛盾と苦悩によってもたらされているのである」［木下 2002: 107］と主張し，葬制を変化させる動因が多元的であることを示唆している．その他にも，木下は別の論稿において歴史的事実を人びとが語る際に生じる「歴史の忘却」に言及しつつ，「土葬から火葬へ」といった単線的な把握と記述に大きな問題が潜んでいることを指摘した［木下 2012: 213］．また，岩田重則のように柳田の方法論そのものの問題点に踏み込んだ上で，その帰納法的な手法に紛れ込む恣意性を論じながら，新たな墓制研究の展開を模索する研究者も存在する［岩田 2003］．このような動向が墓制研究にとりわけ多く見受けられるのは，おそらく日本民俗学の分野では長らく両墓制に関する議論が重ねられてきており，そのなかで一定の理論的研鑽が果たされてきたという背景もあろう．この点について前田俊一郎は，すでに1960年代には坪井洋文や竹田聴洲など日本民俗学の泰斗が，それまでの墓制研究が社会—文化的問題を考慮してこなかったこと，過去と切り離された静態的な現象として墓制を捉えていたこと，そして類型的な発展段階の構成ばかりに焦点が当てられていたことなどが反省点として指摘されていたと述べている［前田 2010: 387］．いずれにしても今日の墓制研究における「変化」や「起源」という問題への眼差しは，非継承墓や脱墓石化といった現代的墓制を家族社会学的な知見から分析した井上治代の試み［井上 2003］や，火葬の社会的受容が醸成されてくる機制を調査した林英一の試み［林 2010］などの新たな研究展開のなかにも見受けられるように，墓という対象からさらに社会へと広がる多元的要素を内省することが不可欠となっている．

たとえば民俗学者の千葉徳爾は，1971年の時点で「都市内部の葬送習俗」という論文を『人類科学』に発表している［千葉 1971］．ここで興味深いのは，近代化という枠組みが発展図式として捉えられる時間的概念であるのに対し，都市化とはあくまで村落─都市の居住形態の対比のなかで捉えられる空間的概念であるという慎重な区分［千葉 1971: 1］を前提にしながらも，「(前略) ここでは村落における原型として近隣社会の関与がもっとも強いと思われる葬送習俗をとりあげ，都市内部ではその関与がどの程度に原型において存在したものを変えているかをみようと試みた」［千葉 1971: 2］と述べているように，やはり「祖型の追究」の思考回路が紛れ込んでいるという点であろう．さらに，千葉が焦点化している葬送習俗の都市化とは，そのほとんどが簡素化や代替の様相として描写されている［千葉 1971: 9］．つまり千葉にとって葬制の都市化とは，何らかの創発をともなう葬儀実践の質的変容というような現象ではなく，厄介事をそのまま誰かに請け負わせている，あるいは部分的になくしてしまうという出来事なのであって，その点では葬儀業という存在もあくまで代行業としての位置づけしか与えられていない．とは言え，誤解を避けるために述べておくが，この千葉の見立てはその方法論において素朴ではあるけれども[29]，全く的外れであるとも言えないものであった．というのは，次章で述べるとおり昭和高度成長期の時点では，葬儀業は代行業者としての性質が強いものだったからである．

そして，ここで注目すべきは千葉が展開している議論の妥当性よりも，むしろ千葉の論稿が世に出された時点で，すでに「葬儀・葬制の変遷史」が「葬儀業の発展史」と切り離せなくなりつつあったという点である．それは無論，高度成長期以降の急速な葬儀業の全国的浸透を背景としているが，これについての歴史的検証は次章に論じることとして，都市化傾向の図式のもとに葬儀業を扱うという潮流が一定の質量を伴って出現したという点と，それらの研究に含まれていた視座をさらに深く把握してみたい．

ここで，まずは葬儀業を集中的にとりあげてきたと同時に，一貫して都市化という図式のもとに議論を展開してきた村上興匡の取り組みを挙げることがで

---

29)　千葉に対する批判については山田慎也の指摘［山田 2006: 169］を参照されたい．

きる．たとえば論文「大正期東京における葬送儀礼の変化と近代化」[村上 1990] では題名のとおり主に大正期に焦点を当てているが，この時期はまた，都市部において葬列が徐々に消滅し，告別式という葬儀形式が出現した時代でもあった．そして，これらの背景動因として村上は，都市における「人口集中」や「交通手段の発達」によって引き起こされた空間構造・生活様式・社会関係の変化を挙げ，葬儀そのものの形式もさることながら，そこに馳せられる「死の意味付け」にも変容が生じたと考察している [村上 1990: 57]．一方，「近代葬祭業の成立と葬儀慣習の変遷」[村上 2001]，および「都市葬祭業の展開と葬儀意識の変化」[村上 2006] では，より中心的な題材として葬儀業という職業の発展史を扱い，近世末期から明治期にかけての葬具賃貸業の成立，その後に続く大規模な葬列の浸透と衰退，そして上述した告別式の普及を経て，現在では葬儀業が情報産業としての性格を帯びている [村上 2001: 146] という段階的図式を重厚な史料精査とインタビューに基づいて論じた[30]．

あるいは，中心的主題ではないものの断片的に葬儀業の役割に注目している研究にも眼差しを向けるならば，村上のように近代史・社会史の枠組みと都市化の図式を重ね合わせる手法はかなりの蓄積を有している．たとえばロバート・J・スミスによる *Ancestor Worship in Contemporary Japan* [Smith 1974] は，第二次世界大戦以降に生じたイエ意識の衰退，都市における夫婦家族 conjugal family ないしは新地居住家族 neolocal family の増加，またはそれらと連動した相続形態の変化といった社会背景と絡めつつ，特に位牌の扱いを中心とした死者供養への着目をもとに現代的な祖先崇拝のありかたを論じているが，そこで展開されている都市化の図式には葬儀業の存在が背景要素のひとつとして示唆されていた．また，森謙二のように葬制の大きな一部分である墓制に主要な光を当てて，その明治期から現代に至る歴史展開を把握しようとする試みや [森 1993; 1998; 2000]，井上章一のように霊柩車という意匠の誕生と変遷を各種史料から探るという取り組み [井上 1984] においても，「葬儀・葬制の

---

30) そのほかにも村上は，告別式の嚆矢であった中江兆民の葬儀をとりあげて「生の最終表現」という位置づけが葬儀実践に組み込まれた背景を考察したり [村上 2002]，アンケート調査を通じて現代葬儀の形態と社会的意識の変容の連関を論じたりするなど [村上 2003]，視点と手法の異なる研究を手がけているが，それらの総括に当たるものとしては『都市的生活様式の普及と日本人死生観の変遷についての社会史的研究』[村上 2004] が挙げられる．

26

変遷史」が「葬儀業の発展史」と切り離せないものになったことを強くうかが
わせる議論が展開されている．つまり，その時々の「現代」を葬儀・葬制の歴
史的発展という図式の終着点に据える限り，どのような時間軸をとろうとも[31]，
葬儀業の存在を無視するわけにはいかなくなったという動向をこれらの研究か
ら見てとることができるのだ．

(6) 現代葬儀業への眼差し

　こうして，日本における初期の葬儀・葬制研究において支配的であった「祖
型の追究」の眼差しは，特に戦後において都市化および近代化という発展図式
に取って代わられるようになった．そしてまた，その図式が「村落／都市」と
いう地理的な二分法を「村落から都市へ」あるいは「前近代から近代へ」とい
う時間的な変遷図式とほぼ同義と認識していたことも，これまで筆者が論じて
きたとおりである．要するに，それらの研究にとって「村落の葬儀」は「都市
の葬儀」に必ず先行するものであり，過去に遡って原初形態を突き詰めようと
している点では，「祖型の追究」の亜種と見なすこともできるのである．その
ことは，たとえば嶋根克己による以下の主張にもうかがえよう．

　　　かつての村落社会における葬儀と現在の都市社会における葬儀，この両者
　　を比較することにより，近代化という大きな変動の中で葬儀という文化が
　　被ってきた変貌の一端を明らかにすることができよう．同時にこのことは，
　　現代社会の社会関係のありかたについて認識させる手掛かりをも提供する
　　ことになるはずである．［嶋根 2001: 268］

　一方，これに対して疑義表明を唱えているのが，民俗学・人類学の知見とフ
ィールドワークに基づいて葬儀業の研究を進めてきた山田慎也である．山田は
論文「葬制の変化と地域社会」［山田 1995］において，前節で論じた千葉徳爾・
井上章一・村上興匡などの研究に一定の評価を与え，彼ら自身もまた都市化の

31）　たとえば勝田至の『日本葬制史』［勝田 2012］は縄文期から現代という極めて広い時間軸を
　　視野に収めているが，その終着点としての現代葬儀の記述には，葬儀業の存在に大きな関心が払
　　われている［勝田 2012: 247-306］．

図式に内在する問題点を認識していたという見方に立ちながらも，次のように
概括した．

　　ところでわずかながらも散見される葬制の動態についての考察は，いずれ
　　も葬儀の主体と考えられていた地域社会が崩壊するに伴って，葬制も変化
　　しさらには葬儀に対する意識の変化も起こるという視点に立っている．つ
　　まり社会変化に伴って葬制の変化とその意識の変容という文化変化が発生
　　するという，社会変化に従属した関係において捉えられている．［山田
　　1995: 23-24］

　このように述べた後，山田は和歌山県東牟婁郡古座町（現・串本町）におけ
る調査結果を「必ずしも都市化による社会変化を伴わずとも葬制が変化してい
く」［山田 1995: 26］事例として提示しているが，葬儀社が葬制の変化に対して
重要な影響を及ぼしていることは，むしろ別の論稿である「葬祭業者を利用す
ることとは」［山田 1999a］に詳しい．それによれば，古座における葬式組，す
なわち葬儀の手伝いはテッタイド（手伝い人）と呼ばれており，その仕事は漸
次的に域内で操業を始めた葬儀社に代替されるようになっていったが，このよ
うな過程を山田は素朴な発展図式のもとに捉えることはしなかった．山田によ
れば，元々はテッタイドの労働が担っていた古座の葬儀が業者に取って代わら
れたのは，「（前略）地域の人びとができなくなったというよりは，それを行わ
なくなっただけであり，（中略）地域の人びとがそうするものとして，慣習化
したのである．いうなれば地域の人びとがこのような慣習を主体的に選択して
きた」［山田 1999a: 120］のであって，その選択がまた葬儀に関する知識を葬儀
社に集中させることにつながる［山田 1999a: 121-123］という様相を観察してい
る．
　また，このような山田の議論は，地域ごとの葬制を取り巻く事情が，時とし
て単線的な近代化や都市化の図式に還元できない［山田 2006: 172］こともある
という点への注意喚起であったと同時に，葬儀業という職業の捉えかたにも視
点の変更を迫るものであった．たとえば近世史を専門として三昧聖（墓所聖）
や葬具業者に光を当ててきた木下光生は，この点について以下のように言及し

ている.

> （前略）葬送の商品化を近代以降の現象とみなし,「伝統的」な葬送儀礼の
> 存続と葬送の商品化を二項対立的にとらえる発想の破綻を指摘し得よう.
> （中略）これまでの葬送史研究では,近代以降,葬儀社が普及することで
> 葬送の商品化が推し進められ,その結果「伝統的」な葬送儀礼が変質して
> いく,という見方が一般的であった.しかし（中略）,こうした見方は事
> 実の問題からしてまったく成り立たないことが明らかとなった.「伝統
> 的」な社会に生きていた人びとは,葬送の商品化とは無縁の世界にいたど
> ころか,むしろ葬具業者のような存在を欲してやまない人たちだったので
> ある.したがって問いのたて方としては,葬送の商品化はいかにして「伝
> 統的」な葬送儀礼を変質させていくのか,という問いかけではなく,葬送
> の商品化を必要とするような「伝統的」な葬送文化とは一体何だったのか,
> という課題設定のほうがよほど重要性を帯びてくることになる.［木下
> 2010: 260］

　これらの批判が示唆しているのは,通常思い描かれている「村落が近代化し
たものが都市である」,もしくは「都市の様式を村落が模倣・導入することが
近代化である」という思考回路が実はそれほど一般化できないものであるにも
かかわらず,葬儀・葬制の変容という現象が常にその思考回路のなかに組み込
まれてきたという問題である.そして葬儀業という対象も,豊かな地域伝統に
満ちた儀礼実践を迅速化・省略化させる主要な要因のひとつとして位置づけら
れることが多く,近年の研究においてもその見立てによる描写が少なくない
［例として関沢 2002］.だが,そのような一方向的な「葬儀社の浸透によって,
地域の人びとが長らく保ってきた民俗が産業社会の論理によって合理化されて
いく」といった破壊者としての印象から脱却して,むしろその現象を「多様な
地域事情に即して発揮される葬儀業の創造性と,それを選択する（あるいは,
しない）人びとを取り巻く社会—文化的動向」という双方向的な枠組みのもと
に見つめると,葬儀業に向けられる眼差しはまた違った方向に開かれていく.
それはつまり,先述した「祖型の追究」の視点に淵源を見出せるような静態

的・固定的・価値定立的な民俗事象としてではなく，供給者—消費者関係に代表されるような，現代社会における多様な相関の力学のもとに葬儀を把握するという視座として言い換えられよう．

そして近年では，こうした視座を内包して日本における現代葬儀および葬儀業に注目しようとする試みをいくつか見出すことができる．その代表的研究としては，たとえば今までに繰り返し参照してきた山田慎也の『現代日本の死と葬儀：葬祭業の展開と死生観の変容』[山田 2007] が挙げられる．これは葬儀業の歴史的変遷，地域社会への影響，葬儀空間の意匠の変化など，多角的題材を長期フィールドワークによって描き出したものであるが，同様の手法に基づいたものとしては，このほかに「文化的価値」「供給者」「消費者」の相関という議論を通じて消費文化論の知見を導入した鈴木光の *The Price of Death: The Funeral Indsutry in Contemporary Japan* [Suzuki 2000] も先行研究として言及できるだろう．

さらに近年では，葬儀実践と企業文化との相関に着目した中牧弘允の編による『社葬の経営人類学』[中牧編 1999]，死をめぐる社会的文脈についての比較社会学的考察のなかで葬儀業を主な対象のひとつにとりあげた中筋由紀子の『死の文化の比較社会学』[中筋 2006]，葬儀社が消費者の選択行動に及ぼす影響に焦点を当てた玉川貴子の考察 [玉川 2011] など，現代社会における葬儀業の役割の拡大と連動して，学術的な主題も広がりを見せるようになってきた．くわえて，社会福祉学者の北川慶子による『高齢期最後の生活課題と葬送の生前契約』[北川 2001]，民間研究所の芙蓉情報センター総合研究所[32] による『人生 80 歳時代における大都市での葬儀システムに関する研究』[芙蓉情報センター総合研究所 1985] のように，現代葬儀の諸動向に関する実利的で幅広い情報を高齢層に対して打ち出そうとした学術的な取り組みや，あるいは葬儀に携わる専門家の側から網羅的かつ実務的な知見を打ち出そうと目論んだ葬送文化研究会[33] の『葬送文化論』[葬送文化研究会編 1993]，そして現代葬儀に関連する広汎な職業の広がりを緻密な取材に基づくルポルタージュとして描き出した井

---

32) 現・みずほ情報総研.

33) 現・日本葬送文化学会．会員は学術研究者を含むものの，葬儀および関連業務に携わる実務家の割合が多く，また運営も実務家主体である．

上理津子の『葬送の仕事師たち』［井上 2015］など，今日の葬儀と葬儀業に関する視点と議論は広汎な関心にまたがっており，葬儀業に対する社会的需要の増加と多様化をうかがうことができる[34]．

3 小　括

本章の目的は，議論の全体を貫く問いと視点を明らかにするとともに，先行研究の展開を考察しながら本書の位置づけと意義を示すことであった．

まず，筆者の問題意識が「葬儀業の役割」へと向けられており，その様相を「儀礼と産業の結びつき」に焦点を絞り描き出すことが議論の基軸にあるという点を再確認しておきたい．それでは本書の位置づけと意義は，どのように定められるだろうか．この点について，本章第 2 節「先行研究の展開」を通じて述べてきた議論を以下にまとめることで把握しておこう．

最初に，先駆的研究の段階では西欧と日本のどちらも，おしなべて「産業の力学による文化の侵蝕」という構図のもとに現代葬儀と葬儀業を捉えていたという様相を指摘できる．たとえば西欧における初期の葬儀業研究では，言うなれば拝金主義による真正／神聖な「死の文化」の捏造や破壊といった色彩によって議論が覆われていた．一方，日本においてはそのような産業批判・消費者運動の枠組みが大々的に学術的な取り組みに導入されることはなかったものの，地域色豊かな民俗・慣習・伝統がサービス産業化と商品化の波によって失われていくという切り口が長らく支配的であった点では，西欧の諸研究と共通する視座を有していた．要するに，そこで前提とされたものは常に「産業から文化へ」，つまり産業の一方的圧力による文化変容という論法であり，山田慎也や木下光生の見解は，まさにその論法を無批判に土台とすることへの疑義表明であった．しかしながら，その後の研究でも葬儀業の役割と影響を，「差異に溢

---

34) その他に，海外の読者を想定して刊行されたものとしては，鈴木光の編による *Death and Dying in Contemporary Japan* ［Suzuki 2013］が葬儀業の活動に焦点を当てており，筆者も論稿を寄せている［Tanaka 2013］．逆に，海外における現代葬儀と葬儀業の動向を扱った日本語文献としては，日本・韓国・中国・台湾の東アジア諸国の研究者による論集『変容する死の文化』［国立歴史民俗博物館・山田・鈴木編 2014］を近年の代表的な取り組みとして挙げることができる．

れた地域文化を均質なサービスと商品で塗り潰していく」という眼差しのもとに捉えようとする研究が生産され続けているのが実状である．言い換えれば，学問としての中立性は意識されつつも，「業者による一方的なサービスの押し付け」という表層的な構図からは脱却し切れていないのだ．

　それに対して，筆者が「儀礼のやりかた」ではなく「儀礼のつくりかた」に視点の比重を置くと述べたのは，まさにそのような従来の見方を乗り越えようとしているからにほかならない．現代社会では数々の産業組織がサービスに意味と価値を乗せることを経営上の中核的問題としており，葬儀業もまた「すでに単なる代行業者の範疇を超えている」ことを筆者は第1節「問題の所在」で強調した．そして，次章から筆者が描き出していく内容ではあるが，その状況は葬儀業が葬儀サービスの発信者であると同時に，不特定多数の消費者からサービスの良し悪しの裁定を仰ぐ受信者でもあるという，葬儀業が位置する双方向的な関係から生じているのである．

　そのような葬儀サービスのやり取りをめぐる双方向的な関係，つまり供給―消費関係の作用は，これまで儀礼実践の維持・浸透・変容などを規定する動因として考えられてきた「慣習の反復参照」の作用と並び立っているだけでなく，現代では慣習や伝統という事柄でさえもサービスの材料としてとり込まれていることを考えれば，むしろ慣習の拘束力を凌駕していると言っても過言ではない．筆者が目指すものは，このような状況のなかで葬儀業が発揮する種々の能力や，あるいは供給者―消費者間の多様なやり取りを炙り出すことであり，また文化実践の最たるものである葬儀においても創造性と能動性が発揮され，新たな様式が生み出されていく様相を描き出すことである．つまり，本書は能動的に文化実践の様式を生産したり，そこに新たな意味を与えようとしたりする営みを描き出すことによって，現代社会の状況をふまえた新しい儀礼観を築こうとしているのであり，それによって先行研究を乗り越えようとしている点に本書の意義が存在するのだと言えよう．

第1章　日本における葬儀業の歴史的展開

　序章において筆者は問題の所在を明らかにし，また関連研究の動向を俯瞰して本書の学術上の位置づけと意義を示した．この章では葬儀業の成立過程と，葬儀業が請け負ってきた仕事の変遷に関する事実関係を段階的に把握しながら，「死の発生」と「葬儀社への依頼」がひとつの手続きとして社会に受けとめられるまでの展開を俯瞰することによって，「儀礼と産業の結びつき」が徐々に醸成されてきた歴史的背景を明らかにしたい．

1　葬儀業の原初形態

　葬儀業が浸透する以前の一般的な葬儀のイメージを象るものとして，これまで多くの研究が「ムラの葬儀」にまつわる数々の光景を題材としてきた．たとえば芳賀登は南伊那・和田地方（長野県）における過去の葬儀の様相として[1]，帳場（会計）・飛脚（遠方の親類への連絡）・寺飛脚（寺院への連絡）・饗応掛（僧侶への接待）・道具づくり（葬具の準備）・墓掘りといった数々の労役を描写しているが，その遂行の中心となるのは親類（マキ）・組合・町内などの集団であり，喪家自らが葬儀のやりかたについて差配をしたり，または肉体労働を手掛けたりすることはなかったという．つまり，葬儀に必要な仕事の多くは喪家以外の者に任せられており，喪家の役割は会葬者に挨拶する程度であったとされている［芳賀 1980: 156-157］．さらに芳賀は八重河内（長野県）・北設楽（愛知県）・塩沢（新潟県）などの地域についても記述しているが，それらの地域でも「葬式

---

1)　芳賀は年代を特に明記していないが，その記述内容から近世末期から昭和期にかけての幅広い
　期間にわたる様相であることが推測できる．

組」と称する地域内の合力組織が諸々の仕事を統括している点は同じであり，また仕事の種別に関しても目立った差異はないと述べている［芳賀 1980: 157-164］．このように，かつての「ムラの葬儀」においては，喪家以外の血縁および地縁集団が葬儀の実務に関して中核的位置を担うことが一般的であり[2]，かつ喪家以外の関与がなければ葬儀を執行することが極めて困難であったことが，さまざまな研究者によって指摘されてきた［例として嶋根 2001: 269; 有賀 1968: 210; 竹内 1990: 265］．

　しかしながら，過去の葬儀は地域内で全て自給自足の状態にあったわけではない．地縁・血縁集団の手伝いという次元とは明らかに異なった，葬儀に関するサービスを提供して恒常的に利潤を得ている「葬具業」が近世の時点ですでに存在していたことが，近年の研究によって確認されているからである．この点について，前章でも参照した歴史学者の木下光生は，貞享5年（1688年）に上梓された葬具業に関する最も古い史料[3]として井原西鶴の『日本永代蔵』にみられる以下の記述を挙げている［木下 2001: 61］．

　　　又京の手代の語りけるは，私の親方は少しの人なるが，世渡かしこく，世間にせぬ事ならではと，葬礼のかし色．ゑぼし・白小袖・紋なしの袴・駕籠も拵て，俄の用を調へ，此損料銀積て，程なく東山に楽隠居を構へ，人の目に三千貫目との差図，さのみ違ふまじ．［井原西鶴 1960: 144，下線は筆者］

　貞享5年は江戸幕府第5代将軍の徳川綱吉の治世であり，元禄期の直前に当たる．少なくともこの時期から「葬礼のかし色」，すなわち喪服や葬具の損料（貸出料）を稼いでいた業者が存在していたことを強くうかがうことができよう．さらに，やや遅れて元禄3年（1690年）に刊行された『人倫訓蒙図彙』におけ

---

2)　ただし，新谷尚紀［新谷 1991］や関沢まゆみ［関沢 2002］が指摘するように，喪家・血縁集団・地縁集団ごとの労働配分や，それぞれの仕事が持つ重要性については，大きな地域差があったことがうかがえる．また，地縁・血縁以外に「無縁集団（無縁の関係者）」という存在を加えることも可能であり，その場合，葬儀業の関与が浸透する以前の無縁集団とは僧侶を中心とした宗教的職能者と考えることができよう．

3)　この点については，断定的ではないものの，井上章一も過去に示唆している［井上 1984: 91］．

［龕師］死人の死骸をいるゝ器物也．誓願寺通富小路西へ入ル町にあり．人間の一生ハ夢まほろし．老少たのミかたきハ浮世そかし．死て身にそふものハ経かたひら・六道銭．其身をおさむるいれものハ龕桶．されハ此職をいとなむともがらハ慈悲のまなこをつけつくりたき物也．人間の落着の入れ物そかし．

図 1-1 『人倫訓蒙図彙』より，龕師の作業光景
※『人倫訓蒙図彙』［1990］より抜粋．

る「龕師」の記載もまた，葬具業者の存在を明らかにしている．その図と説明を抜粋する（図1-1）．

　龕師とは前述の「葬礼のかし色」，すなわち葬具の貸出料を稼ぐ業態ではなく，言わば木工職人である．龕とは棺を収める柩や輿のことを指すが[4]，それ以外にも白張提灯・天蓋・龍頭・灯籠などの葬具が描かれていることから，龕はあくまで製作を請け負う代表的な葬具のひとつであり，種々の葬具製作を請け負っていたことがうかがえる．しかし，その他にも我々が注目すべきことがある．この龕師が「誓願寺通富小路西へ入ル」という，浄土宗西山深草派の総本山として格式を誇る誓願寺に近接した絶好の区画[5]に職場を構え，しかも市中で一定の広がりを見せている職業の総覧としての性格を持つ『人倫訓蒙図彙』に載っているという点である．つまり，この龕師という職業は珍奇で細々とした職業ではなく，一定の商圏をすでに確立している職業として描き出され

---

4) 龕そのものは現在の葬儀ではほとんど見受けることができないが，仏式葬儀の作法を表す用語としては未だ健在である．例えば「鎖龕（さがん）」と言えば一般的に棺の蓋を閉ざすことを意味し，臨済宗における「鎖龕諷経（さがんふぎん）」とは棺を閉める際に回向文を唱えることを指す．また，棺を家や式場から墓所などに送り出すことを「起龕（きがん）」と呼ぶこともある．
5) 現在の住所は京都市中京区新京極通．

ていると言ってよい[6].

それでは，葬具業の他にも葬儀に関連する職業があるだろうか．ここで，ひとつの手掛かりとして葬儀業の別称から紐解いてみると，たとえば近畿圏では葬儀業を今でも「水屋」と呼ぶことがあるという．水屋とは，井戸や河川から汲んできた水を人びとに売る職業であり，一見したところ葬儀との直接的なつながりは見受けられない．だが実例を挙げるならば，大阪市で今も営業している葬儀社「阿波弥[7]」の元来の業態は，水屋と駕籠業の兼業であったという．なぜ水屋と葬儀が結び付くのか．ルポライターである高橋繁行の取材によれば，その理由を同業他社は「ふつうの人はわざわざ飲まへんけど，死に近い病人はいい水は金出してでも飲んだ．だから水売りは，人が亡くなる情報にすばやかった」[高橋 1991: 52]と説明している．つまり，死亡情報を迅速に取得し得る立場にいるという点で，葬儀業と水屋は密接な関係があったのだ[8].

それでは，駕籠業にもまた葬儀業と何らかの関係があるのだろうか．井上章一は『霊柩車の誕生』[井上 1984]の中で「駕友」という葬儀社の発展の事例を扱っている．それによると，「駕」の字が用いられていることからもわかるように，駕友は神社・寺院・与力その他に対する駕籠業を主とした諸人足の提供を行っていたが，後に各藩の参勤交代などにおける行列の演出と人足の提供も請け負うこととなった．だが明治維新後にはそのような仕事は消滅してしまうため，それに代わって典礼式事を請け負うようになり，葬儀業に転身したと述べられている[井上 1984: 96].これは本来的に仕事の内容が葬儀に関連していたというよりも，失職による転業という側面を大きく持つと言えるかもしれない．

これらの歴史的事例のように，葬具業だけでなく多様な業種が，実は葬儀業の萌芽と結びついている．そして，そのような変遷の形態が多岐にわたることは，調査の過程で折に触れて垣間見ることができた．以下に2点の聴取録を参

---

6) 近世の葬具業を扱った研究は，近年までほぼ皆無に等しかった．この状況を一変させたのは，本文中にも掲げた歴史学者の木下先生による諸研究[木下 1997; 1998; 2000; 2001; 2003; 2004; 2007a; 2007b; 2007c]である．木下の問題意識は，いわゆる「三昧聖」の葬具業への関与と，彼らへの賤視を構成する社会的動因にも及ぶものであるが，その内容については本書の扱う命題とは性格を異にするため割愛した．

7) 阿波国（徳島県）で創業した後，近世中期に大坂の船場で葬儀請負を開始したとされる．

8) 井上章一も，上水道普及以前からの水屋と葬儀業の関係を指摘している[井上 1984: 103].

照してみよう．前者は東京都葬祭業協同組合の理事長を以前に務めていた久保正数氏，後者は福島県田村郡三春町で営業する葬儀社「菊川屋」の社長である内藤忠氏との会話である．

田中： 葬儀が，葬儀業が「産業」としてというか．それが始まった時期については（どのように考えているか）．

久保： わかんないんだ．厳密な時期は，自分のところの会社だって，前の代から（続いている）．ただね，ひとつ言えることがある．それは……葬儀屋の前身っていうのかな，桶屋っていうのがあったこと．棺桶の「桶」ね．今でも，本当に昔からある，古い会社はさ，名前（社名）使ってるんだよ．「桶」の字を．使ってるよ．

田中： 桶（の字）を？

久保： うん．桶屋，イコール，棺桶屋．

田中： なるほど．

久保： そういう時代もあったんだ．もちろん，いつもは棺桶以外の桶もつくってんです．そりゃあね．でも昔はね，棺桶のことは早桶って言った．さあ，どうしてか．

田中： 早くつくらないといけない理由が……？

久保： オーダーがさ，つまり注文が来てからじゃ……つまり人が亡くなってからつくったんだと，間に合わないと．そうでしょう？ だから早目につくる．というよりも，前もってつくっておく．つくっておかなければいけない．だから「早桶」と言うんで．そんなもんだからね，葬儀屋のことを昔は「早桶屋」って言ってたんですよ[9]．で，あなたは棺桶を見たことある？ 今はほとんど寝棺でしょう．

田中： そうですね．というより，どこに行っても，寝棺以外は見たことがないんですが．

久保： 寝棺が出てきたのは意外と……うん，意外と遅い．遅いんです．昭和のね．初めぐらい．だって座棺にしたって，土葬にしたって，つい最近まではさ……．

田中： そうですね．ごくありふれていた．

---

9) この点については，村上興匡も次のように同じ内容を述べている．「明治以前の葬儀屋にあたる職業は早桶屋，早物屋と呼ばれていた．早物とは葬具一般のことで，死者が出てから急いでつくって売った．これを賃貸するようになって庶民階級でも大がかりな葬儀が可能になったのだと考えられる」[村上 2001: 139]．

久保： 本当にごくごく一般的だったでしょう．

田中： そうですね．ただ……どちらかって言ったら，その……早桶云々というのは，職人さん，職工さんの，そういう世界に近いかと，「ものづくり」と言うか，何と言うか．でも，それとは別に葬具屋さんの側面は（あったのか）．つまりその，つくるのではなくて貸すと，レンタル業であると．そういうことって，あったでしょうか．

久保： もちろんそれも．ええ，ありますよ．葬儀で「切り売り」のモノって言えばね，まあ棺桶ぐらいでしょう．そうでしょう？　だからね，こう，早桶屋だとか，そういうもの（職業）から，葬具のね，レンタル業みたいなね．そういう仕事に変わっていった流れは，ある．

［聴取録 1-1　久保正数氏との会話］
※音声記録と筆記録の併用．括弧内は筆者による追記補足．

田中： 創業の経緯というか……どのような感じで葬儀屋さんを始められたんですか？

内藤： 三代前だもん．つまりね，私のおじいさんが創業者で．元々は「飾り職人」で……ランタンとかさ．あとは鬼瓦とか．

田中： お寺さんの……寺院（伽藍）の職人さん（だったのだろうか）．

内藤： そうそう．まあ，色んなモノをつくってたみたいで．明治の初めだよ．聞いた話じゃ，明治の……40 年代ぐらいまでは，なんだか色んなこと（仕事）をしてたみたいで．まあまあ，職人さんだろうけど．でも，そうこうしているうちに，ダンナバ（旦那場）の．

田中： ああ，お得意さんの．上得意の，というか．

内藤： そういう取引先とのお付き合いもあって，色々とさ，こう，地域住民への世話なんかするようになってたんだよ．私も今じゃ商工会とかやってるけど[10]，まあ，おじいさんも，それが高じて葬儀のさ……．

田中： 差配を？

内藤： 差配か．うまいこと言うね．

田中： いえいえ．

内藤： でも，そのとおりなんだ．あんたはこれやれ，わしはこれやるからと．こういうときは，これこれこのようにやるもんだと．そういった，差配をするようになって，そこから葬儀屋に．ただ，今のように葬儀専門のね，葬儀専門業者というのはなかった．だからプロデューサーの立場だ

───────────
10)　内藤氏は三春町商工会の会長を務めている．

と，そう思ってもらったほうがいい．で，私の親父は婿養子で．昭和5年生まれ．その頃，三春は7割から8割がたの住民は農業だよ．で，親父の代の，その頃にはもう純然たる「葬具業」で．

田中：　葬「儀」業というよりも？

内藤：　葬「具」業って言ったほうがいい．そのほうが，ぴったりくる．

田中：　そうなんですか．

内藤：　だってやることは，葬具をつくって，貸し出して，と．あとは葬儀の差配と．そのあたり，僕が継いでからとは，またちょっと違うんだ．三春じゃ，手伝いのことをサシオモリっと言うんだけど……三春だけの言葉かもしれないけれど．葬儀の知らせで，「ヤマイ，サシオモリ，オシラセモウシアゲマス」といった言い回しを（よく使う）．「死に水を取りに来てください」と，「お手伝いをしに来てください」と（いう意味なのだ）．

田中：　今でも？

内藤：　今でもそう．「俺とあの家は，サシオモリの間柄だ」といった言い方を（する）．この場合の，その……サシオモリは，隣組とか，ブラクとか，ヤシキとか，そういった区別にはあまり関係ないんだよね．それぐらい，まだまだ（葬儀に際しての住民相互の合力関係が）強い．昔は推して知るべし．そこへもっていって……．

田中：　葬具の準備以外で何を（業者が）するんだ，と？

内藤：　そういうことにさ，なるでしょう．今でこそ，うちは会館（葬儀式場）も持っていれば，まあ，近代的なこともやりますよ．でも，もう昔じゃあ，葬儀屋は「葬具屋」で．何でも屋から，次に葬具屋．で，また次に葬儀屋で（と，変わった）．

［聴取録 1-2　内藤忠氏との会話］
※音声記録と筆記録の併用．括弧内は筆者による追記補足．

　前者の久保氏との会話では桶屋，そして後者の内藤氏との会話では，本人も明確ではないとしているものの，おそらくは伽藍装飾の職工と思われる飾り職人という職業が登場した．桶屋は座棺に供するための桶の製作に当たるということで葬儀に関連する．しかし飾り職人である内藤氏の祖父はあくまで本人の個人的な資質によって地域内の葬儀の差配を任されていたのであり，それがいつしか緩やかに葬具の製作と貸出に携わるようになり，そして現在の葬儀業へ

と変遷していったという経緯を見てとることができる.

さらに, 別の職業を追加することも可能である. まず, 花屋の存在を欠かすことができない. そのことは, 葬儀には生花を要するということからも強く類推し得るが, 何よりも実際に, 現在でも「花」の字を冠した社名を持つ葬儀社が国内の広い範囲にわたって多く営業しているだけでなく, 葬儀業と生花業を兼業する業者も見受けることができる. さらに, 碑文谷創によれば葬儀に供する仕出し料理の必要から八百屋や乾物屋が, そして葬具の大多数が木工品であることから大工が, それぞれ葬儀社に転業していった事例があると指摘されている [碑文谷 1994: 170].

ここで, 先述のとおり近世の時点から都市部には「葬具業」が存在していたという点に加えて, その次の確認事項として以下のように言及できる. それは, 葬儀に供されるモノの次元で関連を有していた職業だけでなく, 葬儀との直接的関連は薄いものの固有の事情で葬儀に携わった職業まで含めるならば, 現在に連なる葬儀業の萌芽的職業はかなり多岐にわたる, ということである. しかし, 我々はここで各々を通底する共通点に注目せねばならない. それは, 文中で掲げた水屋・桶屋・駕籠屋・飾り職人・花屋・八百屋・乾物屋・大工のいずれにしても, その事業配分の軽重こそあれ, 葬儀への関与は「兼業」で提供される範疇に留まっていたという事実である.

2 専門業者の成立

それでは, このような兼業から葬儀専門の業態へ, つまり葬儀に必要な物品・労役の一部を代替するのではなく, 現在のように葬儀一式を請け負うという業態への変化は, どのように進んでいったのだろうか. この点について, まずは東京都 K 市で葬儀社を経営する A 氏との会話を参照してみたい.

> 田中: 明治っていうのは, その……色んな人が, ビジネスチャンスを. えっと, 商売のチャンスというか. そういったものを獲得して, て, そこまでに存在してなかった……新しい商売を始めた時期でも (あったのか).
> A : そうだね. 僕もそう思う.

第 1 章　日本における葬儀業の歴史的展開　41

田中：　だから，葬儀屋さんというお仕事も，その……それまで全く何の縁も
ゆかりもない時点から始まったケースっていうのもある……のでは
（ないか）．けれども，葬儀屋さんの場合は「それまで，なんにも，（存
在し）なかったところに」というよりは，やっぱりそこまでに何かしら，
こう，関連するようなお仕事を引き継いで発展して，そういうケースが
多いようにも思うんですけど，どうです？

Ａ　：　うーん，そうねえ……こればっかりは，こう，なんともね．今だって，
「よしやろう」って，そう思ってゼロから始めるってこともあるわけだ
から．

田中：　たしかに．もちろん，今だって，全然関係ない人が葬儀屋さんを開業
することっていうのもゴマンとあるでしょうから．だから一概には言え
ないと思いますけど．じゃあ質問を変えると，「葬儀屋さんの出発点」
とは一体，どこにあるんでしょうか，と．

Ａ　：　最近になって新しく葬儀屋をやろうと思う人は，「ゴマン」とまでは
いないとは思うけどね……．実際を言えば，この世界というか，その全
体の詳しい歴史については，あまり考えたことがないというのが（正直
なところだ）．僕は学者でもないしさ，あなた方の，その，学問の世界
の……っていうのかな？　そういうことはもっと調べて，逆にこっちに
教えてもらいたいぐらいでさ（笑）．ただね，これは言える．もう，は
っきり，言える．「葬儀屋」じゃなくて「葬具屋」．つまりさ，物品の，
物品レンタルから生まれてきたっていうのは確実だと思うんだよね．

田中：　葬具屋．

Ａ　：　そう，葬具（屋）．例えばさ，僕もこれでも何だかんだあるから，た
とえばさ，仕事でたまに北陸へ行くの．金沢でも，どこでも．そうする
とさ，当然，北陸にだって「総合」的なね，総合サービスをしている葬
儀屋さんはいっぱいある．なのに未だに「何たら葬具」とか「何たら葬
具店」とか，そう名乗る会社が結構多くて，僕とか，僕の部下も前々か
ら，常々不思議で．なんて，「葬具店」なのって．

田中：　名古屋にも，一柳さんという……一柳葬具（總）本店という会社が
（ある）[11]．ここもまあ，古い会社ですが．

---

11)　安政 2 年（1855 年）生で同社の初代である一柳幾三郎は，元来は宮大工として三重県庁舎の
建設にも携わった人物である．その後，次第に宮大工から葬具業へと商売の比重を移し，総合サ
ービス業としての葬儀業に変化を遂げたが，今でも同社は「葬具」の名を社名に含むことで明治
から続く伝統を示している［一柳 1977: 59-72］．

A　：　ああ．一柳さんね．でもまあ，一柳さんや，北陸っていう場所に限ったことじゃなくて，「葬具」の名前を社名に（含む）っていう会社はいっぱい（ある）．昔からの名前を受け継いでいるっていうの？　そう，だから，やはり，「葬具屋」からの……そこからの進化というのはあるんだよ．うん，進化……って言えるんだと思う．しかも明治だよね．やっぱり，「創業明治何年でござい」と．って言うのはさ，もともとはさ，総合的な，今みたいな，葬儀（に関して）は何でも（請け負う）っていう総合サービスっていうのはなかったんだから．だからさ，パターンはかなりあるんだと思うんだよ．まずは葬具屋でしょう．つまりさ，つまり葬具のレンタル屋さんから葬儀屋へと．そして，レンタル業じゃないにしても，葬具をそれまで「つくっていた」会社が葬儀屋へ．そして，それまで全然関係なかった人が葬儀屋へ．あるいは，まったく商売に関係なかった人が，と．パターンはさ，そう……パターンは，いくつかあるだろうと．

［聴取録 1-3　葬儀社経営者 A 氏との会話］
※音声記録と筆記録の併用．括弧内は筆者による追記補足．

　　ここで，A 氏が示唆している「兼業から専業へ」の変遷パターンを図式化すれば，図 1-2 のようになるであろう．

　　この内の①と②については，商売における取扱品目の比重を徐々に葬儀関連に移動させたという量的推移としても考えられるし，また部分的なサービスの供給から徐々に葬儀の完遂そのものへの関与を強めたという質的推移としても考えられる．そして両者の推移は，おそらく同時並行的な現象として考えるのが妥当である．

　　一方，③と④に関しては，前者の2つにも増して「時代の要請」を強く人びとに察知させるのに足る状況がなければ，そもそも新たに葬儀業を始めようなどとは思わないだろう．すなわち，葬儀を生業とするに充分な商機を感じさせるだけの社会状況を想定せねばならない．しかもそこには，「葬儀業への社会的偏見に抗っても」という条件が付くのである．この，葬儀業への偏見という事柄に関しては，たとえば仲田定之助の『續・明治商賣往來』における以下の描写にも如実に現れている．

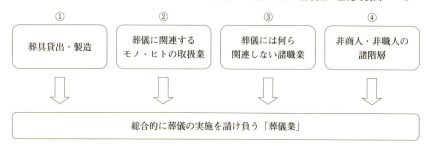

図 1-2 近世から明治期にかけての葬儀業への職業変遷

(明治の中期では) 告別式という葬儀の形式はまだ生れていなかったし，形ばかり仰々しく，低俗な紙の造花の花輪もまだ出現していなかったし，むろん葬儀自動車など夢想もできなかった時代なのである．葬儀屋というのは悲嘆哀傷の極限におちいっている人間のために奉仕する商売で，その従業者は必要悪なのかも知れないが，無表情で非情である．とにかくわたしにとっては余り好ましからざる業種だから，詳しいことは知らないが，東京市内ところどころにそんな店があった．[仲田 1970: 101, 括弧内は筆者補足]

「必要悪」や「余り好ましからざる業種」という，賤視とでも呼ぶべき眼差しと天秤に掛けてまで葬儀業を，しかも専業という業態で始めるまでに人びとを至らせた背景はどこにあったのか．ここで，維新期における文明開化や都市化のエートスを主要な背景に据えるだけでは，あまりにも長きにわたる専門葬儀業者の不在，そして明治期における葬儀業の急激とも言える勃興を説明できない．それまでにも，明治期の文明開化に類する「旧態からの脱却」という社会変動は歴史上で発生していたからである．それでは，どのように説明できるだろうか．実は，仲田定之助は上述引用の直後で，その手掛かりとなる光景を描写している．以下に参照してみよう．

その中でも神田鎌倉河岸に大きな葬儀屋が三軒も並んでいたので，わたしは鎌倉河岸といえば葬儀屋，葬儀屋といえば鎌倉河岸を思い出すほどだった．(中略) その店先には葬儀に使用する白木の祭壇，横長や四角い木箱，葬送用の白木の屋根付の棺や，黒漆塗りの駕籠，放鳥のための大きな竹籠，

金銀または白色の蓮の造花を入れた白陶の花瓶，菊の生花や，樒を持った
竹筒等が置いてあったり，黒白の幔幕が幾枚も積み重ねてあったり，杖，
菅笠，藁草履なども置いてあったりした．［仲田 1970: 101-102］

　この三軒の内の一軒は，おそらく「東京葬儀社」であると考えられる．そして，この葬儀社は現時点までの諸研究では「活字資料に見る葬儀社の最も古い事例[12]」［井上 1984: 91; 村上 2001: 138］と見なされており，同時に葬儀社の名を冠した業者の嚆矢とされている．その根拠となる資料として，明治19年（1886年）1月7日付の朝野新聞に掲載された以下の記事を確認しておこう．

　　東京葬儀社．近ごろ或る有志輩が申合せ，題名に掲ぐる如き一社を神田鎌
　　倉町に設け，神仏葬とも一切の葬具を備へ，低廉の賃銭にて葬事の求に応
　　じ，従来の輿屋が非常の利得を貪るのを矯正す可しとの事にて，猶其支店
　　を日本橋蠣殻町一丁目に設け両三日前に開店した．［朝野新聞 1886］

　この神田鎌倉町に開かれたという東京葬儀社の記事は淡白な内容で終わっているため，どのような葬儀社であったのかは長らく不明であった．しかし仲田は期せずして，その店頭の様相を「神田鎌倉河岸に（ある）大きな葬儀屋」として記憶を辿りつつ描写していたということになる．ところで，近年になって明治38年に上梓された葬儀の手引書である『祝祭送迎婚礼葬儀準備案内』［可南子 1905］を山田慎也が見出し，「富豪の家なれば神田鎌倉河岸葬儀社東京博善株式会社か，左なくば東京葬儀社に調進させ，中以下の家になると最寄りの

---

12) ただし，このことは記述中に「葬儀社」という名称が発見されたという意味に限られたものであり，実際には明治初期から中期にかけて，都市圏で葬儀一式を請け負う業者が同時発生したと見なすことが妥当であろう．その点で，本来的な意味での葬儀社の嚆矢を年代まで特定することは困難であり，また山田慎也が言うように葬儀業という職業をどのように捉えるかという解釈によって，考え方は大きく変わる［山田 2007: 181］．さらに，東京以外の地域に視線を転じるならば，明治25年（1892年）に編纂された『大阪八弘社沿革略誌』から存在を確認できる大阪八弘社は，火葬業を主業務としながらも葬具賃貸業も並行して手掛けていたことで知られているが，創業の経緯としては東京葬儀社よりもさらに遡ることも推測可能であること，そして住友財閥の関与があったこと，という2つの点で注目に値する．なお，『大阪八弘社沿革略誌』は木下光生の手によりすでに分析が進められているが，その多大な労力を掛けた翻刻を筆者の依頼に応じて氏が快く提供して下さったことをここに付記しておく．

第1章　日本における葬儀業の歴史的展開　　45

葬儀社に引き受けさする」という記述を見出したことで［山田 2007: 183］，朝野新聞の記事からわずか二十年余りで東京市内には葬儀社が一定数存在するようになったばかりでなく，葬儀社の格付まで出していたという状況が明らかになった．したがって，仲田が見た葬儀社は東京葬儀社ではなく東京博善であったかもしれないのだが，その判別はここではあまり問題ではない．むしろ注目すべきは，この明治19年の記事が東京葬儀社を珍奇な新商売を始めた業者という印象で捉えていると同時に，「輿屋」を引き合いに出している点である．

　輿は，棺を運ぶために欠かせない葬具のひとつである．『霊柩車の誕生』において井上章一は，輿を霊柩車のプロトタイプとして位置づけているが［井上 1984: 35-41］，概して輿は何度も繰り返して使用するものではなく，葬儀が終われば解体するものであり，したがって過度に装飾を施すものとは元々考えられていなかった．そしてまた，上掲の朝野新聞の記事にある輿屋とは，基本的には先述の駕籠屋や桶屋と同じ葬具関連業者である．おそらくは葬儀に供する輿と，またはそれを担ぐ人足をセットにして提供していたのであろう．それが「非常の利得」を得ていたというのは，なぜなのだろうか．

　ごく単純に考えるならば，その最大の理由は，それだけの大きな利益をもたらす機会と市場が生み出されたからである．明治維新を端境期として，幕藩体制の身分制度に応じた葬儀の格法から脱却する傾向が出現すると，その傾向は次第に「葬列の奢侈化」という潮流に結びつくようになった．それは前掲の仲田定之助の描写にあった種々の道具類や，あるいは図1-3にも示したように，葬列のなかで盛大に放鳥を行い，花を盛り，人足を集めて葬列の華美を競うような，見世物的な要素の登場でもあった．これらを総合して井上章一はスペクタクル（化）と呼んでいるが［井上 1984: 81-89］，それはつまり葬儀が地縁・血縁などの関わりを持たない不特定多数の人間に「見られる」ことを想定した出来事に変貌したことを意味している[13]．

　すなわち，カネさえあれば立派な葬儀ができるし，そうしてもよい時代が到

---

13)　井上章一は，この点を大名行列と関連づけている．大名行列は規模と格法が厳格に定められていることもあり，専門の人足集団を必要とした．彼らは維新により失職の危機に晒されたが，葬儀人足に転業してその危機を免れた．したがって葬列には大名行列の流儀が摂り込まれ，それまで見物の対象ではなかった葬列を庶民も見ることができる状況になり，その結果として葬列のスペクタクル化が発生したというのが井上の主張である［井上 1984: 95-101］．

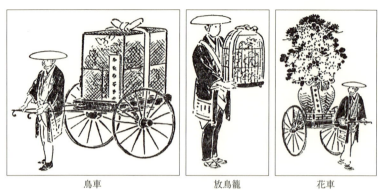

鳥車　　　　　　　放鳥籠　　　　　　花車
図 1-3　明治期の葬列における放鳥，および花車
※『上方：郷土研究』昭和13年（1938年）12月号．井上［1984: 78-79］からの二次引用．

来したのだと言えよう[14]．このような背景と連動して，葬具に装飾性が加味されるようになり，専門技能を有した職能者が製作・販売する葬具の需要が高まっていったとするならば，先述の東京葬儀社に関する記事において輿屋が「非常の利得」を上げていたような状況も当然可能になったはずである．特に，輿は葬列に使うものであり，現在のように葬儀式場や火葬場での出来事が重要視されるのとは異なって，少なくとも霊柩車が発達するまではむしろ葬列のほうが重要視されていたという点を考えれば［山田 2001: 120］，輿はそのような奢侈化の影響が如実に顕現される葬具であったことが理解できる．また，輿で棺を運ぶということは「寝棺での葬送」を意味するが，輿と寝棺という組み合わせは維新前までは上流階級に限られた葬儀の格法であり，この点にも奢侈化の動向が明治期の上昇志向と結びついていた様相がうかがえる［井上 1984: 79][15]．

ところで，これらの変化について井上章一は「明治の葬列は，江戸時代にくらべて全体的に肥大化の傾向がいちじるしい」とまとめているが［井上 1984: 89］，このように葬列の肥大化・奢侈化が葬儀にまつわるヒトとモノの需要を

---

14)　身分制度の崩壊と，その後の葬儀を方向付けるモデルの成立とを結び付けるひとつの契機となったのが，明治30年（1897年）の英照皇太后の葬儀であった．今では喪服や香奠などに見られるように，葬儀を彩る色は「黒」として受けとめられているが，葬儀が「黒色基調」で彩られることになったのはこの英照皇太后の葬儀からであったことを笹川世勝が述べている．つまり，黒色による哀悼表現という概念と実践は，洋服とともに西欧から導入されたものであり，皇族及び政府がそれを採用するということで，急速に民間にも普及したと現在では考えられている［笹川 1988: 79］．

仏式による葬列

神式による葬列

葬具

図 1-4 『東京風俗志』に描かれた葬具と葬列

※『東京風俗志』［平出 1983］より抜粋．

拡大し，それによって葬儀専業で利潤を得ていくための大きな商機をもたらしたことは，また別の意味合いも帯びている．葬儀業という職業，そして葬儀社という名称が人びとに認知され始めたのである．その点を平出鏗二郎は明治35年（1902年）に出版した『東京風俗志（下）』において克明に描き出しているが，以下にその文章を図版（図1-4）とともに参照してみよう．

> 明治の初めに至るまでは，中流以上と雖も，駕籠を用ひしに，次第に奢侈に流れ，今にては下流にも輿を用ふるものあるに至れり，殊に昔の棺屋は発達して葬儀社となり，葬儀に入用なる一切の器具を始め，人夫等に至るまでをも受負ひ，輿，喪服，造花，放鳥籠等の賃貸をもなせば，葬儀を盛にし易く，造花，籠鳥を列ねて豪華を衒ふ風，盛となり，親戚知音よりも

---

15) これに関しては，明治36年（1903年）に没した尾崎紅葉のエピソードも参考になる．紅葉は死に際して門下生達に「駕籠で葬式を出すように」と命じたという［此経 2001: 145-151］．すでに当時の東京では寝棺を輿で送るのが主流となっていたにも拘わらず，わざわざ駕籠（と座棺）を用いるように命じたのは，当時の文化人としての生理という側面もあろうが，寝棺に担がれて会葬者を見下ろすということへの謙遜，上流階級の風俗におもねることへの反発，そして華美な風潮へのささやかな拒絶という意思があったことが推測できる．

香奠の外に，これを贈りて葬儀を盛にすれば，質素を旨とせる家にては，
訃告と共に造花・放鳥の贈物を謝絶する旨を通ずるもあるなり．（中略）
葬儀の行列は，貴賤によりて一概ならず．されど中流のについていへば，
案内者前に立ち手導き，高張・生花・造花・放鳥これに次ぎ，迎僧行き，
香炉持・位牌持踵ぐ，位牌持は多く喪主これを勤む，或は間，血統の濃き
者に代らしめ，己れは棺の後につきて従ふもあり．[平出 1983: 20-22, 下線
は筆者]

　こうして旧来の兼業的かつ部分的であった諸々の関連業種は，平出が記した
ように「発達して葬儀社となり，葬儀に入用なる一切の器具をはじめ，人夫等
に至るまでをも受負」うようになったが，そのような状況は，それまでまった
く葬儀に関わっていなかった人びとをも葬儀社の開業に駆り立てた．たとえば，
北九州市で創業する中村組葬儀社の角田千秋専務との会話に，その一例となる
経緯が確認できる．

田中：　（中村組葬儀社の）初代は．
角田：　いや，それが……一応は，（創業は）明治 28（年）ってことになっと
　　　　るんだけど，その前から中村組そのものはあったんだ．
田中：　えっ？
角田：　つまり最初は葬儀屋じゃなかった，ってことだな．
田中：　何とか組っていうと，どういうことでしょうね．（人足の）口入とい
　　　　うか，駕籠屋とか？
角田：　もうそのあたりになると，何をやっていたかってわからんのだけど
　　　　……今で言うところの，便利屋っていうような，かなあ．何でも屋とい
　　　　うか．何でもかんでもやるような人足を束ねていたと．
田中：　人足を束ねてっていうと，こう，地場の顔役みたいな……そんな面
　　　　も？
角田：　うん，まあ，そんなもんだろうなあ．ちょっと待って．ほら，これ見
　　　　て（写真 1-1 の資料を持ち出してきて）．
田中：　（角田氏から資料を受け取り）天明 2 年？　ああ，ありますね．神田
　　　　……神田屋って文字が見えますね．これは「吉」……善吉，と読むんで
　　　　しょうか？

第1章　日本における葬儀業の歴史的展開　49

写真 1-1　北九州市小倉「中村組葬儀社」関連資料

※左：小倉藩の藩政下でつくられた市街地図の内，紺屋町四丁目付近を拡大したもの．天明2年（1782年）の作成と言われ，左下の楕円内に「神田屋善吉」の文字が見える．原本は北九州市教育委員会が所蔵．

※右：九州圏でおそらく最初と言われている同社の霊柩車．車種は米国ゼネラルモーターズ社のシボレーである．この写真は昭和5年（1930年）の時点で撮影されており，全国的に見てもかなり早い段階で霊柩車を使用していることがうかがえる．なお，霊柩車の変遷史については井上章一［1984］がすでに精緻な考察を展開しているので割愛するが，その嚆矢は大正4-5年（1915-1916年）にかけての間とされている［井上 1984: 131-132］．

角田：　そう，神田屋善吉．この地図は，紺屋町[16)]の四丁目．そのときから，何でもやるような人足を揃えて，いろいろと仕事をしていた，と．

田中：　でも創業明治28年って，パンフレットにだって看板にだって書いてあります．もっと古いということでしょうか？（打ち出している）．

角田：　その善吉さんから何代か下って，いろいろとあって（中略），中村組「葬儀社」の初代っていうことで言えば，創業者は神田クニという人になるんだ．それが明治28年．そしてクニさんの息子が田村清三郎という人で，この人が家業を継いで中村組葬儀社に入社したのが……大正12年（1923年）．高等小学校（を）出て，16歳．偉いんだよ，この清三郎さんは．シボレー（写真1-1参照）を輸入して仕事に使ったのだって，この人．それが昭和5年（1930年）だから……．

田中：　びっくりですね．

角田：　その時，小倉じゃ自動車なんて何台あったか……．

田中：　では，結論から言うと，葬儀屋を始めた初代の頃，つまりクニさんが創業した頃……それ以前に葬儀に携わっていた人は（いたのか）．

角田：　いや．誰も，いなかったんじゃないか．葬具をつくったり，あるいは葬儀の手伝いとかはしていたかもしれない．ただ，それだって中村組

---

16)　現在でも小倉城と小倉駅に囲まれた中心地の一画を占め，町名もそのまま残っている．

「葬儀社」になってからの話で，それまでは単なる中村組で，別に葬儀
社をやっているという意識はなかっただろうし，実際にやってなかった
んじゃないかなあ．

[聴取録 1-4　角田千秋氏との会話]
※音声記録と筆記録の併用．括弧内は筆者による追記補足．

　このように角田氏自身は創業者がまったく葬儀に関係していなかったことを
強調しているが，少なくとも中村組葬儀社の創業者が機を見るに敏であったこ
とはうかがえる．つまり，このような才覚のある人間を引き寄せるだけの商機
が発生し，それがまた葬儀業という専業形態を生み出したという大きな変動を，
ここからも見出すことができるであろう[17]．

3　サービス産業への道程

(1)　業界の形成

　時代が大正期に入ると，とりわけ都市部において葬儀の様相に大きな変化が
生じることとなった．華美で大規模な葬列は次第に消失し，また供物を辞退す
るといった簡素化の傾向が出現したのである．たとえば村上興匡は大正9年
(1920年) 7月から9月までの3ヶ月間に東京朝日新聞に掲載された死亡広告の
分析を試みているが，それによると総計102報の内で葬列を組むことを明記し

---

17)　葬儀を葬儀社に任せることの必要を端的に示すものとして，明治期における団体葬の発生も
挙げることができる．現在において最も一般的な団体葬とは，おそらく社葬であろう．すなわち
社長や創業者など，会社の沿革に密接に関与してきた人物の葬儀を会社行事として催すものであ
る．また，山田慎也は「○○校葬」というように団体名を冠して行う葬儀がすでに明治末期には
一般的となったこと，そして社葬の語も明治期において誕生したことを史実から確認している
[山田 1999b: 70]．このような団体葬という新しい形式の葬儀の特徴は，それまでの葬儀とは比
較にならないほど外部に対して開かれているという点であり，それは同時に「誰が会葬者なの
か」を特定できないという，過去には考えられなかった事象を発生させることを意味している．
このように，地縁・血縁共同体ではとても捌くことができない葬儀というものが明治期になって
誕生したことは，葬儀社の能力に人びとが依存していく作用を促進したと思われる．ちなみに，
葬儀の規模という面では三菱財閥創始者である岩崎弥太郎の葬儀がよく知られている．岩崎弥太
郎は明治18年 (1885年) に没したが，葬儀に用意された菓子・食事は約60,000人分，参列者
は約30,000人に上り，葬列の豪華さも他を圧倒するものであったと言われている [此経 2001:
53-59]．ただし明治期において葬列の華美化が最高潮を見せたときには，葬儀社は通常でも100
人，多ければ1,000人以上の人足を手配していたのであり，それだけの人数を統率するだけでも
何らかの専門的職能集団が存在しなくてはならない必然性がうかがえる．

第1章　日本における葬儀業の歴史的展開　51

ているものはわずかに 2 報であり，一方で葬列を廃することを記したものは
50 報，さらに「供花放鳥等は勝手ながら辞退」といった文言を付したものも
17 報に上ったという．そして大正 15 年（1926 年）になると，死亡広告におい
て葬列の廃止を示すことすら完全に消え去った［村上 1990: 44-45］．これは殊更
に知らせる必要がないほど葬列が衰退したことを意味している．

　この背景要因として，まずは大正期を覆っていた景気悪化を想起できる．大
正期は概して景気低迷期にあり，大正 3 年（1914 年）の第一次世界大戦勃発に
より発生した世界的不況の煽りを被った後，一時的には連合国（協商国）側へ
の貿易特需に沸くものの，大正 7 年（1918 年）に戦争が終結すると過剰な設備
投資と金解禁政策の失敗によって景気は再び急降下している．そして大正 12
年（1923 年）の関東大震災による工業の弱体化と，震災手形の発行による財政
悪化が追い討ちを掛け，その後の昭和金融恐慌へと突き進むに至った．だが，
葬列を消滅させた要因を，景気悪化が葬儀費用の支出に与えた影響のみに帰着
させるのは難しい．仮にそうであるならば，好況時には葬列が復活すると考え
るのが妥当だからである．しかし，実際には明治期で行われたような華美な葬
列は，大正期を境として衰退の一途を辿り，特に都市部では完全に消滅したと
言ってよい．それでは，他にどのような要因が考えられるのか．

　この点に関して，井上章一と村上興匡はともに「交通手段の発達と，それに
伴う生活意識の変化」を挙げているが［井上 1984: 109-121; 村上 2001: 143］，そ
れはすなわち自動車の普及や電車網の拡大が悠長な葬列を許容しなくなったこ
とに加えて[18]，「いかに日常に支障なく葬儀を執行するか」という問題が人び
との意識に上り始めたことを意味していた．しかし，さらに重要なのは，この
ような大正期から昭和期にかけての葬列の衰退は，「共同体からの送り出し」
から「弔問儀礼」への葬儀の位置づけの変化でもあったという点である［村上
2001: 144］．そして，この変化から生まれた新しい葬儀形式が，現在の我々にと

---

18)　首都圏に限られる話であるが，本文中で若干言及した大正 12 年（1923 年）の関東大震災も，
　物理的契機のひとつに挙げられよう．葬儀社「杉元」の松下勝太郎氏（明治 37 年生）からの聴
　取として，村上興匡は次のように述べている．「大正の初めぐらいから徐々に数が減り始めたが，
　少なくとも大正 3，4 年くらいまでは普通の庶民は葬列を組んで葬儀を行っていたという．関東
　大震災以後は棒頭を務められる者がいなくなって，顧客から希望があっても葬列を組むこと自体
　不可能になったという」［村上 2001: 143］．なお，棒頭とは葬列人足を取りまとめる親方を指す．

って一般的となっている「告別式」であった.

　告別式の嚆矢は，明治34年（1901年）に行われた中江兆民の葬儀である[19].
兆民は，「断じて無仏，無神，無精魂，即ち単純なる物質学的説を主張する」
として，葬式を頑なに拒絶したと伝えられている［此経 2001: 116-122］. その一
方で板垣退助をはじめとする友人一同は，その意を汲みながらも故人に別れを
告げる儀式を設けることを望んだため，まさに弔問という実践を儀礼として顕
現した告別式というやりかたが苦肉の策として編み出されたのである. 結果，
読売新聞と時事新報には以下のような死亡広告が出されることになった.

　　中江篤介儀本日死去致候に付此段為御知申上候也. 明治三十四年十二月十
　　三日　男　中江丑吉　親戚　浅川範彦. 遺言に依り一切の宗教上の儀式を
　　用ひず候に付来る十七日午前九時小石川区武島町二十七番地自宅出棺青山
　　葬儀場に於て知己友人相会し告別式執行致候間此段謹告候也. 友人　板垣
　　退助　大石正巳. ［読売新聞 1901; 時事新報 1901，下線は筆者］

　その後，この告別式の形態を最初に模倣したのは，中江自身が知識人として
の影響を多方面に及ぼしていたこともあり，主に大学関係者や法曹関係者など
であったと言われている. また，中江の死から日が浅い明治期においては，未
だ告別式に対する一般的な認識は「都市部に寄留している者が故郷で本葬を営
む前に（中略）行なう仮葬ぐらいのものであったと考えられ」［村上 1990: 45］
ていたものが，大正期には一般にも拡大して，次第に葬儀の常態として確立さ
れるに至った. このような告別式の社会的浸透の背後には，葬儀業のイベント
業・演出業としての能力が大きな役割を果たしていたことを強く推測できよう.
それぞれの葬儀業者は互いの仕事のやりかたを相互参照しつつ，それまで葬列
という空間を成立させることに注いでいた力を，今度は自宅や式場などを儀礼
空間にするという設営業務に向けるようになったのである.

　一方，山田慎也はこの変化を別の角度から論じている. 葬列による移動とい
う線的な局面から，自宅・寺院・斎場といった点的な局面へと葬儀実践の比重

　19）　中江兆民の葬儀については，その遺稿である『一年有半』『続一年有半』の内容も含めて，村
　　上興匡が綿密な考察を行っている［村上 2002］.

第1章　日本における葬儀業の歴史的展開　　53

が移動するようになると，必然的に点的な儀礼空間で死と死者を表現するための葬儀形式が必要となる．上述の告別式はまさにその好例であったわけだが，そのために象徴的な位置づけを与えられた新たなアイテムとして，山田は「祭壇」に注目した．葬列を葬儀の中心としていた時代には，数ある葬具のなかでも祭壇は重要性が低く，したがって装飾性も求められてはいなかったと言ってよい．それを「見出した」のはまさに葬儀業の機転である．そして，祭壇はさまざまな意匠と技巧を凝らして儀礼空間を演出する中心的葬具の地位を確立し，視覚的演出によって他界観や宗教的教義などのモティーフを構成するようになっていった［山田 2001: 120-123］．

　言わばこれらの展開は「新しい葬儀形式」が「新しい商売」と結びついている様相を示しているわけである．ここで注目すべきは，上述の告別式や葬儀祭壇といった大きな動向が生み出されてきた背景に，それぞれの業者が他社の動向を互いに参照しながら新しいデザインの情報を察知したり，あるいは逆に顧客に提案したものが他の業者に伝わっていったりという，業界としてのネットワーク化の動きが見受けられるという点である．これについては，徳島県鳴門市の「桶幸ウチダ造花」の内田稔社長との会話を参照してみたい．

内田：　この地域では塩づくりが……塩田がもともと盛んだったんですよ．で，最初はその，そのね，運ぶための．

田中：　海水とか，塩を？

内田：　そうです．そういうもんを運ぶ桶とかをね，つくってたから「桶幸」って屋号で．ただ，そういう一番最初のもの（記録）が残っておらんので，なんとも言えんと．そして明治になると塩田の仕事が立ち行かなくなったんで，仕事を変えたんではないかと．

田中：　ああ，なるほど．

内田：　そう思うんです．で，これなんですが（写真 1-2 が収められた写真帳を持ち出し，祭壇や輿などの写真を筆者に見せて）．すみません，もっとこう……ちゃんとねえ，保存（しておけばいいのだが）．年代もわからんのですよ．元々はね，ほら，撫養街道沿いの林崎という場所に店を構えていたらしいと．いずれにしても，何か商いをやっていたんだということでは，江戸（時代）からです．

写真 1-2 徳島県鳴門市「桶幸ウチダ造花」による葬儀祭壇の写真
※正確な年代は不明.

田中： これは？（写真1-2のひとつを指して）

内田： たぶん，大正．あるいは昭和の初めちゃうかな．そのあたりは間違いないと思うんですよ．戦前ということでは．

田中： なるほど．祭壇です，立派な．

内田： でね，こういうものも器用だから，つくるんです．自分でつくるんですよ，こういうのを．ただね，ゼロからかというと……．

田中： どうなんですかね．そのときの方は，どこかで修業されたとか？

内田： そういうこともあったようです．でも，よく「見よう見まね」というでしょ．そういうのも（ある）．他のね，徳島（市）の葬儀屋さんとかで「これいいぞ」って言われて，とか．あ，そうじゃないときもあるんですよ．でも，いずれにしても，こういう……．

田中： デザインというか？

内田： デザイン……ええ，そうです．なんとなく「らしい」でしょう？ どうやったら「らしくなる」かと．そればっかりは，ほら，お客さん商売だから，「こういうの」っていうときもあるかもしれないけど，大体はこっちから「こういうのが流行ってます」ということを言うときは多いと（思う）．

田中： そういう「流行り」っていうのは．

内田： まあ，やっぱりポツポツありますからね．鳴門でも，徳島でも，古いところ（葬儀社）は．だから，こう……やっぱり色んなところから．あ，そりゃもう，元々この地域でどんなものつくってたか，っていうのも大きいですよ．

田中： 葬儀屋さん同士で，こう，「これがいい」とか「これは売れる」とか，

やり取りをするんですかね.

内田： 今となってはわからんけど，そういうこともあったんだと聞いて（いる）.

田中： 実際には，こう，どんなことが（あったのだろうか）.

内田： 鳴門と徳島でも，やりかたは今でもかなり違うんです．納棺は（午前）0 時を過ぎてから，とかね．鳴門だと，日が明けない内は「まだ病人の体（たい）だから」という言いかたをするんです．そういう，色々な違いもある．けれど，葬具をどうするかっていうのは，やっぱり他人様から聞かんと．でね，結構遠くの葬儀屋さんと付き合うようになって，「京都じゃこういうのを」とかはあったみたいですわ．だから，こういうとき（戦前）につくっていたものも，そういう他とのやり取りはあったんじゃないですかね．私も，学校を出てから外に出て修業しましたし，それを持ち帰ってというのもありましたからね.

［聴取録 1-5　内田稔氏との会話］
※音声記録と筆記録の併用．括弧内は筆者による追記補足.

　この会話からも垣間見ることができるように，大正期を経て昭和期に入ると，業者間の人的交流や情報のやり取りなども発生しており，それが葬具のデザインや葬儀形式の導入などにも影響を及ぼすようになった．つまり，「業界」のつながりが生まれてくるのである．その後に第二次世界大戦時を迎えると，葬儀関連の物資も経済統制の影響を受けて入手が困難になり，また昭和 18 年（1943 年）には商工組合法によって葬儀業者が統制組合として組織されることになるが，この時点ではすでに葬儀業者だけでなく葬具製造を手掛ける「関連業者」も存在しており，それらも同じく組合組織のなかに含まれていたという．［山田 2007: 184-185; 全葬連二十五年史編纂委員会編 1982: 91-93］．そしてこれらの状況もまた，各々の業者に業界という枠組みを強く意識させることにつながったのであった.

(2)　互助会の誕生

　碑文谷創によれば，現在の葬儀社の約 7 割は第二次世界大戦後の創業であり［碑文谷 1994: 171］，また 1960 年代の高度成長期が葬儀業にとっての大きな変わり目であったと指摘している．その変化の様相として碑文谷は「霊柩車の全

国普及」「大型祭壇の登場」「葬具メーカーの出現」「互助会の発生」「葬儀業の
サービス（産）業化」という5つの新機軸を挙げているが，このなかでも特に
サービス産業化については，他の諸相を括る包括的な動向として位置づけられ
よう．

　また，この高度成長期におけるサービス業化とは，言わばそれまでの主要な
請負業務であった葬具提供というモノの次元からの脱却でもあった．たとえば，
この時期に「葬儀司会」という仕事が誕生したことも，その一端として捉え得
るだろう．それまでの葬儀においては，葬儀に司会という役割は存在しなかっ
た．なぜなら，葬列重視の時代には会葬者が移動中に業者が司会を行うことは
困難であるか，そもそも必要がないからである．そして葬列が衰退してからも，
葬儀の段取りのなかで会葬者に何かをアナウンスする必要は，誰もが式次第を
知っているということもあって特に生じなかった．ところが後述するように，
結婚式と葬儀の両方を扱う冠婚葬祭互助会（以下，互助会）が徐々に浸透して
くると，結婚式で手順化された仕事の流儀を葬儀に導入しようと試みる業者も
現れるようになり，また「結婚式の司会ができるなら葬儀でもできる」と考え
て，独自に葬儀司会業を開業する者も出てきた［小杉 1992: 7］．ここからも，
モノではなく「やりかた」そのものの次元で新たなサービスを開発し，また葬
儀を演出の場として捉える動きが強くなってきたことがうかがえる．

　そして，このような葬儀業のサービス産業化を「新しい経営手法の開発と導
入」というかたちで体現し，それによって葬儀業全体の動向に大きな影響を及
ぼす契機となったのが，上述の互助会という業態の出現であった．ともすると，
その名称は会員同士の相互扶助を土台とした組合や，もしくは「講」のイメー
ジを思い起こさせるが，互助会は純然たる株式会社組織である．その嚆矢は終
戦直後の昭和23年（1948年）に横須賀で開業した横須賀市冠婚葬祭互助協会
であり，創業者の西村熊彦は海軍を除隊後の昭和6年（1931年）に，まずは葬
儀社を開業していたという［全日本冠婚葬祭互助協会 1989: 19］．言わばそのなか
で培ったノウハウと，「会員を募って月々の積立金を徴収し，それを経営の原
資とする」という現代的経営手法を合致させた，葬儀業の経営形態における新
機軸のひとつと位置づけられよう．

　葬儀業界全体における互助会の位置づけについては次章でも論じるが，戦後

第1章　日本における葬儀業の歴史的展開　　57

復興が一段落した昭和30年代から40年代[20]にかけて互助会は日本各地で設立され，それによって専門葬儀社[21]との熾烈な競争に加えて，互助会同士の市場争奪も激化の一途を辿ることとなった．ここで重要なことは，互助会側が一貫して「合理化と改革」という姿勢を前面に打ち出すことによって営業範囲を拡大していった点である［全日本冠婚葬祭互助協会 1989: 39］．一方，筆者の調査では下記のような互助会批判を往々にして耳にすることがあった．

　　　互助会の存在はね……はっきり言ってしまうと「嘆かわしい」と，彼らは結婚
　　　式と，そう，結婚式と同じマニュアルで葬儀をするんだ．その流れがお葬式に
　　　影響しちゃってくるのは当然と言えば当然で，でもさ，本当は葬儀に演出なん
　　　ていらないんだから，言葉で「泣かせ」に入るって言っても，結婚式じゃない
　　　んだからね．葬儀は本来，そういう場じゃないんだ．しめやかな場所，なんだ
　　　よ．（中略）だから，そのあたりで，どっか，違ってきてしまった．お葬式の
　　　「やりかた」自体がね．
［聴取録1-6　P葬儀社の経営者との会話］
　　※筆記録の再構成．括弧内は筆者による追記補足．

　このような専門葬儀社側からの反感は，特に高度成長期における互助会との競争を経験した業者や，もしくは互助会と営業範囲が重なるために常に競争状態の圧迫感に晒されている業者から述懐として聞く場合が多く，その内容を全て事実として受けとめるのは留保しなければならない．むしろ，ここで観察できるのは，それまで「消費者」や「サービス」という意識を葬儀の仕事のなか

───────────────

20)　同時に，この時期には互助会と同じく会員勧誘・訪問販売の方式をとるさまざまな事業者の
　　過剰な営業活動が社会問題化しており，それに対する行政の規制を求める声も高まっていたこと
　　から，昭和46年（1971年）に当時の通商産業省は消費者保護のために「割賦販売法」の改正に
　　乗り出している．これらの動向を受けて互助会側も，業者・団体の乱立状態を鎮静化するととも
　　に，行政やマスコミへの対応を一本化する必要に迫られ，全日本互助協会を発足させた．その後，
　　同協会は昭和48年（1973年）に社団法人となり，名称も全日本冠婚葬祭互助協会と改められて
　　現在に至っている．

21)　業界内部では，専ら葬儀のみを扱う「専門葬儀社」の他に，互助会や農協など，経営形態の
　　区分がさまざまな局面で顕在化することも多いが，いずれも利潤獲得を目的とした事業組織であ
　　る点で違いはない．そのため本書では包括的な職種名として葬儀業・葬儀社の語を採用し，各々
　　の経営形態に即して記述する必要がある場合に限り，本文中のように個別の業態を示す名称を用
　　いる．

58

で前面に打ち出すことがなかったために生じる戸惑いや軋轢であり，場合によっては次のとおり肯定的に受けとめている専門葬儀社の経営者や従業員も少なからず存在する．

　　互助会に対して，どう思うかって？　たしかにね，掛け金（積立金）の払い戻しとか，解約の問題とかは，新聞にもたまに出ますよね．でも，それはどの業界にもあるし，互助会じゃなくったって起き得る問題でしょう？　だから，そういう……問題が出ると，他の大多数のね，まっとうな互助会さんはね，迷惑してるんじゃないかな．「同じような目で見るなよ」ってね．私の……私個人としては，実を言うと互助会さんの存在って，評価してるんですよ．うん．サービスの観点からみれば．毎月，お金を積み立てれば「いざその時に」っていう，（中略）決まった金額の範囲内で葬儀をできる制度……そういう互助会の制度っていうのは，理念的にも優れてると思うしね．お客さんに対するサービス．そう，サービスですね．そういう考えをちゃんと持ち込んでいる．そう，言えるでしょうね．

[聴取録1-7　Q葬儀社の従業員との会話]
　※音声記録と筆記録の併用．括弧内は筆者による追記補足．

　このように互助会に対しては賛否両論があるが，その双方に共通するのは先述のとおり「サービスとしての葬儀」という観点，そして「サービス産業としての葬儀業」という職業像を互助会が導入したことへの言及である．それは過去のような職人的技能に裏付けられた比較的小規模な生業という印象とは明らかに異なるものであり，この点で互助会の浸透とは，そうした自己像の変革を迫るという作用を業界の隅々に及ぼした．同時に，その変革は葬儀業が扱う商品とは有形物としての「モノ」ではなく，有形・無形が渾然一体となった，まさしく「サービス」としか言いようのないものであることを認識させることにもつながったであろう．こうして葬儀という出来事は，高度成長期を経て「サービスの供給者—サービスの消費者」という関係のなかに徐々に布置されていったのである[22]．

────────────────

22)　互助会の発展史については，その概略を筆者が別稿で論じている［田中 2014］．なお，本書の執筆時点で筆者は，互助会保証株式会社の関連団体である冠婚葬祭総合研究所より委託を受け，互助会の歴史的変遷を視野に含む「葬儀の標準化と個別化」の研究を進めていることを付記する．

4 小　　括

　本章の課題は，葬儀業の成立過程，そして葬儀業の仕事の遷り変わりという2つの事柄を把握することであった．まず葬儀業が成立した時期については，現代と直接的なつながりを持つ業態とする限りで，明治初期から中期と考えられる．また，葬儀社の名称もこの時期において発生した．しかしながら，それは新しい職業がゼロから生み出されたということではなく，近世以前から存在していた葬具の製作・貸出の発展形態として捉えることが可能である．

　それでは，葬儀業の仕事はどのように変化してきたのだろうか．筆者はその過程を，まずは兼業から専業への転換，そして現代的サービス産業への変化という道筋として把握した．これは本文中で述べたように，モノやヒトというハード面の便宜供与から，イベントとしての「葬儀そのもの」を提供するという業態への変化と並行関係にある．

　しかし，上述にまとめた歴史的変遷は，単なる「代行業者の誕生」の物語なのではなく，業者と顧客の間で圧倒的な差異化が生み出されてくる様相であったことを確認しておきたい．ここで言う差異化とは，庶民にはない専門性が葬儀業に集積される変化のことであり，葬儀業の歴史をふまえれば「総合性の獲得」のことであったとも言えよう．葬儀業の萌芽期においては，モノ（葬具）かヒト（人足）の，どちらかを保持していれば「葬儀の仕事」は請け負うことができた．だが，それが徐々に変化を遂げて，どれだけ葬具を保有していても，どれだけ多数の人員を揃えていても，そしてどれだけ豊富な葬儀知識を持ち合わせていても，ひとつは万全だが他は欠けているというのでは葬儀の仕事はできないという状況になった．そのことを，たとえば横山潔は次のように回想している[23]．

　　もちろん，昔の葬儀屋さんとてプロとしての知識は必要であった．それは棺の寸法とか板の厚み，材質の善し悪し，祭壇の幅や高さ，祭壇の諸道具

---

23)　横山は大正11年（1922年）に，都内で葬儀社を営む家に生まれ，自ら葬儀社の社長として業務を行っていたことから，明治・大正期の葬儀知識に少なからず通じていると言えよう．

の名称や使い方，幕の張り方や材質，今日ほど高度な技術はなかったにせよ遺体の処置法，その他かなりの知識は必要であった．釘のうち方や板の削り方のように，大工さんなど他の専門分野に及ぶものさえあった．決して片手間にできる仕事ではないのである．［横山 1996: 146］

　これら種々の事柄は，誰々は墓掘りのやりかたを，誰々は臨終の作法をというように，元々は地域共同体のなかに分散して保たれていたものであった[24]．だからこそ「人手が足りないから」という労働の側面だけでなく，「どうやればよいかわからないから」という次元において，喪家以外の関与がなければ葬儀を執行し得なかったのである．たとえば竹内利美は，かつての葬儀の合力組織における「帳場」や「内働き・野働き」といった各種の労働が，実はそれを請け負う人間の社会的・層位的関係をも表しており，かつその関係は「（喪家から見て）親から疎へ」という遠心的広がりをもった複雑な構造を有していたと指摘した［竹内 1990: 303-304］．このように，かつての葬儀の合力組織は複雑な人間関係のなかで労働と知識を分散し，また循環することによって葬儀知識の世代間承継を可能にしていた．要するに，従来の地域共同体では「労働」だけでなく「知識」の互酬も大きな位置を占めていたのである．
　そして筆者が論じてきた葬儀業の形成過程とは，たとえば第3節「サービス産業への道程」で示した諸事例で示されているように，まさに上記のような知識の保持・互酬が産業サイドに移行されていった過程とも捉えられよう．この点をふまえると，現在の我々が「死の発生」と「葬儀社への依頼」をひとつの密接不可分な手続きとして受けとめているのは，葬儀社が便利さをもたらしてくれるということ以上に，葬儀社への知識や情報の集約によって「葬儀社がいないと葬儀をどうやればよいかわからないから」という状況が成立しているからだとも言えるのである．

---

24) 一方で，新谷尚紀が日本各地での入念な調査に基づいて主張しているように，近代的な葬儀業が出現してからも血縁や地縁の関与が全く消失しているわけではないことに加えて，「死亡直後からすべて隣近所が行ない，家族や親族はいっさい口出しできない」「死亡当日だけ家族や親族が準備するが，翌日からはすべて隣近所が行なう」「葬儀の手伝いは隣近所が行なうが，土葬や火葬の役だけは家族や親族が行なう」「食事の準備から野辺送りまでほとんど家族や親族が行ない，隣近所は参列するだけ」など，葬儀を行うに際しての合力組織の関与については，かなり大きな地域差が存在していたという点に注意が必要である［新谷 1995: 61, 64-123］．

このように，本章が描き出した葬儀業の歴史的展開は，実は総合的サービスを提供するに足る知識・情報が産業側に集約されていく大規模な社会変化の様相でもあったことがわかるだろう．そして，その変化の帰結こそが，現在の葬儀業が謳う「葬儀一式」の提供であり，それは文字どおり有形／無形の別を問わない総合サービスの提供を意味するのである．

第 2 章　葬儀業界の構成

　本章から第 5 章までは，今日における葬儀業のサービスと役割の内実を，各章ごとに設けられた主題に沿って把握していく．まず本章では，「業界」への着眼を通じて葬儀業の現代的特質を捕捉することとしたい．その目的は，今日における葬儀業の仕事の広がりを，俯瞰的な職業研究という視座から把握するという点にある．それはまた，業者ごとの個別事情に回収できない葬儀業全体としての傾向や，業界内で築かれている諸関係を明らかにする作業でもあると言えよう．

1　市場規模

　日本標準産業分類[1]では全ての職種を大分類―中分類―小分類―細分類の 4 段階で区分している．このなかで葬儀業は，大分類「N 生活関連サービス業，娯楽業」―中分類「79 その他の生活関連サービス業」―小分類「796 冠婚葬祭業」と辿ることができるが，それから先の細分類は「7961 葬儀業」「7962 結婚式場業」「7963 冠婚葬祭互助会」の 3 つから構成されているため，一般的に公的機関の統計で葬儀に関連する事業のみを対象とする場合は，上記の結婚式場業を除外することが通例である．また，実際にはこのほかにも農協・漁協・生協など，企業法人としての形態を採らない組織も葬儀サービスを扱っている場合がある．さらに，互助会という業態は純然たる企業法人だが，会員が支払う積立金（月掛金）を原資とするため割賦販売法の規制下にあることに加

---

1)　2013 年 10 月改定版（第 13 回改定版）に基づく．

え，冠婚（結婚式）事業も手掛けている点で専門葬儀社とは経営形態を異にしている[2]．このように，本書が「葬儀業」と呼ぶ職種のなかには専門葬儀社・互助会・協同組合などの組織制度に基づく差異があるが，いずれも葬儀サービスを供給する事業者である点に違いはない．

　2005年度の公正取引委員会報告では，葬儀業の市場規模は約7,000億円に上るとしている［公正取引委員会 2005: 6］．しかし，これは総務省と経済産業省が把握した業者数に，調査票集計で得られた1事業所当たりの平均年間売上高を乗算することで得られた推定値であり，極めて大まかな推計と言わざるを得ない．このように葬儀業に関する統計は官民を問わず不正確な推計に留まるものも多いのが現状だが，これは葬儀業が許認可制や免許登録制などの制度に基づいていないために実数把握が困難なことに加えて，葬儀以外の事業を合わせて経営している事業者では，葬儀関連の数値のみを切り離して算定することが難しいといった事情にも起因している．このような前提をふまえつつ，現時点で最も網羅性が高いと思われる平成27年特定サービス産業実態調査報告書［冠婚葬祭業編，2016年8月発表][3]によれば，葬儀業の年間規模は売上高1兆3,739億円，事業所数8,550社，就業者数144,607人，取扱件数1,201,341件（内，互助会を活用した件数241,613件）であった．また，葬儀業以外の関連業種を合算した市場規模に関しては，民間機関の参考数値ではあるものの2005年度で約3兆4,119億円という推定値が算出されている［ボイス情報株式会社 2006: 44］．直近5年間の実質国内総生産が約510-530兆円／年で推移していることを考えれば，葬儀業および関連業種の規模は巨大市場と見なして差し支えないと言えよう．

　次に，消費者側の支出に視点を転じてみたい．まず，葬儀費用の支出を調査

---

2)　互助会の嚆矢は前章で触れたとおり1948年に創業した「横須賀市冠婚葬祭互助会」であるが，互助会が割賦販売法による前払式特定取引業者に指定されたのは1973年のことである［全日本冠婚葬祭互助協会 1989: 6-8］．また，協同組合系事業者のほとんどを占める農協については，その前身である産業組合が葬具の共同利用事業を開始したのは大正期初期にまで遡ることが可能である．なお，産業組合時代の末期である1942年には同事業に携わる組合数は約500に達していた［農林中央金庫調査部研究センター 1982: 1］．

3)　http://www.meti.go.jp/statistics/tyo/tokusabizi/result-2/h27.html を2016年8月23日付にて参照．なお，「1. 全規模の部，①総合統計表，第5表 冠婚葬祭業務の業務種類別の該当事業所数及び年間売上高」の内，「葬儀業務」の項目に該当する数値のみ参照した．

した統計などでは，「葬儀一式」の費用と，それ以外の費用を分けて計上することが通例となっている点に留意しておく必要がある．葬儀一式とは言わば葬儀社への支払額と考えてよいが，葬儀社が他の関連業者などへの支払いを代理収納する場合もあるため，基本的には「葬儀社の収入となる額」と見なすほうが妥当である．この呼称は業界の慣例に属するものであり，「一式」の語を用いるために葬儀に要する費用の総合計と誤解しがちであるが，そうではないことに注意を要する．

　葬儀一式から除かれる費用の主なものとしては飲食接待費用・寺院費用・返礼品費用などが挙げられる．飲食接待費用とは，通夜後に会葬者に供される食事や，告別式後の精進落しで親族が会食をする際などに要する支払額である．寺院費用とは，葬儀に招いた僧侶に支払う布施・戒名料・読経代などを指す[4]．そして返礼品費用については，一般的に「香典返し」と呼ばれる各種の返礼品に要する費用であり，俗に「即返し」や「当日渡し」と称してその場で会葬者に手渡すこともあれば，後日に喪家から送るか挨拶を兼ねて直接渡すといった場合もある．いずれにしても，これらの費用は原則的に葬儀社の収入とはならない．飲食接待費用については仕出し業者などが，寺院費用については僧侶などの宗教者が，そして返礼品費用については返礼品の専門業者がそれぞれ収受すべきものだからである．ただし，葬儀社の側がそれらの事業を自社部門として抱えていたり，直営法人を保有していたりする場合はこの限りではない．

　こうした諸々の費用に，葬儀一式費用を合算したものを，便宜的に「葬儀全費用」と呼ぶことにしよう．東京都が実施した都民調査によれば，1996年度における葬儀一式費用は159万円であった[5]．また，その後の2002年度において葬儀一式費用は177万円，葬儀全費用は346万円となっている［東京都生

---

4)　葬儀が必ずしも仏式で執り行われるとは限らないという点からすれば，「寺院」費用という仏式を前提とした語用は適切ではないが，この点についても業界での慣例に従うことにする．ただし，たとえば神式においては神職に対して「御祭祀料」として，そしてキリスト教の葬儀においては司式者（司祭や教会の代表者など）や教会に対して「司式料」や「献金」の名目で謝礼が支払われるのが通例である．なお，日本消費者協会が2013年度に実施した調査によれば，葬儀形式の分布は仏式：91.5%，神式：1.4%，キリスト教：1.7%，無宗教：4.0%，無回答：1.4%となっている［日本消費者協会 2014: 6］．
5)　東京都の2002年度報告では，1996年度の「葬儀全費用」の数値は算出根拠が異なるので参考扱いとされているため，本章ではとりあげない．

表 2-1　葬儀費用の平均額の推移：1991-2013 年度

（単位：万円）

年度	1991	1995	1999	2003	2007	2010	2013
葬儀全費用（A）	208	204	229	237	231	200	201
葬儀一式費用	112	117	131	150	142	127	122
飲食接待費用	43	45	45	39	40	46	34
寺院費用	51	53	50	49	55	51	45
葬儀全費用（B）	280	276	301	309	303	272	273
（有効回答数）	(985)	(1,089)	(1,060)	(1,000)	(1,405)	(1,008)	(1,618)

※出典：日本消費者協会『葬儀についてのアンケート調査（第4-10回）』[1991; 1995; 1999; 2003; 2007; 2010; 2014]
※各項目が有効回答者数で平均額を出していることから，「葬儀全費用」は各項目の単純合計とはならない．
※無作為抽出法による調査票の郵送回収による．対象は日本消費者協会の全国モニター，全国消費者協会連合会会員，消費生活コンサルタント連絡会会員および一般依頼者から構成され，地域分布はほぼ全都道府県にまたがる．年齢は20代から60代まで分布している．なお，本文中で述べたように元々のデータでは，1995年度を除いて「葬儀全費用」に返礼品費用が含まれていない．

活文化局 1996; 2002]．だがこのほかに，全国にまたがる調査として財団法人日本消費者協会が定期的に「葬儀についてのアンケート調査」を実施している．その結果をまとめたものが表 2-1 である．なお，この調査においては 1995 年度を除いて返礼品費用が集計されていない．そのため元々の調査結果に記載されていた葬儀全費用を（A）として区分し，粗い補正ではあるが 1995 年度調査における返礼品費用平均額として算出されていた 72 万円を固定値として（A）に独自に加算した金額を（B）として最下欄に記載した．

　表 2-1 の数値からは，この直近 20 年内外で葬儀一式費用は 110-150 万円の幅で，そして葬儀全費用（B）については 270-310 万円の幅で推移していることがわかる．ただし，いわゆる「平均値の罠」に陥ることを避けるため，表 2-2 を同時に参照してみよう．

　これは，回答者数のなかから「葬儀全費用（A）が 150 万円以下」とした者を抽出したパーセンテージである．平均として算出された金額よりも充分に低い水準として 150 万円という額を設定し，その割合を見ようと意図したものであるが，このように平均額よりもかなり低い金額で葬儀全費用を賄っている者が全体の 2 割から 3 割に上る．また，100 万円以下の該当者も 1 割以上を保って現在に至っている．したがって我々は，たしかに葬儀費用が「平均して」いくらになるという概算的な目安を持つことができるものの，その平均値から

第 2 章　葬儀業界の構成　67

表 2-2　葬儀全費用(A)が 150 万円以下とした回答者が全回答者に占める割合:1991-2013 年度

(単位：%)

年度	1991	1995	1999	2003	2007	2010	2013
0-100 万円	12.9	15.9	11.1	10.1	10.2	15.6	15.0
101-150 万円	13.7	13.4	13.6	14.9	12.9	13.3	15.6
合計	26.6	29.3	24.7	25.0	23.1	28.9	30.6

※出典：日本消費者協会『葬儀についてのアンケート調査（第 4-10 回）』[1991; 1995; 1999; 2003; 2007; 2010; 2014]
※表 2-1 の「葬儀全費用（A）」に対応する金額として算定.
※2013 年度調査のみ 20 万円毎の区分で統計が算出されているため,「101-150 万円」の欄は「101-160 万円」の数値を用いた.

「ほとんどの人間が，200 万円から 300 万円という金額を葬儀に支出している」と断定することはできない6). さらに，上記の事柄はあくまで消費者から供給者への一方通行的な「支払」のみに注目したものであるが，喪家側が受け取る香典の「収入」をふまえた収支そのものを考えるならば，葬儀に要する費用の考え方はまた違ったものになる.

　しかし現時点までの調査では，そのような収支自体の把握は困難であった. 最も大きな原因としては，葬儀社の側は顧客の最終的な収支を知る立場にはないということが挙げられる. また，葬儀を執り行った遺族の側でも，実際には葬儀費用の支出と香典の収入を差し引きして精緻な収支計算を行っている者は，筆者が聴取した限りでは少数派と言って差し支えない状況であった. それは，葬儀費用の支出発生と，その後の収入（香典だけでなく，国民年金などの各種公的保険から給付される死亡一時金や葬祭費を含む）を確認する時点との間に時間差が存在するということもあるが，特に葬儀費用の支払を世帯内の成員や親族間で分配する場合などでは，遺族の側も感覚的な概算，すなわち「どんぶり勘定」で収支を捉えることに留まることが多いからでもある.

　いずれにしても，上記の金額の多寡をどのように感じるかは，当然ながらそれぞれの家計の状況によっても，また支払いを負担することになった者がどのような状況にあるかによっても異なる.

　しかしながら，たとえば厚生労働省の「平成 26 年国民生活基礎調査」では 1 世帯当たりの平均年間所得が約 529 万円となっていることをふまえれば7),

---

6)　あくまで印象の域を超えないものであるが，これまでの調査で筆者が関係を持った葬儀社従業員の大半は，この平均額よりも実際には低いはずだと推測していた.

68

所得に占める葬儀費用の割合は決して気軽な支出と受け流せるものではないことだけは明らかであろう.

2 業界団体

　前節の定量面にまつわる情報は，葬儀業の経済活動が社会のなかで無視できない比重を占めていることを示していた．それでは定性面についてはどのような動向が観察できるだろうか．その切り口として，葬儀業という職業に一定のまとまりを与えている「業界団体」の存在に着目してみたい.

　葬儀業では単一の業界団体が傘下に全事業者を抱えるという状況にはなっておらず，全日本葬祭業協同組合連合会（全葬連）と全日本冠婚葬祭互助協会（全互協）という2つの団体が長きにわたって並立している．その名称からもわかるように，全葬連は専門葬儀社の，そして全互協は互助会の業界団体である．両団体への参加は基本的に任意であり，葬儀業に携わる全ての事業者が所属しているわけではないが，それでも業界全体に与える影響力は大きいと言えよう.

　前者の全葬連が創立されたのは1956年であり，2016年8月の時点で所属企業は1,349社を数えている．組織の様態としては，本部が加盟業者を直接束ねるのではなく，全都道府県にまたがる同業者組合の連合体としての性格が強い．したがって加盟業者はまず各都道府県の組合に所属し，その上で「青年部会」や「広報委員会」といった本部の横断的組織に各組合から人員を出すという仕組みを採っている．なお，個々の組合は「単組」と呼ばれ，各都道府県に1単組の場合が多いが，たとえば東京都には東京都葬祭業協同組合・山手葬祭協同組合・東都聖典協同組合・東京多摩葬祭業協同組合・東武葬祭協同組合（千葉県の一部を管轄）が地域を分割するかたちで運営されているというように，相対的に人口の多い都道府県では複数の組合が並存している場合もある[8].

　また，全葬連が展開している組織活動は社会貢献・合同研修・技能コンテスト・行政対応・広報業務など多様であるが，加盟各社の経営と密接な関係を持つものとして，「if共済会」の管理運営が挙げられる．現在の葬儀社は法人規

---

7) http://www.mhlw.go.jp/toukei/saikin/hw/k-tyosa/k-tyosa14 を2016年8月26日付にて参照.
　　出典は厚生労働省大臣官房統計情報部による「平成26年国民生活基礎調査の概況」.

模の大小を問わず，宣伝活動や顧客への勧誘などによって集めた会員に各種の特典を提供し，生前から葬儀費用を見積もるなどのサービスを提供することで将来の案件を確保するという「会員制ネットワーク」による囲い込み戦略を経営手法の中軸のひとつに据えている[9]．それに対して全葬連では，業界団体として「if 共済会」という会員制サービス事業を運営し，入会金1万円の支払で会員登録した者に対して，どの葬儀社が葬儀を請け負うかということに関係なく葬儀基本料金の10％を弔慰金として返金し，葬儀代金の見積もりや相続法務などに関する事前相談を無料で受け付け，さらに希望する会員には生命保険会社と連携して葬儀費用の保険プランを提供するというサービスを行っている．また，葬儀だけでなく各種の介護サービスの相談や施設への取次業務，そして在宅介護に関する支援金の支給などの特典を提供するというように，そのサービス範囲の拡充を続けていることも注目に値するだろう．

だが，if 共済会の窓口となる「加盟店」の扱いを受けることによって自社が独自運営するネットワークとの軋轢や競合が生じるのを懸念する事業者も存在するため，全葬連に所属していても if 共済会の加盟店には登録しなかったり，また if 共済会の勧誘活動にそれほど積極的ではなかったりするという場合もある．しかし基本的には全葬連に所属する葬儀社の大半は if 共済会の加盟店としての役割を同時に果たしており，特に自社で会員制ネットワークを運営するだけの費用を捻出する余力のない葬儀社や，if 共済会の窓口企業となることに何らかの利点を感じた事業者は，if 共済会の代理店的な存在となることで全

---

8) このような整備された機構を持ちつつも，日々の活動ではそれぞれの加盟社が緊密な連携を常に取っているというわけでは必ずしもなく，また本文に述べたように専門葬儀社の全てが全葬連に加盟しているわけでもない．ただし，全国に存在する専門葬儀社の内の何割が全葬連に加盟しているかという点については調査からは明らかにできなかった．互助会として企業を設立する場合は，割賦販売法の規制を受けるため事業者数の把握が比較的容易であるが，単に葬儀社として営業を開始するに際しては，自治体への各種届出や税務署への事業所登録といった手続きを除き，特段の免許や資格の取得を必要としないため，個人経営に属する小規模の事業者まで含めた正確な事業者数の捕捉は所轄官庁も業界団体側も困難であるという事情がその背景にある．なお，筆者が長期調査を実施したN社も，株式上場を果たすほどの規模を誇ってはいるが，全葬連には加盟していない．

9) 会員の勧誘という点では，互助会はそれを経営活動のひとつの選択肢ではなく「事業の基礎」とするものとも言えるが，厳密な法的契約にのっとって顧客から支払われた月掛金を原資とする互助会の営業形態と，将来の案件契約を拘束せずに初回入会金のみで各種特典を提供する会員制ネットワークでは，その意味合いだけでなく，「契約」と「（法的拘束力を何ら有しない）予約」という点でも異なる．この点は，第5章で再度触れる．

図 2-1　全葬連「if 共済会」パンフレット

葬連が総体として運営するこの事業の恩恵を受けていると言ってよい．特に，図 2-1 に掲げた各種のパンフレットや，インターネット上での宣伝活動，そして各種の管理運営業務は全葬連の本部側で一括して行われるため，管理費を削減できるだけでなく，「自社が全国的ネットワークに組み込まれている」という安心感を顧客に与えることができる．

　一方，その歴史的沿革については前章において触れたが，互助会の業界団体である全互協は 1973 年に設立された．2016 年 7 月の時点で 223 社が正会員企業として名を連ねており[10]，これは互助会の大多数が全互協に所属していることを意味する．筆者の調査においては，全互協は全葬連よりも本部の組織統制の度合いが強いという特徴がうかがえたが，その理由としては次の 2 点を考えることができるだろう．まずは，互助会という事業形態が割賦販売法の審査と規制を受けるため，互助会という形態を持つ業種としてのまとまりを維持した上で行政対応を行う必要性があること[11]．次に，互助会に入会した顧客が月掛

---

10)　このほかに葬具製造業などの関連業者が「賛助会員」として加盟しており，その数は 2015 年 8 月現在で 65 社に上る．

11)　高度成長期における互助会企業の急激な増加に伴って，契約履行をめぐるさまざまなトラブルが消費者問題として顕在化したことも，全互協が発足した経緯のひとつとなっている．

金の積立を開始した後で他地域に移った場合は，移動先の地域にある別の互助会でそのまま同等のサービスを受ける権利を消費者側が保持しているため，顧客データの管理などを行う上部組織が必要となること．特に後者については，ある互助会が経営悪化などによって廃業した場合でも，消費者側の権利が失効しないように別の互助会が会員の移籍を引き受けるという「互助会加入者役務保証機構」を有するとともに，加盟互助会が現預金などの資産を企業内に内部留保して経営基盤の強化を図る「前受業務保全企業内積立金制度」を，法令で義務づけられた国庫への供託とは別に設けている．

　以上が全葬連・全互協という2団体の概要であるが，これらの双方が互いに協同して活動を行うことは，さほど多くはない．また，たとえば専門葬儀社の従業員から「互助会ではないのだから，そんなことはしない」，そして互助会の従業員から「それは"ゼンソーさん[12]"のやりかたでしょう？」といった語り口を，筆者も調査の過程で頻繁に聞いた．特に，高度成長期において専門葬儀社を操業していた人のなかには，専門葬儀社と互助会の間に横たわる溝を意識するとともに，敵対的とまでは言えないが複雑な感情を持つ者も多い．この点について，戦後の葬儀業の歴史に詳しい葬具卸業経営者A氏との会話を参照してみよう．

　　　田中：　どうだったんですかね，そのとき（高度成長期）．
　　　A　：　うーん．互助会さんとかさ，農協さんなんかには，僕の，なんという
　　　　　　　か……ポリシーもあったというか．絶対に（互助会には自社の取扱商品
　　　　　　　を）売らなかったこともあったよ．僕自身がさ，やっぱり「葬儀社」の
　　　　　　　ほうに育てられて，お世話になったっていうか，そういう義理があると．
　　　田中：　本当ですか？　それじゃ「商売あがったり」なんじゃ……．
　　　A　：　本当．ただ，今のさ，今の……今の葬儀に何かしらの悪い状況がある
　　　　　　　とするならさ，それは葬儀社のほうが悪いっていうこともあるんじゃな
　　　　　　　い．そう思うんだけど，君はどう思う？
　　　田中：　なんとも（言えません）．
　　　A　：　最初のうちはさ，君が言う……あのとき（高度成長期）は，なんとい
　　　　　　　うか，葬儀社の側は「あんな月々の積立金の商売なんて，成り立ちっこ

---

12)　「全葬連」を縮めた別称．

ない」って．そうタカをくくっていたっていうのは（状況としてあった）．そんなもん，（消費者側が）払えるかって．でもってさ，実際にお客さんの……．

田中：　心を，というか．ニーズというか．

Ａ　：　うん．ニーズ（を）つかんだのは互助会だった．圧倒的に．そう，もう圧倒的に．それにしたって，互助会は「冠婚」の部門も持ってるじゃない？　そういう，っていうこともあるし．あとは，ほら，宣伝を．「葬儀しますよ」っていうことをさ，ちゃんと浸透させたのは互助会の，彼らの力でしょ．葬儀屋さんのほうじゃないんだよ．

田中：　そんなもんですかね．

Ａ　：　そんなもんだね．

田中：　（中略）「あ，あいつらがやってきたぞ」みたいな．そんな感じだったんですか？

Ａ　：　まあね……そうだね．

田中：　でも……．

Ａ　：　（中略）葬儀屋さんならば，鉋と鋸ぐらいはできなきゃと（自分で木材を加工して棺や葬具を作製できるぐらいの知識と技能がなければいけない）．昔はそういう感じだったし，今だって，僕は「それぐらいやんなさいな」って，そう思っているところもあるんだよ，僕は．

田中：　専門的なこと，という（意味でしょうか）？

Ａ　：　うん．でも，誰でもできるようになったというか．それが，互助会ができて，さらに（加速した）．僕にとっては，君が，君がいう「消費者」っていうのは，葬儀屋さんのことだったんだよ．葬儀屋もやったけど，（葬具の）卸の仕事が長いから．だから本当のことをいうと，そういうお客さん（葬儀を依頼する顧客としての消費者）のことは，実を言うと，あまり考えていなかったのね．それに何より昔はさ，道具とか品物を「選ぶ」っていう余地はあんまりなかったんじゃないかって思う．葬儀屋が用意するものを使うと．でも，そこに……かまけちゃった（その状況に甘んじてしまった）．葬儀屋さんも，あんまり考えてなかった．あっちから（消費者から）黙ってても来るんだもん．だから互助会が出てきてさ，「さあ，どうしよう」って羽目になるわけ．自業自得なの．

［聴取録 2-1　葬具卸業経営者 A 氏との会話］

※音声記録と筆記録の併用．括弧内は筆者による追記補足．

「互助会には商品を売らなかった」「互助会が葬儀の仕事を誰でもできるものに変貌させてしまった」という内容からもうかがえるように，Ａ氏が専門葬儀社の側への強い帰属意識を持っていること，そして葬儀業の専門性を互助会の出現が脅かしたと考えていることが，この記録からうかがえる．しかし同時に，互助会の浸透によって業界全体が「近隣地域の顧客を待つ」という姿勢から「顧客に対して能動的に働きかける」という営業手法に導かれたことについては是認しつつ，むしろ専門葬儀社にも批判的な立場をＡ氏は取っている．このように，専門葬儀社と互助会の関係を単純に彼我の敵対的分断として見なすことは，現在では支配的であるとまでは言えない．さらに，他業種と比較してもかなり人材流動性が高い現在の葬儀業全体においては，専門葬儀社と互助会の間を往来するキャリアを経る者も少なからず存在するため[13]，Ａ氏のように高度成長期における熾烈な競合の経緯を知る者が減少していくのと相まって，「専門葬儀社か，それとも互助会か」という意識の存在は，敵味方を峻別する境界線というよりも，自らのキャリアを自己認識するための，あるいは同僚の履歴を識別するための思考軸としての位置に徐々に変化してきた．

　このように専門葬儀社と互助会に属する人間はお互いに「業界内業界」とでもいうべき区分をそれぞれ意識してはいるものの，双方とも葬儀サービスの供給業者であるという点では「棲み分け」の状態にあるわけでもなく，さりとて特に親密とも言えなければ，頑強に反目し合っているわけでもないという複雑な関係にある．したがって業界団体として双方を見た場合は，前述のように協同歩調を取るという動きはあまりないが，全葬連と全互協が合議の上で業界としての動向を定めた数少ない事例として，「葬祭ディレクター技能審査」制度の認定を行政側に働きかけたことが挙げられる．

　葬儀業の開始や継続を拘束する公的な免許認可や資格登録の制度は現在でも特に存在していないが[14]，その一方で業者の持つ知識や技能の側面，そして特に消費者保護の観点からみた職業倫理に関する疑念は，一定の度合いを保って各種メディアで常に表面化され続けながら今に至っている．これに対して業界内部では，葬儀業に携わる者の地位を「専門家」として確立することで消費者

---

13)　次章で触れるＮ社においても，互助会で最初の葬儀業におけるキャリアを開始したものが現場担当の半数以上を占めていた．

図 2-2 葬祭ディレクター技能審査の合格証書，およびディレクターの ID カード（上：1級，下：2級）

とのトラブルを防止しようという主張や，業界のネガティヴな印象を公的制度と結び付けることによって払拭しようという動向は，高度成長期の時点からすでに存在していた．しかし業界団体が設立されるまでは，それらの機運を個人や企業の枠を超えて束ねようとする動きはなく，また全葬連と全互協の両団体が設立されてからも，長きにわたって両者の組織的交流はほとんど没交渉に近いものであった．しかし，こうした分裂状態に対する業界内の懸念や批判が一定の高まりを見せたことに加え，消費者運動の潮流が一定の成熟に至った1990年代に入って，ようやく両団体は関係者を集めて議論を重ね，所轄官庁のひとつである旧労働省に資格認定制度の設立を働き掛けるに至る．このような経緯を辿って，1995年に「葬祭ディレクター技能審査協会」が先行して設立されるとともに，同協会が実施する「葬祭ディレクター技能審査（1級・2級）」が翌1996年に厚生労働省の認定を受けることになった．1996年度に第1回試験を実施してから，本書執筆時点での直近にあたる2015年度の第20回試験に至るまで，1級15,875名と2級14,827名を合わせた累計30,702名がこの審査に合格して葬祭ディレクターの合格証書と ID カードを付与されている（図2-2）．

ただし，この制度はあくまで「技能認定」であって免許制度とは異なるため，葬祭ディレクターの資格を持っていないと葬儀業に携わることが不可能という

---

14) ちなみに，日本の葬儀業界が個人や企業の次元でも，そして業界全体のレベルでも，その動向や制度を往々にして参照する対象である米国では，葬儀社の開設・営業・経営，遺族への折衝，そして葬儀の遂行を統括する「フューネラル・ディレクター」や，遺体衛生保全（エンバーミング）の作業を請け負う「エンバーマー」は，原則として各州によって定められた資格か連邦資格のいずれか，または双方を取得しなければならない．このように公的免許の取得が業務に必須であるため，米国では葬儀に関する高等教育はかなり整備されており，コミュニティカレッジには葬儀に関する学科を持つものが多く，4年制大学においては免許資格だけでなく学位を取得できるところもある［長江 1991: 149］．また，日本における「葬祭ディレクター」という呼称や，現場の統括担当を「ディレクター」と呼ぶようになったのは，この米国での動向に倣ったものと考えられる．

わけではない．そのため，特に同制度が運用される前から葬儀業に携わっていた人のなかには，この資格に特段の重きを置かない者もいる．しかしながらこの資格の取得は，顧客の安心感を獲得することにつながるという名目だけでなく，自己の職業的経験や技能を他者に顕示できる手立てを持つことができるという意味合いも持っており，筆者の調査において出会った葬儀社従業員の多くも，この資格を取る主要な動機を後者に見出していた．また，1級と2級では審査内容の難易度にかなりの違いがあることもさることながら，そもそも受験資格として1級は「葬祭実務経験を5年以上有する者，または2級合格後2年以上実務経験を有する者」，2級は「葬祭実務経験を2年以上有する者」と設定されているため，この資格を持つ／持たないという類別だけでなく，1級／2級のどちらの資格を持っているのかという等級的な優劣においても，少なからず葬儀社従業員の職業意識を喚起することにつながっている．

　つまり葬儀社で働く人間は，この葬祭ディレクターという制度を自分の生業に対する自負・プロフェッショナリズム・評価を獲得するための手段としても位置づけている．したがって，葬儀の見積もりなどに際しての，業者—顧客間の関係醸成に資格の顕示が用いられている点に加えて，同僚や業界内部者同士で「あなたは資格を持っているか」「持っている資格は1級か，2級か」とさりげなくお互いに聞き出している場合は，単なる言明以上の事柄のやり取りを，すなわち自分と相手の職業的経験の度合いを確認し合っている光景としても捉えられるのである．もっとも，繰り返すようにこの資格が絶対的な免許制度ではないことを考えれば，「単にそのような試験に受かっただけ」と受けとめることも可能なのであり，いくら1級資格を持っていても実際の業務で他者からその資質を認められない者は，その評価が葬祭ディレクターの資格を持っているということだけで上昇することはない．しかし，この制度の開始以降，特に新しく葬儀業に携わる人間のほとんどは葬祭ディレクター資格を取得するか，またはその取得を目指しているということ，そしてほとんどの組織で取得が推奨されていることを鑑みれば，両業界団体が一致して働きかけたこの制度の運営は，現状では成功していると言えるだろう[15]．

---

15)　筆者は2010年度より葬祭ディレクター技能審査協会において中央技能審査委員を務め，主に毎年度の問題作成に携わっていることを付記する．

3 業種間ネットワーク

(1) 構成業種の広がり

　前節では業界の輪郭を緩やかに象るものとして業界団体という存在に注目したが，その影響力が葬儀社の経営に恒常的な影響を及ぼしているわけではないという点をふまえると，さらに日常業務と密接した「業界の内的構成」に迫る必要がある．この狙いに沿って，以下に葬儀社を中心とした業種間ネットワークの把握を試みたい．まず，これまでの葬儀業の展開が，消費者へのサービス供給という観点からどのように捉えられるかという点について，山田慎也による以下の考察を参照してみよう．

　　（前略）葬祭業者が葬儀全体をトータルに扱うようになると，葬儀を事業化していき葬儀という一個の商品を作り出すメーカーになったのである．一方で，生花や葬儀用品，霊柩車，返礼品などは葬儀専用のものとして専門化していくと，個々の部品を自前で調達しにくくなる．また経営効率からも分業が進んでいった．その結果，メーカーとしての葬祭業者は，部品を仕入れてコーディネートをする総合メーカーにかわっていったのである．そして消費者である一般の利用者にとっては，部品が全くの別会社であることはほとんどわからず，生花も霊柩車も返礼品も含めて個々の葬祭業者名をもった，つまりブランドをつけた葬儀という商品を買うような状況に至ったのであった．［山田 2007: 197-198，下線は筆者］

　下線部で示したように，現代の葬儀業とはまず何よりも「葬儀全体をトータルに扱う」ものである．たとえば自動車製造業では，工程や取扱部品がいくら細分化されていようとも，最終的にはそれは「自動車」というひとつのまとまりとして供給することを業態としているが，葬儀業もまた，葬儀を成立させる役務・設備・便宜などがいくら細分化されていようとも，最終的にはそれらを葬儀というひとつの出来事として提供することが消費者から求められているし，またそのような「よろず承り」的な役割を自認している．シフトレバーやエン

ジンなどの細分化された部品もしくは部品群だけを取り出して売るということが（特殊な場合によってはあるのだろうが）自動車製造業の事業目的として考えることができないように，今日の葬儀業の仕事はあくまで葬儀という時間と空間を成り立たせるために必要な一切を「葬儀一式」のセットとして消費者に手渡すことを目的とした作業なのである．

　さらに，そのことは前掲の引用文中で下線を付した「コーディネートをする」という内容とも密接に関わっている．再び自動車製造業を引き合いに出せば，一般的に消費者は「自動車は自動車メーカーが造るもの」と漠然と考えているし，「A社の車に使われているP社のバッテリー」や「B社の車を製造する工場で使われているQ社の溶接器具」といった細分化された事柄は，一般消費者にはあまり重要視されないか，もしくはその情報を知る立場にない．これは自動車製造業に限らず現代のほとんどの商品について同様であるが，今日において商品の最終受渡者は，その商品を成立させている全工程・全部品を扱っていることは極めて稀であり，むしろ「まとめ役＝コーディネーター」の責務に比重が割かれているという点に特徴があると言えよう．それは，葬儀業にも当てはまる．

　一方，こうした関連業者のまとめ役という役割は，一般的に分業プロセスの最終地点と捉えられているが，次に述べるような葬儀業の諸性質を考えると，それがかなり表面的な見方であることがわかる．ほとんどの場合で案件発生，すなわち死の発生から葬儀の実施に至るまでの刻限は数日間であり，事件性があるために解剖が必要となる[16]場合などを除き，長くてもせいぜい1週間前後

---

16) 死因が不明である，または死を看取った人間が確認できないなどの場合は，警察官や検視官（検視担当の警察官）が検視と事情聴取を行い，その後に死因特定のための解剖が実施される．だが実際には，死後からさほど時間が経過しておらず，かつ事件性がないと判断されれば死亡診断書が作成されてしまうことも多いのが実態である．さらに，いわゆる「かかりつけの医者」が存在していれば，死を看取った人間が確認できなくても，同様に死亡診断書が作成されてしまう場合が少なくない．言わば，これらは一種の超法規的措置と言えよう．一方，検視で死因を特定できないときは，司法解剖か行政解剖のどちらかが行われる．司法解剖は原則的に事件性を推定できる遺体に行われるもので，刑事訴訟法に基づいて大学の法医学教室が担当する．それに対して行政解剖は死体解剖保存法の監察医務制度に基づいており，各都道府県知事が指定した監察医が解剖を実施する．しかし同制度が指定した監察医務院は東京・横浜・名古屋・京都・大阪・神戸・福岡の7都市にしかなく，また京都・福岡は制度が空文化して実際には運営されていないため，現状では監察医務院は5都市のみにしか存在しない．

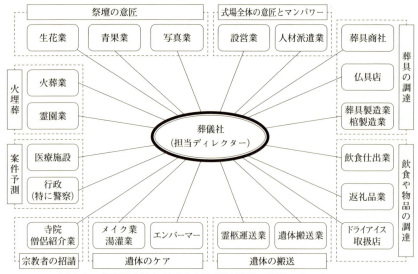

図 2-3 葬儀社を取り巻く主要な関連業者・機関のネットワーク

であるという時間的制約があるのが通例である．その緊迫感のなかで顧客の依頼内容を見極めながら多数の業者と連絡を取り合い，従業員の勤務ローテーションを調整しながら一件の葬儀を完遂させるという作業が，葬儀社の業務運営においては必須となる．しかも，葬儀社側は依頼を「断る」ということは基本的になく，それに加えてひとつの案件を消化している段階で別案件に着手するという，言わば複数の案件がクロスオーバーすることが常態であるため，その煩雑さが葬儀業の仕事の主要な特質であると言っても過言ではない．それでは，そのような環境下で葬儀社はどのような業種と関係を取り結びながらコーディネーター役を果たしているのだろうか．それを示したものが，図 2-3 および表 2-3 である．

　葬儀の仕事は，たとえば伝統工芸品の製作のように職人が次の職人に中間商品を手渡すといったベルトコンベアー式の工程のもとに行われるのではなく，葬儀社を中心とする放射状のネットワークが案件の遂行に向けて一斉に回転するというイメージとして捉えられる．その理由は，葬儀社の頭越しに関連業者同士が連携するという状況がほとんどないからであり，仮に関連業者間で調整

第2章　葬儀業界の構成　79

表2-3　主要な関連業者，または関連機関の概要

生花業	通称「花屋」．供花や祭壇の設営に不可欠なため，どの葬儀社も生花業とは強いつながりを持つ．生花業を前身とする葬儀社も多く，「花○」といった社名の葬儀社があるのはそのため．主要事業のひとつとして葬儀用生花を扱う業者と，葬儀用生花を専ら取り扱う業者の双方が存在．なお，自社で生花部門を持つ葬儀社も多い．
青果業	通称「八百屋」．供物に用いる青果や盛籠などの調達に当たる．多くは，文字通り普通の八百屋が葬儀社に青果を販売するという業態である．古くは青果業や鮮魚小売業（魚屋）が仕出業を兼ねていたこともあり，葬儀との関連は生花業と同様に古い．そのため青果業を前身とする葬儀社や，稀ではあるが葬儀業と兼業している業者も存在する．
写真業	通称「写真屋」．遺影写真の修正・加工・特殊プリントなどを扱う．通常の写真スタジオや，写真加工を取り扱う業者が副業として携わる場合が多いが，なかには遺影作成を専業とする業者もある．筆者が長期調査を行ったN社の場合は，写真業者とネット回線を連結した専用の印刷機を設置し，遺影画像の送受信を業者と交わしていた．
設営業	一般的通称ではないが「テント屋」と呼ぶ場合がある．その理由は，特に大規模な葬儀のときにテントを調達・設営するからである．葬儀社が依頼する設営業者の多くは葬儀を専門に扱うか，もしくは主要事業としている．したがってテントだけでなく葬儀用の幕・祭壇・看板・提灯などの葬具に加え，音響機器・生花・人材派遣なども取り扱う場合がある．
人材派遣業	主に会葬者の誘導や応接に当たる各種の人材を派遣する．派遣される人材の多くは女性であり，いわゆる「力仕事」に当たる労力の調達を目的としたものではない（例外もある）．なお，葬儀司会や，楽曲の生演奏を葬儀に盛り込む際の演奏者を派遣する場合もある．求人広告でよく「セレモニーレディ募集」と見かけるのは，ほぼこの職種に該当．
葬具商社	膨大な点数の各種葬具を取り扱う卸売業者．下段の仏具店や葬具製造業・棺製造業とは当然ながら密接な関係にあり，この点では本文中で述べた「関連業者間で連携を取ることはない」という内容の例外となる．関連業者のなかでも単体企業の規模が比較的大きく，いわゆる川上（製造分野）を掌握していることもあり，その影響力は大きい．
仏具店	各種葬具のなかでも特に仏具を扱っているため，葬儀実施時というよりは葬儀後の位牌などを調達する際に連携することが多い．また，卸売と小売の双方を兼ねている場合が多いため，緊急に仏具を手配しなければならない局面で仏具店に連絡をするということも往々にしてある．
葬具製造業棺製造業	葬具全般の製造を請け負う業者と，特定範囲の葬具を製造する業者の双方がある．ただし棺に関しては，その製造を専業とする業者が多く，その数も限られているため「棺製造業」として分けた．葬具商社と同様に大規模な業者も多く，また原価効率という課題を常に抱えているため，海外（特に中国・東南アジア）に拠点展開している業者も多い．
飲食仕出業	通称「料理屋」．名前のとおり飲食店を経営する一方で葬儀に供する料理を扱う場合もあれば，葬儀への仕出しを専業とする場合，または弁当や給食を扱う業者が行う場合など，その業態はかなり多岐にわたる．生花業や青果業と同じく古くから葬儀に関連する業種であり，かつては多くの魚屋が仕出料理屋を兼ねていたことから「魚」の文字を社名に含む業者もある．
返礼品業	返礼品一般の手配を取り扱う．また，現在でも日本茶が返礼品の主要品目であるため，茶業者が返礼品業を兼ねる場合がかなりの割合で存在する．「○○園」という名前の業者をよく見かけるのはそのためである．通夜や告別式に品物を配送してきた社員がそのまま葬儀社の現場支援に加わり，返礼品を会葬者に手渡す業務を請け負うことも多い．

ドライアイス取扱店	遺体の安置と保全にはドライアイスが不可欠であるため，それを扱う各種業者（酒屋や製氷業など多岐にわたる）との関係構築は葬儀社の仕事にとって無視できない一部を構成している．熟練している葬儀社従業員の多くは，営業範囲内でドライアイスを扱う業者の所在はほとんど把握している．
霊柩運送業	葬儀社が自ら霊柩車やバスを保有する場合も多いが，台数は当然ながら限度があるため，一定の台数・車種・運転手を有するこの業者は葬儀社と緊密な関係にある．その業態のため企業数はさほど多くなく，寡占状態にある地域も少なくない．大半は遺体保存用の冷蔵設備を持つため，遺体安置目的のみで葬儀社が依頼する場合もある．
遺体搬送業	霊柩運送業に類似するように見えるが確固とした単独業種．葬儀社自ら遺体を搬送することも多いが，特に人員不足の葬儀社は頻繁に依頼する．「○○寝台」という社名が多いのは，遺体搬送車を「寝台車」と称して霊柩車と分けるため，小さな緑十字マーク（安全・衛生の一般標識）を付けた暗色のライトバンは，ほぼ間違いなく寝台車である．
エンバーマー	エンバーミングの専門技能を持つ．葬儀社が自社に複数のエンバーマーを抱える場合の他，個人で開業している場合もある．1990年代までは外国人エンバーマーが多くを占めていたが，近年では日本人エンバーマーが多数を占めている．国内のエンバーマーのほとんどはIFSA（日本遺体衛生保全協会）という独自の専門団体に所属する．
メイク業湯灌業	遺体メイク専業と，メイク・湯灌両方を扱う業者に分かれる．葬儀社自ら行う場合も多いが，メイク業者は専門的な化粧道具を，また湯灌業者は浴槽や排水設備などを備えた移動車両を保有している．映画「おくりびと」に登場する納棺業（納棺師）も，この職種に含まれると見てよい．
寺院僧侶紹介業	寺院は基本的に宗教法人であるため厳密には「業者」ではないが，現在でも葬儀形式の9割近くは仏式であり，また寺院から葬儀社に案件を紹介する場合もあるので，寺院との関係構築は葬儀社にとって枢要な業務のひとつである．また，求めに応じて各宗派の僧侶を派遣する，言わば「僧侶紹介業」も現在では増加してきた．
医療施設	一定の病床数を有する医療施設の「指定業者」の地位を獲得することは今でも葬儀社の主要な営業のひとつだが，コストに見合う利益を疑問視する葬儀社も多く，特に都市部では医療施設に特段の営業活動を行わない葬儀社が増えている．なお，公立病院の多くは葬儀社の指定に際して入札制を採っている．
行政（特に警察）	医療施設と同様に，行政（特に警察）への出入りを行わない葬儀社が増えている．それらとの関係構築に葬儀社が努める最大の理由は，死亡情報を他社に先駆けて入手し，遺族に自社を紹介してもらうためであるが，それが受注に結び付くとは当然ながら限らない．なお，事故などの遺体処理を葬儀社が任されるかどうかは時々の状況による．
火葬業	いわゆる「火葬場」または「火葬斎場」．公営と民間に大別されるが，PFI（民間資金活用）の手法で運営される事業者もある．多くの場合，葬儀日程は火葬場の空き状況から逆算して決めるため，その連絡調整にミスがあると取り返しのつかない状況となる．また，火葬場の所在や各火葬場での「作法」を知ることは葬儀業の初歩的熟練過程である．
霊園業	民間企業が霊園の運営主体になることは法令上できないため，あくまで自治体や公益法人から墓地区画や墓石の販売などを委託請負しているという業態である．したがって分譲・工事・管理といった側面では不動産業と類似していると言えよう．霊園業と葬儀業の双方を兼ねる業者も存在し，N社もそのひとつである．

をつけなければいけないような事態が発生しても，必ず葬儀社が連絡役として仲介するのが通例である．したがって図2-3に記載した「祭壇の意匠」や「飲食や物品の調達」などの概略は，あくまでこのネットワークにおける業務範囲を述べたものであり，その区分のなかで業者間の緊密な連携が取られているということではない．また，図で示した業種・機関は，葬儀社の日常業務に比較的高い頻度で関わっている一般的なものを挙げているため，個々の葬儀社の営業規模や地域事情の違いにさほど左右されないものではあるが，ここに挙げていない業者・機関であっても，それぞれの案件で顧客から依頼されれば個別対応として図示したもの以外の職種に属する業者から物品や便宜を調達する場合もある．

　ところで図2-3のような業種間ネットワークは，当然ながら仕事の現場では葬儀社と関連業者の二者間関係の網目として成立しており，価格契約や連絡手段，そして業務上のルーティンといった包括的な事柄については会社同士の取り決めを基軸とする．しかし，個別の葬儀案件に関する実務では，1人の担当ディレクターがほとんど全ての連絡調整を行うか，もしくは状況に応じて他の従業員に一部を任せつつ全体を統括するという職制がほとんどの葬儀社で採用されている．したがってディレクターには「いかに多くの業者を知っているか」，または「関連業者の担当やキーパーソンと良好な関係を築いているか」という点が要求されるため，ディレクターに昇進していく過程での経験や熟練度の評価には，他業者との関係をどれだけ着実に強化させてきたかという点が大きな指標となっている．このように，葬儀社を中心とした業者間ネットワークは，単に業種構成の全体像を示しているだけでなく，葬儀社と関連業者の双方における従業員同士の人間関係の広がりという点でも捉えられるのである．

(2) 力 関 係

　これまでに示した各々の「業種」，そのカテゴリー内に属する個別の「会社」，そして社内の「部門」や「担当者」といった次元の異なる対象に対して，葬儀社の従業員達は自らの仕事を円滑に進めるために一定の知識や情報を持つことが要求されている．そのことは相手の業者側にとってもまた同じではあるのだが，先ほどの図2-3に示したとおり葬儀社が中心的な調整役としての役割を果

たす位置にあるため，葬儀社—関連業者間の関係は必ずしも対称的ではない．
それは教師—生徒間の関係にも例えることができるだろう．教師は常に複数の
生徒との1：n関係で「私のクラスの生徒はA君とB君，それにC君……」
といったように自らの受け持つ職域を概念化しているが，生徒側にしてみれば
当然ながらクラス内の生徒—教師関係は「自分の担任はP先生」というよう
に1：1関係で認識される．

　ところで，このような「束ねる／束ねられる」という二者間の相対的な位置
関係は，同時に何らかの力関係がそこに作用していることを想起させるもので
もある．それでは葬儀業の仕事にも力関係として捉えられる出来事が存在して
いるのだろうか．また，力関係の作用がはたらいているとすれば，それはどの
ようなものなのか．この点に関して，以下2つの会話を参照してみたい．まず，
東京都内に本社を置く葬儀社M社で役員を務めるY氏およびK氏との会話か
ら見ていこう．

田中：　その，地元の，特に（営業）範囲が（都道）府県をまたがらないって
　　　　いうか．地元密着型というんでしょうか？　そんな，そんな感じの葬儀
　　　　屋さんは……お寺との……．
K　：　なんとなく，言いたいこと，わかりますけどね．
田中：　ええ．そういった葬儀屋さんはお寺さんに，なんというか……．
Y　：　はい，こう……それこそ「なんというか」ですが（笑）．
田中：　こう，反発する思いもどこかにあるんじゃないかと．M社さんなん
　　　　かは規模からして大手ですから，そこらへんは違うんでしょうが．
Y　：　あくまで，あくまで……個人的なね，心情っていう，そういうレベル
　　　　でね，受けとめてもらいたいんだけど．実のところを言っちゃえば，私
　　　　らでも，その……この業界のね，葬儀社の下にお寺さんがいらっしゃっ
　　　　たほうが……良いなあと思うときもあります．
田中：　はい，まあそれはそうだと（思います）．
Y　：　ええ．そのほうが，現場におけるこう……あらゆる作業が，うまく，
　　　　スムースに行くと．ただ，地場のね，葬儀屋さんだったら，お寺さんサ
　　　　イドに「仕事を与えてあげていますよ」っていう，そういう感じで，葬
　　　　儀屋さんのほうがお寺よりも．
K　：　そうですね．それはまあ，言えるかなあというか，なんというか．

Y ： お寺よりもね，その……田中さんの言う，そういうことではね，上に
なることもあるというか，多いというか．ただ，うち（M社）の場合
って，そういうことで……言うと，いつだってそりゃあもう…….

K ： うん．そういう意味ではその，そりゃあもう．弱いもんですよ．

田中： 弱くは（ないでしょう）！

K ： うちはね．ほら，うちは墓（霊園事業・墓石事業）もやってるでし
ょ？ そうでしょう？

田中： そう……ですかね．でも，それは置いておいても，その…….

K ： だから……うーん，ちょっとここで，ややこしい話，しますよ．「M
社から，仕事をもらっている」という意識は，（寺院のほうに）ないん
じゃないかな．

田中： お仕事の……いただき具合を……関係というか．

Y ： そうそう．だから，逆に言っちゃえばね．逆に言うと……お寺さんサ
イドは「M社の仕事をしてあげてますよ」って，そう考えてるんじゃ
ないでしょうかね．いずれにしたって，その，こういうことっていうか，
（関係の）上下って言っちゃってもいいのかな．仕事をあげてますよ，
そしてもらってますよ，と．田中さん，おっしゃるようにね．そういう
ことで決まる性質のものでは，ありますよ．そこは否定しない．お寺さ
んだけじゃなくて，ほら，この業界としてもね．全部で，全体で，と．

［聴取録2-2　M社役員Y氏およびK氏との会話］
※音声記録と筆記録の併用．括弧内は筆者による追記補足．

さらに，以下の会話は同じく東京都にある明治寺の住職，草野榮應師（故
人）と筆者との間で交わされたものである．

田中： ここでまた，ちょっと違った質問を．（中略）さっき，その……葬儀
「産業」っていう言葉を使いましたが，その…….

草野： 宗教界との（関係）？

田中： ええ．どういう関係が理想なのかな，と．なぜかっていうのは伏線が
あって．前に，なんですが……ある葬儀屋さんで話を聞く機会が（あっ
た）．こんな話で．なんというか，お寺さんは葬儀を行う（時に），自分
が一番偉いと（思っている）．

草野： なるほどね（笑）．

田中： だからその後の，その後の……火葬なんかの手配などもまったくこう，

無視しちゃってお経が長引いたりだとか（火葬場に入る時間が迫っているのに読経が長引く）．で，「もう今はそんな時代ではないのになあ」と．ごめんなさい……．

草野：　あるでしょうね．そういうのは．気にしてませんよ．大丈夫．

田中：　すみません．いや，その本当に……．ただ，お寺さんに対しては，反感とまでは言わないけれど，信頼関係にあるとも言えないと．そんな内容だったので．

草野：　ええ……それで（笑）．

田中：　いや，あくまでひとつの（調査事例である）．これが少数派とも多数派とも言いませんが，僕の知ってるところは大体お寺さんと……とっても良くしていただいて（良い関係にあって）．

草野：　私のところは，この寺は……この地域の葬儀屋さんとは，かなり良い（関係）ですよ．葬儀屋さんのほうも，こう言ったら何だけど，寺に対する尊敬の念というかね．そういうものを持って接してくれて．葬儀以外の場でも……そうね……それはそんなに．ええ，そんなに変わりません．

田中：　というわけで，ここまで来ればもうはっきり言ってしまいますが．失礼に当たるかも知れませんが．その，お葬式をするということは，やっぱりカネのやり取りという，そういうことがあるわけで．それが収入にもなりますね．（中略）お寺が葬儀屋さんのほうに葬儀を提供する，もしくはその逆と言いますか．そういうの（関係）って，言えるというのはあるんでしょうか？　こう，どう考えたらいいのかな，と．いや，本当にすみません．

草野：　これはもうね，「持ちつ持たれつ」ですよ．絶対に．大体その……普段の，そう普段のレベルっていうことだと，寺じゃないと地域の皆さんと関係を保てないでしょう？

田中：　お葬式のときだけじゃなくて，という．

草野：　そうそう．けれど，葬儀屋さんがいないと葬儀はできないというのも，然りなんだっていうわけでね．どちらがどう（力関係の優劣）ということは……ないですね．本音としてもね．完全に，フィフティ・フィフティのつもりでいますよ．ただ，新しいお寺の場合（新たに建立された寺院）は違うこともあるんじゃないかと．葬儀屋さんが，「寺のほうに仕事を与えてやっているよ」と，そういう意識を持つかもしれない．

［聴取録 2-3　「明治寺」草野榮應師との会話］

※音声記録と筆記録の併用．括弧内は筆者による追記補足．

第2章 葬儀業界の構成　85

　双方の記録はともに葬儀社と寺院との関係が主要な話題となっている．この2つの会話を参照したのは，先述の「1：n関係で束ねる立場か，それとも1：1関係によって束ねられる立場か」という点を双方の立場から複眼的に理解するためであるが，実は図2-3に掲げた放射状のネットワークに含まれる諸々の業者・機関のなかで，個別の葬儀案件の遂行という点だけでなく，恒常的な関係継続という点においても，葬儀社と同じく自らが「1：n関係」の立場を行使できるものが含まれている．寺院・医療施設・行政（特に警察）の3者[17]である．寺院は宗教法人，医療施設は医療法で定められた非営利原則に基づく機関または法人，そして行政はそもそも公的機関であるため，いずれも営利企業ではないという共通項が存在するが，それらが市場原理から切り離されているわけではない．むしろ葬儀サービスを取り巻く力関係という我々の焦点を鑑みるならば，これらの全てに共通するものは「葬儀社に仕事を与えることができる」という性質である．すなわち，寺院は檀家の葬儀を，医療施設は自施設で発生した死亡者を，行政は自らが管轄する死亡発生案件を，葬儀社に配分したり，または配分先の葬儀社を選択したりすることができる．一方，葬儀社はそれらの事業を代替することができないので，関係が織り成す構造の上では仕事をこちらから与える位置に回ることができない．

　そして先述の2つの会話は，この「仕事を与える／与えられる」ということについての軋轢の様相を描写するものでもあった．実は，寺院・医療施設・行政のなかで，寺院だけは葬儀社に対して仕事を「与える」こともできる一方で，

17）　ここに火葬業を加えることもおそらく可能である．というのは，葬儀社にとって「どの火葬場に遺体を持ち込むか」という選択肢の幅は著しく狭小である一方で，当然ながら火葬場の側は複数の葬儀社（が請け負った遺体）を集約するという業態であるため，その点では逆に葬儀社を1：n関係で束ねているからである．また，式場からの霊柩移動に要する常識的な所要時間を考えると，どのような地域でも火葬場はほとんどの場合1ヶ所，または多くても2-3ヶ所であるため，葬儀社側の都合で「この火葬場は使わない」という方針を採るという局面はほとんど想定できない．このように，葬儀社の側からしてみれば仮に火葬場と何らかの事情で関係が悪化して出入禁止などの措置を受けた場合は，状況如何では経営が揺らぐことすら考えられるのだが，しかし火葬場の側でも原則的に運び込まれた遺体を拒絶することは（手続上の不備がある場合を除き）できない．「墓地，埋葬等に関する法律」で「第13条：墓地，納骨堂又は火葬場の管理者は，埋葬，埋蔵，収蔵又は火葬の求めを受けたときは，正当の理由がなければこれを拒んではならない」と規定されているからである．このように，葬儀社と火葬業の間では「仕事を与える／与えられる」という前提そのものを与え難いという特殊な状況が存在し，本文内の議論から火葬業を外した理由もそのためである．

「与えられる（葬儀社の側から寺院に対して依頼を行う）」側に回ることもあるという特殊事情が存在する．たとえば前掲M社のY氏およびK氏との会話では，葬儀社が霊園事業と墓石事業の部門を有しているということもあって，自社のほうが寺院に対して弱い立場にあるということが謙遜を交えながらも述べられていた．

　なぜなら霊園事業の運営は，自治体などが管理する公営霊園でなければ，その運営主体は宗教法人か財団法人などの公益性を持つものに限定され，さらに「永続性」と「非営利性」があると認められなければ都道府県知事から原則的に認可が下りないからである．墓地区画や墓石の販売という言葉を我々が見かけたとすれば，それはあくまで公益性を持つ組織が民間業者に委託しているのであり，名目と実際の区別は別として，法制度的には民間業者が霊園を運営しているということではない．そのため，業者は民間霊園の運営主体となる宗教法人，つまり寺院から業務委託を受ける形式を採らない限り事業が成立せず，また一旦は委託契約業者に指定されても，その指定を外されてしまえば著しい不利益が生じる[18]．したがって，仮に葬儀部門で寺院側に仕事を与える割合のほうが多く，寺院から仕事を与えられる必要が葬儀社の側に特になかったとしても，寺院への配慮が欠かせないということをY氏・K氏は吐露しているのである．

　一方で「明治寺」の草野師は，自らが営む寺院については「持ちつ持たれつ」そして「フィフティ・フィフティのつもり」としているものの，「新しいお寺の場合は違うこともあるんじゃないかと．葬儀屋さんが，『寺のほうに仕事を与えてやっているよ』と，そういう意識を持つかもしれない」と述べていた．ここからもわかるように，葬儀社―寺院間の二者間関係に仕事を与える／与えられるという要因が存在し，それが力関係を規定していることについては否定していない．つまり，両者は「寺院から葬儀社への力の行使」そして「葬儀社から寺院への力の行使」と，それぞれ異なる力の作用を述べているように

18）　ただし委託された区画を全て売り切ってしまえば，その時点で少なくとも区画販売の事業については終結してしまう．この場合でも，業者はその後に霊園の管理業務を継続するのが通例ではあるが，宗教法人（その多くは寺院）側から契約を更新されずに他業者に変更されてしまったり，または寺院側が自ら管理業務を行うと通告されたりすることも往々にしてある．

表面的には見えるのだけれども,「仕事を与える／与えられる」という規定要因が二者間関係の土台にあること自体は基軸に据えているのである.

　もっとも,そのような関係が実際に葬儀という「儀礼の場」において,宗教者に高圧的な立場を取るといった行為で表面化することはない.仮に葬儀社側の担当者が年上であったり,実は学校の先輩—後輩の間柄であったりするなどの局面であっても,葬儀における宗教者,とりわけ仏教式における導師(僧侶)は文字どおりマスター・オブ・セレモニー(MC),すなわち司式者[19]としての地位に置かれ,葬儀に集う全ての者の上位に立って儀礼空間を支配し,葬儀の進行を差配する「ことになっている」.だからこそ,たとえば導師の入退場の際には葬儀司会者やその他のスタッフが率先して深々と礼をし,暗黙の内に会葬者にも「この人物が,今我々が会している空間の最上位者である」ことを認識させるのである.

　もっとも,上述で「ことになっている」という表現を用いたのは,そのようなやりかたが宗教者を「立てる」,つまり一種の演技的行為という側面も持つからである.ここで,その行為をたとえばアーヴィング・ゴフマンが「面目—行為 face-work」と呼んだ概念に当てはめることもできるだろう.面目—行為とは,すなわち「自分がやっていることを面目と合致させるべく,その人がとるいろいろな行動」[ゴフマン 2002: 12]のことであり,また対人行動の手練としては常套的なものであるが,こうした宗教者の面子を立てるための実践は,葬儀社の仕事の端々に組み込まれている.

　したがって我々がここで論じている力関係という語用は,「いつも権力を振りかざしているから,あいつは嫌いだ」といった何らかの険悪な関係や敵対的関係といった感情的摩擦とは異なるものであることを確認しておきたい.葬儀

---

19)　当然ながらその一般的対訳は「司会者」であるが,その本来的な語義をふまえ,ここでは「司式者」とした.ところで葬儀社従業員のなかには,司会業務を含む司式進行は「本来は宗教者が行うべき」という信条を持つ者もいる.しかし,殊更にそのような信条を有しておらずとも,事前に段取りを打ち合わせておくという作業は別として,式中における宗教者の発言や所作に葬儀社の側が抗うような行動をとることはほとんどない.そこには倫理的な背景ももちろんあるが,顧客から請け負った葬儀の完遂を葬儀社自らが破壊するという矛盾した行動によって,最悪の場合は顧客から対価を受け取る理由を失うことになるからである.したがって聴取録2-3における草野師との会話で触れたように,たとえば火葬場への「入り」の刻限,つまり火葬場に遺体を持ち込む時間が迫っているにもかかわらず読経が長引いていたとしても,ほとんどの場合そこに中断を持ちかけるようなことはできないのである.

社—寺院間の関係で言えば，それはあくまで宗教儀礼としての枠組みを保つために必要な行為なのであり，かつ両者の結びつきを円滑に保つための便法なのである．

　以上に述べてきたことは，要するに「束ねている／束ねられている」ということが，「仕事を与える／与えられる」という関係に置換できるという端的な事柄であった．この内容を再び業種間ネットワークの動向という視点で見ると，先述の寺院・医療施設・行政という3者を除いては，ほぼ「葬儀社が仕事を与える／関連業者が仕事を与えられる」という関係にあり，かつその関係は半ば固定的なものであると言ってよい．それでは，ネットワークの全体ではなく，葬儀社—業者間の個々の関係を左右する要因はどこにあるのだろうか．まずは，次の図2-4を見てみよう．

　ここに示したものは，消費者—葬儀社—関連業者をつないでいる仕事とサービスの経路である．基本的に「仕事を与える」ことと「サービスを受け渡す」ことは対の流れにあり，かつそれが反転することもない．つまり，消費者→葬儀社→関連業者という流れでサービスが受け渡されたり，あるいは仕事とサービスが同時に受け渡されたりという流れは当然ながら成立しないということである．

　さて，これもまた当然なことだが，葬儀を依頼するのは消費者であるので，「消費者への最終受渡者」としての位置に葬儀社が固定されている限りは，葬儀社もまた消費者に選択されることになる．この点では葬儀社も「消費者の束ねる1：n関係」の1つの対象であるが，しかしその先に続く経路の1：n関係は，葬儀社—消費者間で構成される選択の様相とはかなり異なっている．というのは，消費者が行う選択は「数ある葬儀社のなかから，ひとつの葬儀社を選び取る」だけであるのに対して，葬儀社—関連業者の関係においては，たとえば「この葬儀には，花屋は使うが遺体搬送業者は要らない」といった業種の取捨選択，「この返礼品業者より，あの返礼品業者のほうが良い」といった業種内での業者の選別，そして「この葬儀では複数の人材派遣業者に依頼するが，A社には式場内での誘導を，B社には火葬場の案内を請け負わせよう」といった業務の請負範囲の配分といった，多面的な差配を請け負う位置にあるからである．

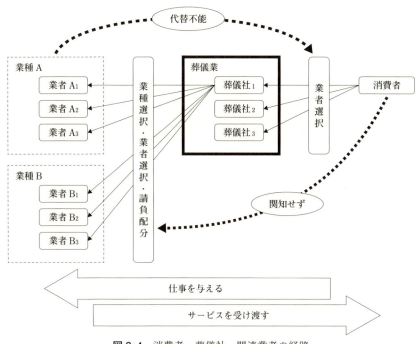

図 2-4 消費者─葬儀社─関連業者の経路

　同時に，消費者は葬儀社の向こう側にある各関連業者が何者であるかには関知せず，むしろその選別まで含めたサービスを葬儀社に対して要請しているが，関連業者もまた消費者による葬儀社の選択には入り込むことができない．「束ねる／束ねられる」，「仕事を与える／与えられる」，そして「力関係」といった語用は，言うなれば全てこのような取引経路上の非対称性についての言及であり，裏返せば葬儀社はその非対称性を利用して利潤収入を得ている事業体であるということが言える．そして，その非対称性を可視化できる現象の最たるものが，カネの流れである．だが，「仕事を与える＝サービスが受け渡される＝カネを受渡者に払う」という，ごく自然な対価交換だけが業種間ネットワーク内のカネの連鎖を築いているという構図は，実は事態の半分しか説明していない．

　ここで，葬儀社を取り巻くネットワークと，そこではたらく力関係という事

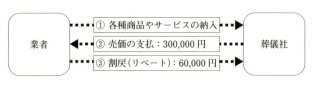

◆契約売価：300,000 円　◆リベート率：20％
◆リベート金額：60,000 円（＝300,000 円 ×20％）
◇実質売価：240,000 円（＝300,000 円 －60,000 円）

図 2-5　一般的なリベートの経路

柄に光を当てるならば，微妙な問題を孕むものではあるがリベートの存在についても触れておく必要があるだろう．ただしリベート行為そのものは犯罪用件を構成するものではないということを前提に，議論を進めたい．

　リベートには，販売促進リベート・目標達成リベート・売上金額リベート・取引数量リベートなど多様な種類があるが，本書の趣旨からすれば次のように措定できる．すなわち，一旦は業者間の契約にのっとった価格で商品やサービスが売買されるものの，その後に納入側（売り手）から購買側（買い手）に対して，買い手側が売り手側にもたらした取扱高などに沿って決めた所定の割合に応じて，謝礼や報奨としての性格を帯びた金銭・商品・各種便宜などが提供される，というものである．そしてまた，リベートの授受はこれまで述べてきた業種間ネットワークにおいて，筆者の調査の限りでは商慣行と見なして差し支えない広がりを有しており，そのほとんどは業者から葬儀社へのリベートである．その代表的な経路を図 2-5 に示してみよう．

　図中の①にあるように，まずは葬儀社─業者間の二者間で取り決めた契約売価で取引がなされる．ここでは仮に契約売価を 300,000 円と設定した．そして 1 件の，または（月間や四半期間などでまとめた）一連の案件に関する納入が終わった後は，葬儀社からは業者に対して②のように 300,000 円の支払が発生することになり，当然ながら会計上もそのように処理される．しかしそれとはまた別個に，前もって決めておいたリベート率 20％に応じた金額が，業者から葬儀社に支払われることになる．つまり，もしもこのリベートが双方の「企業同士での会計処理として行われるなら」ば，実質的な売価は契約売価 300,000 円からリベート金額 60,000 円を差し引いた 240,000 円となる．

「それならば，なぜ最初から契約売価を 240,000 円に設定しないのか」という疑問については，他業種で行われているリベートと同様に無数の背景状況が存在するだろう．ただし，ごく自然に考えられるのは，前述のとおり消費者に対する取引経路を持たない業者側が，一種の報奨金として葬儀社にリベートを支払うことによって，安定かつ継続的な取引の確保を図るという状況である．しかし，逆に葬儀社の側が「リベートを支払わなければ貴社とは取引しない」という姿勢を示したとすれば，これは実際には公正取引委員会が違反事例として指定する「優越的地位の濫用」[20]に該当する可能性が高い．そしてまた，上記に「企業同士での会計処理として行われるなら」と述べたが，リベートが企業同士の取り決めではなく担当者個人に対して，そして常識的範囲を超えて（極端な例を挙げれば仕入価格を超えて）支払われた場合も同様である．消費者への売渡価格が高額のまま固定されてしまうため独占禁止法の定める「公正な競争の阻害」に当たるばかりでなく，個人・法人の双方ともに脱税などの不正行為の嫌疑が掛かるからである．

再度繰り返すがリベートそのものは法令違反ではなく，筆者の調査でも不正行為を直接的に経験したことはなかった．また，葬儀がまさに「死に付随した出来事」であるために，業者側としては取引機会を基本的にはワン・ショットの，つまり予測困難な一回性のものとして扱わざるを得ず，いかにそれを継続的な商売として制御するかという腐心の末に産まれたのがリベートという商慣行であったという見方もできる．もちろん，他業界でも同様とは言え，各種の不公正な取引が葬儀業界に全く存在しないと主張しているのではない．だが，いずれにしてもリベートの慣行が葬儀業界に対するネガティヴな印象の大きな部分をつくりあげている一方で[21]，それが今まで述べてきた業種間ネットワー

---

20)　昭和 57 年 6 月 18 日公正取引委員会告示第 15 号「不公正な取引方法」，（優越的地位の濫用）14 項「自己の取引上の地位が相手方に優越していることを利用して，正常な商慣習に照らして不当に，次の各号のいずれかに掲げる行為をすること．一，継続して取引する相手方に対し，当該取引に係る商品又は役務以外の商品又は役務を購入させること．二，継続して取引する相手方に対し，自己のために金銭，役務その他の経済上の利益を提供させること．三，相手方に不利益となるように取引条件を設定し，又は変更すること．四，前三号に該当する行為のほか，取引の条件又は実施について相手方に不利益を与えること．五，取引の相手方である会社に対し，当該会社の役員（私的独占の禁止及び公正取引の確保に関する法律〈昭和二十二年法律第五十四号〉第二条第三項の役員をいう．以下同じ．）の選任についてあらかじめ自己の指示に従わせ，又は自己の承認を受けさせること．」

クにおけるカネの流れ，そして葬儀社─業者間の非対称性から生じる力関係の
諸相と連動を見せているという点が，ここからは把握できるのである．

4 小　　括

　本章の冒頭に述べたとおり，筆者は職業研究という体裁で葬儀業の仕事の広
がりを把握し，そこから葬儀業全体としての傾向や，業界内で築かれている諸
関係を明らかにしてきた．この意図に沿って，筆者は市場から業界団体へ，そ
して業種間ネットワークへと，その照準の範囲を徐々に絞るという展開で議論
を進めてきたが，それはまた，「儀礼と産業の結びつき」という本書全体の焦
点に基づいて産業のダイナミクスが生み出されてくる土台を観察することであ
ったとも言えよう．

　ここで，本書が産業industryをどのように対象化しているのかという点に
ついても述べておく必要がある．たとえば人類学の近接領域である社会学，と
りわけ産業社会学と呼ばれている分野では，主に無形財の取扱いを中心とした
知識・情報集約型の業務を，すなわち第三次産業に属する事業活動を「産業」
の語が示すものとして便宜的に定め［尾高 1981: 3］，その場で生起する諸々の
社会現象を題材としてきた［石川 1988: 10］．この点で産業社会学における産業
とは，主に企業を中心とした経済活動，その事業に取り組む組織，そこで働く
人びとや集団の関係が形づくる諸現象といった，さまざまな事柄を包摂する多
元的な概念であると言える．これは，おそらく一般的な用語法にも当てはまる
ものであろう．そして筆者も，ある時には葬儀業の事業活動を，そしてまたあ
る時には葬儀業を構成する大小さまざまの組織を意味するというように，多元
性を前提とした概念を表すものとして産業という語を用いてきた．というのは，
まさに事実関係としても「葬儀をサービスとして供給する」ということの裏側

　21）　後の記述で再び触れることになるが，こうした「不透明なカネの流れ」によって消費者側が
　　　不利益を被っているのではないかという懸念は，葬儀業が出現して以来，根強く存在する．こう
　　　した懸念の一定の高まりを受けて，総務省近畿管区行政評価局は2007年に「葬祭業の取引の適
　　　正化に関する調査」を実施した．総務省の行政評価・監視活動において葬祭業（葬儀業）を総合
　　　的にとりあげたのは初の試みであったが，その調査結果を受けて公正取引委員会事務総局・公正
　　　取引委員会近畿中国四国事務所・近畿経済産業局・近畿運輸局にそれぞれ通知された改善意見の
　　　なかには，リベートの授受に関する事項はなかったことを参考情報として添えておく．

には，業界内の組織形態や，業者間ネットワークの内部にある力関係，あるいは所得動向の影響などの多元的な背景が影響を及ぼしているからである．

　言わば，そのように相互に絡み合った背景を秩序立てて描写する有効な切り口として，本章では葬儀業界がいかに構成されているかという主題を設定したわけであるが，一方で筆者は業界を構成する種々のメカニズムと作用を，合理的かつ機械的な要因が織り成す光景とは捉えていない．そのことは本書で度々用いている供給―消費 supply and demand という経済学の常套句についても同様であるが，ここで「産業」や「供給―消費関係」という用語・概念を用いて描き出そうとしたのは，マルクス主義的疎外論のように人間性が失われた労働の諸機制ではなく，業界団体ごとの縄張り意識や，相手ごとに変化する力関係や，または仕事を差配するときの能動的な選択といった，むしろ「人間臭さ」の存在を裏側に感じさせる種々の風景であった．こうした風景を，序章で参照した過去の産業批判のように「金儲けの営み」という端的な連想のもとに捉えてしまうと，現代葬儀を取り巻く事実関係の複雑さを見失いかねない．そのことは，たとえば以下の森田敦郎の指摘からも察することができるであろう．

　　人類学が産業社会を取り上げる際の顕著な問題は，従来の人類学者が伝統社会を専らの対象としてきたゆえに，かえって産業社会を伝統の対比物として過度に合理的に描きすぎてしまうことである．例えば多くの産業人類学者は，産業化に伴って労働者が機械に従属するようになり，労働の場から社会関係が排除されるという仮説を前提として議論を進めているように見える．（中略）しかし，実際の産業組織は人類学者が想定するほど合理化されているのだろうか．現代の産業でも，伝統社会と同様にローカルな社会関係が重要な役割を担っているのではないだろうか．そしてこの社会関係に注目すれば，現代の産業も伝統社会の生業活動の延長線上に研究することが可能ではないだろうか．［森田 2003: 166，下線は筆者］

　この森田の視点，とりわけ下線部の「伝統社会と同様にローカルな社会関係が重要な役割を担っている」という眼差しは，本書でも共有されている．つまり本章は，あたかも過去の儀礼研究が村落内部の諸関係に注目したのと同じよ

うに，業界内部に含まれる種々の社会関係を描き出すことを試みたのである．

第3章　葬儀社の仕事

　前章では，市場・業界団体・業種間ネットワークというように照準を徐々に
巨視から微視へと絞りながら，葬儀業の全体像に関する議論を展開してきた.
本章では，ある葬儀社の活動と日常業務に光を当てて，その組織的な様態や,
従業員が手掛ける仕事の諸局面を描写する. この描写を通じて，葬儀社の日常
的な業務が葬儀サービスの提供に結実していくプロセスを把握していきたい.
なお，本章では葬儀業における一連の仕事を微視的に観察するという趣旨に基
づいて，長期集中調査の対象であるN社での経験的事例を主な題材としてと
りあげる.

1　N　社

(1)　基礎情報

　まず，調査対象であるN社に関する基礎情報を示しておきたい. N社の本
社所在地は，東京都の中心部を構成している23区域の西端に位置するS区で
ある. しかし図3-1に示したとおり，葬儀部門を統括している葬祭事業本部は
本社から約4km離れた場所に位置している. 葬祭事業本部は，東京都を東西
に横断するJR中央線の最寄り駅から至近距離にあり，幹線道路に面した9階
建のオフィスビルの1階部分全てを賃借している. 筆者も含めて葬儀サービス
に携わる従業員のほとんどは，後述の生花部門を除いて葬祭事業本部に常駐し
ているため，事実上の勤務先は本社ではなく，こちらの事務所となる.

　企業全体として捉えるならば，実はN社の経営は葬儀サービスに特化して
いるわけではない. N社の創業は1966年に遡るが，この時点での事業内容は

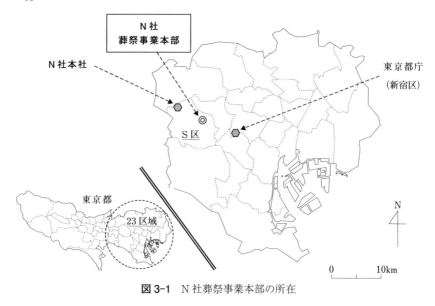

図 3-1 N 社葬祭事業本部の所在

ダイレクトメールの発送代行業であり，社名も現在とは異なるものであった．そして通信販売業，旅行代理店業，不動産業，造園業へと業態を変えて，1980年にそれまでの事業を停止した上で現在の基幹事業である墓石販売へと業務移行した．その後，さらに霊園開発へと事業を拡大し，1999年に葬儀業を開始して現在に至る．この墓石・霊園事業と葬儀事業の2つが今日の主たる営業種目の両輪であり，組織としても図3-2のように区分されている．

　ここで示されているように，筆者の調査時点でN社はバックヤード業務や経営企画などを担う経営管理本部，葬儀サービスを取り扱う葬祭事業本部，墓石・霊園事業に携わる霊園事業本部，そして堂内陵墓事業本部という4本部体制となっていた．最後の「堂内陵墓」とは，集合型の墓地もしくは納骨堂のことであり，地上または地下数層の建造物に多数の納骨スペースを設置したものである．その自動制御システムも含めて基本的な設計は立体駐車場のそれに近いため「立体墓地」と呼ばれることもあるが[1]，実質的には堂内陵墓事業は墓

---

1) この立体墓地，または新機軸の納骨堂施設については，横田睦の考察［2000: 188-222］を参照されたい．

第3章 葬儀社の仕事　97

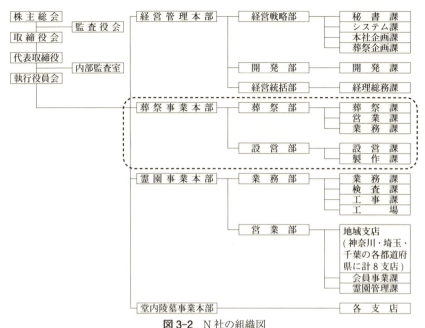

図 3-2 N 社の組織図
※筆者の集中調査期間における組織区分に基づくため，現在では改廃などの変更が行われている．
※葬祭事業本部は，点線枠内で囲っている．

石・霊園事業の内にある新規ビジネスと見なすことが可能であろう．また，霊園事業本部と堂内陵墓事業本部の人員は大幅に重複しているだけでなく，頻繁に両本部間で異動が繰り返されているので，従業員の本部への帰属意識の面でも，あるいは事業内容の面でも，堂内陵墓事業は墓石・霊園事業と半ば同一視できるものである．

　ただし，葬儀（葬祭事業本部）と墓石・霊園（霊園事業本部・堂内陵墓事業本部）の両輪立てで事業展開をしているとは言いながらも，両者の部門別収支や人員の規模は均等であるとは言えない．N 社での集中調査期間の時点で，同社決算の総売上高は 4,620 百万円，営業利益は 784 百万円，そして経常利益は 631 百万円であった．この内，経常利益と営業利益については部門ごとの諸費用分担などが複雑に混じるため売上高のみに着目すると，葬儀部門の売上高は 585 百万円と，全体の 12.6% にしか届いていない．また，筆者が調査を開始した時

点で同社の従業員数は 125 名であったが，その内で葬儀部門に所属している者
は約 20-30 名と，人員規模の面でも葬祭事業本部は社内の少数派であるという
のが実情であった．このような組織規模の相対的な位置づけは，数的論理に基
づく社内政治の力学という側面でも，そして地理的に離れていることからくる
独立性という側面でも，一種の「企業内企業」としての雰囲気を葬儀部門に与
えている．

　このように葬儀部門を仮にひとつの葬儀社として捉えるならば，規模として
は大手業者の下位，もしくは中規模業者に当たると言えよう．Ｎ社の葬儀取扱
件数は約 300-350 件であり，月間平均では 30 件弱となるが，少なくともこの
数字は小規模に属する葬儀社の業績ではない．また，同社の案件受注範囲は東
京都が半数以上を占め，そこに神奈川県と埼玉県を加えた地域に約 8 割の件数
が集中するものの，千葉県および茨城県での葬儀施工[2]も稀ではなく，この関
東一円に広がる営業地域の点でも地場密着型の葬儀社とは事業形態を異にして
いる．このように，部門創設の準備段階を除けばわずか 3-4 年内外の期間で一
定規模を誇る葬儀部門を確立できた背景には，いくつかの要因がある．

　第一に，先述のとおり同社は葬儀部門の設立以前から幅広い地域にまたがっ
て霊園事業を展開していたが，その顧客を葬儀受注に結びつけることができた
点が挙げられる．図 3-2 にも示されている霊園事業本部の各地域支店は，それ
ぞれ分割された営業地域に所在する霊園の区画販売や運営などを統括している
が，葬儀部門を設立したのは当然ながらこの霊園事業との相乗効果を狙ったも
のであった．そして現在では葬儀を受注した顧客に墓地区画を紹介するなど，
当初とは逆の流れも増えてきている．

　第二に，このような経営形態を可能にしている意思決定の柔軟さと迅速さを
挙げることができる．先に同社の沿革について述べたが，現在のような事業展
開に至るまでに種々のビジネスを変化させてきたということからもわかるよう
にＮ社はベンチャー企業としての性格が色濃く，業界内でもそのように認識

---

　2)　葬儀業界では葬儀一式の提供，あるいは現場設営を表すものとして「施工（せこう）」，すなわ
　　ち土木・建築関係の工事を一般的に指している言葉を用いることが多いが，この語用が浸透して
　　いる背景として，「施行（しこう）」の語と混同して使われている，あるいは葬儀現場の設営を建
　　築工事の作業に準えている，などの理由が考えられる．今後は記述中においても，この慣習に倣
　　って「施工」の語を使うこととする．

されている。N社の創業者（1940年生）は，言わば戦後にベンチャービジネスを志した最初の世代であり，ボトムアップ的な合意形成よりはトップダウン的な意思決定の速度，そして革新性のあるサービスを何よりも重視している。そのことは，同社が葬儀業にはまだ数少ない証券取引所（JASDAQ）への株式上場を果たしていることからもうかがうことができよう。

(2) 葬祭事業本部

　図3-2で示したように，N社の組織は本部・部・課（または支店）という段階的な職制を基本とする。葬祭事業本部は葬儀部門としての業務全般を行うとともに，本部全体の指揮系統でも主たる位置にある葬祭部，そして祭壇の作成・運搬・設置に特化した組織である設営部という2つの部署から成り立っており，特に後者の設営部は東京都に隣接する埼玉県T市に独自の事務所兼作業場を構えている。つまり葬祭事業本部の中心はあくまで葬祭部の存在する東京都S区の事務所であるが，そこからさらに設営部の職場は分離されている，ということになる。

　組織図の上では葬祭部と設営部は同列の関係であるように見えるが，実質的には葬祭部が受注・契約管理・施工・支払収受に至る諸々の業務を統括しており，また全社の専務取締役でもある葬祭事業本部長も葬祭部の事務所に常駐している。ここで，その職場のイメージを形づくっておくために，図3-3および写真3-1に事務所の空間構成を示しておこう。

　この情報からもわかるように，N社に限らず葬儀社のオフィスは死や遺体の印象を特に感じさせるものではなく，また映画や小説などのフィクションの世界で時折見受けられるような，何らかの禍々しい物品が配置されているわけではない[3]。とは言え，たとえばオフィス内に設置してある情報掲示板では受注

---

3) たとえば2008年に公開され，アカデミー賞外国語映画賞を受賞した映画「おくりびと」では，主人公が勤務する事務所内に剥き出しの木棺が陳列されているという描写がある。この映画の主人公は葬儀社の従業員ではなく，納棺および湯灌などを専門とする「納棺師」とされているという違いはあるものの，現実には（事務所に顧客を呼んで棺の形状を確認させるための展示用として置いてあるならば話は別であるが）手垢による汚れが付着したり，または外光に晒されて表面が煤けてしまったりすることを避けるため，実際に棺を使用するまではできるだけ素手で棺を触ることをしないというのが通例である。ただし，当然ながらこれはシナリオ上の脚色であって，現実と異なるからといってフィクションとしての作品の価値には何ら影響するわけではない。

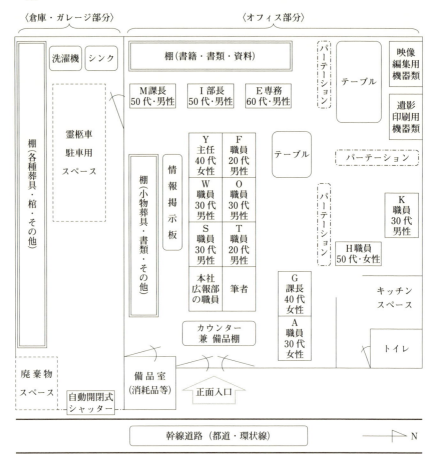

図 3-3　葬祭事業本部（葬祭部）の間取り図

※オフィス部分は 45 坪（約 150 平米）。オフィスと往来可能な倉庫・ガレージ部分は，その約半分の広さであり，屋根および外壁をスレートで囲っている。

　案件の基本情報を従業員で共有できるように担当ディレクター・喪家名・葬儀日時・施工場所・主要業者などが記載されてあったり，倉庫兼ガレージに足を踏み入れれば霊柩車（N社では遺体の搬送にも使用する）が置かれてあったり，また一見して何気ない木箱や段ボール箱の中身が実は種々の葬具や棺であったりといった光景は，葬儀社で働く者にとってみれば取るに足らない事柄ではあるのだが，外部者にしてみれば「葬儀の仕事」の一端を感じさせるものとも言

第 3 章 葬儀社の仕事　101

事務所前景

正面入口

オフィス（入口側から）

オフィス（管理職席側から）

情報掲示板

倉庫・ガレージ

写真 3-1　葬祭事業本部（葬祭部）の外観および内観

※筆者撮影.

えよう.

このような職場空間に，葬祭部に属する葬祭課・営業課・業務課の3つの課の従業員が勤務しているということになるわけだが，彼らは今後の描写のなかに登場することも多いため，その職制上の区分や周辺情報も含めて以下に所属人員を書き出しておくこととしたい．なお，事務所内における各々の着席場所は図3-3に示されている．

［葬祭事業本部長，および葬祭部長］

E専務（60代男性）：全社のNo.2である専務の地位と，葬祭事業本部長を兼務．創業時からの社長の補佐役でもあり，社長の大学時代の後輩．社長の意向と葬祭事業本部の方針を媒介し，かつバランスを取る存在となっている．

I部長（50代男性）：葬祭事業本部の実質的トップであり，執行役員．幾つかの企業経験を経て，入社直前は他互助会に勤務．葬儀部門創設の前は墓石・霊園部門に所属しており，その経歴を買われて葬祭事業の開始とともに部門運営を任される．

［葬祭課］：葬儀事業の現場業務全般を担当

Y主任（40代女性）：N社に葬儀部門を開設する際に，I部長が以前に働いていた互助会から呼び寄せるかたちで入社．各人員の勤務ローテーションなどの差配などにも携わる中間管理職であり，また自らもディレクターとして現場業務に携わる．

F職員（20代男性）：I部長とY主任が，彼らの前の職場で同じ互助会から呼び寄せたディレクター．この3名で葬儀部門がスタートしたこともあって，年齢は若いが本部内では古参職員の部類に入る．高卒後，すぐ葬儀の仕事を始めたため経験も豊富．

O職員（30代男性）：もともと墓石・霊園部門の人員だったが，入社以前は都内の互助会（上記3人の互助会とは別）に勤務していたという経歴もあり，葬儀部門の拡大とともに葬祭事業本部にディレクターとして転属．

T職員（20代男性）：もともと東京都内の葬儀社で勤務経験があり，N社

第3章　葬儀社の仕事　　103

に転職してきたディレクター．葬儀社／互助会の微細な流儀の違いにはかなり敏感であり，上司にも積極的に提言する気質を持ち合わせている．

W職員（30代男性）：筆者と同時期に葬祭事業本部に入社した，最も新しいディレクター．しかし経験は他に見劣りしないほど豊富であり，いわゆる「雇われ社長」ではあるが入社以前は小規模の葬儀社を経営していた．さらに以前は都内の互助会に勤務．

S職員（30代男性）：比較的新しく本部に加わった人員であり，元々は霊園事業本部に所属．N社生え抜きのディレクターがいないということもあり，筆者の調査期間中は未だサブ（後述）であったが，ゆくゆくはディレクターになることを周囲から目されている．

本社広報部の職員：所属は曖昧であり，また調査期間中にかなりの頻度で異動があったため，このような記載とした．会報誌作成や各種メディアとの折衝など，広汎にわたる葬儀事業関連の広報業務を担当．周囲からは「本社から来ている」との見方が強い．

筆者（30代男性）：葬祭部で唯一のパートタイマーではあるが，勤務ローテーションは他従業員と変わらない．S職員と同じくサブの立場であり，ディレクターの補佐業務を含めて全般的な現場業務を担当．

［営業課］：主に会員制事業[4]の運営管理や，各種催事の企画などを担当

M課長（50代男性）：元々は霊園事業本部に所属．他の営業課の人員と同じく，その業務区分から基本的に現場業務には携わらないものの，自らが担当していた案件から葬儀の受注につながった場合は，現場に出向いて設営業務などを補佐する場合もある．

H職員（50代女性）：営業課の人員として，広汎な顧客獲得のための営業活動をK職員とともに担当．N社に転職時から葬祭部営業課に所属．

K職員（30代男性）：高卒後に電機会社の営業マンを経て入社．元々は霊

4）　N社が運営している会員制事業は一種の「生前予約」を兼ねた業務であり，各種メディアや催事などの宣伝活動，墓石・霊園事業と葬儀事業の双方で勧誘した会員に各種の特典を提供して将来の受注を見込むという，囲い込み戦略の一環である．詳細は次章を参照．

園事業本部に所属. その経歴を活かして企業や各種団体への営業活動を主に行っている. 周囲からはむしろ「ディレクター向き」と見られており, また積極的に葬祭課の業務を補佐してくれるが, 遺体への忌避感が強いため営業課の業務をしているという事情がある.

[業務課]: 本部内の経理・総務関連業務を担当
　G 課長 (40 代女性): 元々は本社の経営管理本部の人員でもあり, そのため葬祭事業本部のなかでも (E 専務を除いて) 本社ならびに他本部との従業員と広汎な人間関係を持っている.
　A 職員 (30 代女性): G 課長と同じく, 元々は経営管理本部の人員.

　以上のように葬祭部は 3 つの課の集合体であり, またそれぞれの業務区分もかなり明確に分割されているが, 全社における葬祭事業本部の位置づけと同様に規模の面でも, そして中核業務という面でも, 葬祭課が主体となっている印象が強い. また, たとえば営業課の K 職員のように「(遺体に触れることさえできれば) 葬祭課でディレクターをすればいいのに」と目されているというような場合もあるが, 原則的にはそれぞれの課で人員を交代するということはなく, それはやはり葬祭課の担当である「葬儀の仕事＝現場の仕事」が一定の技能と資質を求められるという背景に由来する. そのこともあって, 設立からさほどの年月が経っていない N 社の葬儀部門を担うディレクター達は, 少なくとも筆者の調査期間中においては, 全員が他の葬儀社・互助会の業務経験者であった.
　一方, 葬祭事業本部のもうひとつの部署である設営部についても説明を加えておかねばならない. 葬祭事業本部が企業内企業としての性格を持っているということはすでに述べたが, 設営部という存在もまた, そのなかでさらに一定の独立性を有している. というのは, この設営部は生花業, つまり「花屋」の業務を外注ではなく自社で賄うことを目的とした存在だからである. すなわち全社における葬儀部門の, さらにその内の生花部門ということになる.
　設営部の職場は前述のとおり埼玉県 T 市にあり, 葬祭部とは約 20km, 移動時間にして車で約 40 分から 1 時間ほど離れた場所にあるが, 葬祭事業本部の

従業員が概して本社とは没交渉的であるのに対して，葬祭部と設営部の間の関係は日常業務の連絡に関しても，また物理的往来に関してもかなり頻繁である．そして何よりも，葬儀施工の現場に赴けば葬祭部と設営部は協同して作業を行うため，個人的な人間関係が醸成される機会も多い．ここで，設営部の人員も後の描写に登場してくるため，その氏名・年齢・職位のみ掲げておくこととしたい．

[設営部長]　　　　　[設営課]　　　　　[製作課]

J 部長（50 代男性）　Z 課長（40 代男性）　D 課長（50 代男性）

　　　　　　　　　　C 職員（20 代男性）　R 職員（20 代女性）

　葬祭部に比べて設営部は非正規社員の人数が比較的多く（葬祭部の非正規社員は筆者のみである），登録している者だけでも正規従業員とほぼ同数に上がるが，かなりの変動があるため，記述は正規社員に限定した．また，組織機構上では設営部は設営課と製作課という 2 つの課から成っており，名目上は前者が現場での設営業務，後者が生花祭壇や供花の製作業務を請け負うとされてはいるが，葬祭部とは異なり双方の課に厳密な業務内容の区分は存在しない．これは部門がひとつしかないのに管理職のステイタスを持つ者が複数存在するというのは組織運営上で不都合があるため，管理職のポストを削減するのではなく「新たに（名目上の）部署をつくる」という便宜的な措置と推測される．

　ここで，連携が緊密であるならば，なぜ設営部と葬祭部を同一の場所に構えないのかという疑問が当然生じるだろう．そのことは双方の部の従業員からも折に触れて提言がなされてはいるが，これには生花を扱うために必要かつ好適な広さを有した空間が都内では確保できないという物理面および費用面の事情が背景にある．一般的な小売業としての花屋と異なって，葬儀サービスに携わる上での生花業の仕事は，生花を大量に冷蔵保存し，同時進行的に受注される複数の案件に供する生花祭壇および供花を次々に製作し，かつそれを運搬する車両を駐車しておくための空間も要する．その空間規模の大小は抱える人員と受注案件の数にもよるものであるが，このような理由もあって，写真 3-2 のように設営部は一見して工場のような外見と広さを呈して構えている．

外景　　　　　　　　　内部　　　　　　　　事務所スペース

写真 3-2　設営部の外観および内観

※筆者撮影.

　この設営部の設備の広さは，他の葬儀関連の生花業者に比べてもかなり潤沢である．この背景事情とともに，先ほど特段の説明をしなかった生花祭壇に関する内容も含めて，後の記述内容を部分的に先取りするかたちで説明しておこう．

　新旧の葬儀実践における大きな差異としてまず観察できるのが，その場所性の変化である．旧来の葬儀のハイライトは「野辺送り」という言葉にも表れているように線的な移動空間において死の発生を表現する実践にあった．しかし現在ではそれに代わって点的な閉鎖空間，つまり専門式場で行われる例が多くを占めるようになってきている．その点的空間である式場において現在最も重視されている葬具が，祭壇である．そして葬儀祭壇と言えば，白木板で作成され，彫刻装飾を施されたいわゆる白木祭壇が従来の主流であったが，近年において白木祭壇に代わって加速度的に増加しているのが，生花で祭壇を飾った生花祭壇である（写真3-3）．

　特筆すべきは，N社が受注案件のほぼ全てを生花祭壇で施工しているという点である．これは葬儀業界のなかでも稀有な事例に属していることに加えて，「白木祭壇を望む顧客に対応できないのではないか」というマイナス面の危惧をも生じさせるであろう．だが，先述のとおりベンチャー企業としての性格が強いという素地も相まって，N社は新規参入業者として他社との差異化を図ることを最優先事項に設定し，生花祭壇専門の葬儀社ということを大きなセールスポイントに据えることによって業界に進出するという，ある意味では「賭け」とも言える方針を打ち立てた．そのため生花祭壇という葬具，そして「花」という語の持つ印象はN社の葬儀事業にとっては生命線にも近いもので

写真 3-3　白木祭壇と生花祭壇の例
※左：大阪府の葬儀社の自社斎場に設置してある白木祭壇．右：N社の祭壇施工例．ともに筆者撮影．

あり，自社で生花部門を保持し，厚い設備を保有することは，同業他社と差異化を図るための経営戦略として大きな比重が割かれているのである．

2　仕事の連鎖

　筆者が初めてN社の葬祭事業本部を訪れたのは，葬儀業の動向に詳しい人物[5]にインタビューを重ねていた折に，新たな調査対象を検討していた筆者の求めに応じて紹介を受けたことが契機であった．その時点までに筆者が調査を行った葬儀社のほとんどは地場密着型の営業形態であり，従業員が2人から5人程度という小規模の葬儀社であったため，その後の長期フィールドワークを行うための調査対象として，比較的大規模であると同時に，新規サービスの潮流に敏感な企業を選びたいという狙いを反映してN社の紹介を受けたのである．

　しかし，紹介者の介在という段取りは踏んでいるものの，筆者とN社の両方にとって，調査開始に行き着くまでの過程は突発的にして急展開を見せた出来事以外の何ものでもなかったというのが実情であった．つまり，筆者にしてみればまだN社を長期フィールドワークの対象にするかどうかも最終的に定めないままで話が進んでしまい，その一方でN社の側では「葬儀と葬儀業の

---

[5]　「日本葬祭アカデミー教務研究室」を主宰する二村祐輔氏である．この場を借りて謝意を表することとしたい．

研究をしている人物」が，「葬儀社で仕事をしたがっている」という意図を最初の内は十分に理解できないまま，現場要員の不足を少しでも解消するために筆者を受け容れることを決めたのであった[6]．いずれにしても，これは明らかに筆者のそれまでの調査開始に至る準備導入のやりかたとは異なっていた．多くの場合，まずはインタビューの段階的実施などで徐々に関係を醸成していきながら調査の意図を理解してもらい，その上で現場活動に随伴させてもらうというのが筆者のやりかただったのだが，N社での調査はお互いに何の面識と関係もないままに開始されることになったからである．その一端を垣間見るために，N社への初回訪問時のフィールドノートを以下に参照してみよう．

> 到着すると，雑居ビルの1階が全て事務所となっている．応対してくれたのは，I部長とE専務の2人．その他には，経理総務要員と思われる女性2人しかおらず，つまり事務所には筆者も含めて5人しかいない．人気(ひとけ)が少ないガランとした印象に加えて，何か葬儀社であるということを思わせるような雰囲気も特にない．
>
> 調査目的と研究倫理の確約を記載した書類や，過去の論稿，そして調査に関する取り決めを締結することを見越した覚書の案などを渡して，自分の目的が就業ではなく，あくまで研究であることを述べ，調査活動の依頼をする．I部長は「そんな経歴の人がね……．今は人手不足だから，君みたいな経歴と年齢の人がいればとは思っていたところではあるけれど，こう……葬祭ディレクター志望みたいな感じで，ゆくゆくは葬儀屋さんになるというような人が来るのかなと．でも，最終的にはそうではないと……．まあ，パートという立場がいいのかな？ 君は給料も要らず，弟子入りのような感じで良いというけれど，お給料を出さないと，うちの会社としてもちょっと困るかな．うちのメンバーになってもらうんだから」と言いながら，E専務と顔を見合わせている．
>
> その後，矢継ぎ早に「車はどうなの？」という質問が，2人から申し合わせ

---

6) この調査の時点で筆者は大学院博士課程に在籍している「学生」であった．この点もN社側にとっては不可解な印象を生じさせた要素であり，調査開始後に従業員の多くは「なぜ学生が，葬儀の「勉強」を目的として働きに来ているのか，なかなかわからなかった」と述懐していた．このような，肯定的に捉えることのできない調査情報まで本書が披瀝するのは，単純に本書が作為的な「良い調査」の成功物語になってしまうことを避け，エスノグラフィックな事実関係の提示に努めることを基本原則としているからである．ただし本文に記載したとおり，調査折衝においては研究趣旨や調査計画を文書ならびに口頭で説明し，明確に承諾を得るプロセスを経たことをここで確認しておく．

ように投げかけられた．運転ができるかどうかということらしいが，とりあ
えず普通免許は持っているとだけ答えて，その話は曖昧になってしまった．い
ずれにしても私がここで「調査をする」ということはあまり念頭になかったらし
く，とにかく「働く」ということに重きを置いている．それはむしろ，こち
らとしてはありがたいが，すでに私が来る前から正社員かパートタイマーのど
ちらかとして受け容れる心積もりを決めていた雰囲気を察することができる．
また，そこに加えて「休日はどうなの？　大学院生だったら毎日大学に通わな
くてはならないんじゃないのかな．もしくはその合間を縫って，ということに
……？　やっぱり土日がいいのかな」という質問がE専務からあった．とり
あえず自分としては毎日大学に通うという必要はなく，「他の従業員の方と同
じで大丈夫です」と答えたのだが，なぜ大学院の博士課程に属する人間が大学
に通う必要がなく，そして大学に行かずにフィールドワークという作業に没頭
していてよい（もしくは，しなければならない）のかという説明が非常に込み
入ってしまい，結局その点も歯痒さの残る曖昧な雰囲気になったところで，
「じゃあ友引とか，友前（ともまえ）とか，そんな感じで．少なくとも，急に
いなくなってしまうということがなければ大丈夫」との言葉がI部長からあっ
た．
　そして最後の質問は，「いつから始められるのか」という点だった．「すぐに
でも大丈夫です」と答えたところ，「じゃあ，すぐにでも」と間髪を入れずに
返事があり，この1時間ほどのざっくばらんな会話を経て，その場で私の調査
と雇用は即決してしまった．
［フィールドノート3-1　I部長・E専務との会話］
※筆記録からの抜粋・再構成．

　このように，ちぐはぐで，ぎこちない会話の3日後から，筆者は「葬祭事業
本部葬祭部葬祭課のパートタイマー」として正式に雇用契約書をN社と取り
結んだ上で出勤することになったのだが，現時点から省みれば筆者は幾つかの
状況をこの初回訪問の時点で全く洞察できていない．まず，フィールドノート
では事務所内が「ガランとした印象」であるという点に何か常態ではない状況
であるかのような言及をしているが，葬儀社の仕事の主軸はあくまで事務所の
外にある諸々の「現場」なのであって，管理職やバックヤード要員以外に日中
から事務所に長く滞在している者が少ないのは自然であり，また案件が回転し
ていることを示すものである．もちろん，書類作成などの業務は事務所に戻っ

てから行うことになるが，それすら現場で済ませることは珍しくはなく，業者
への発注連絡や顧客への連絡なども移動先のどこかから行うことが多い．この
ように葬儀社の現場要員にとっては，ある現場から次の現場へと複数の移動を
1日の内に重ねて，どこかで業務上の区切りがついたところでようやく事務所
に戻るというのが典型的な仕事の流れである．したがって「車はどうなの？」
という I 部長の質問は，単に運転できるかどうかという意味合いではなく，こ
のように移動に継ぐ移動という仕事をこなす上では「車が運転できなければ話
にならない」という点を暗に示していたのであった．自動車免許を持っている
かどうかということは，問題とされる以前の要求事項だったのである．

　そして次に休日をめぐるやり取りであるが，これはむしろ部長と専務からの，
まだ学生である筆者への配慮として受け取るべきことであった．彼らは筆者の
ことを，少なくとも平日は全て授業に出なければいけない立場の人間であると
思っていたので，「やっぱり土日がいいのかな」と筆者の状況を斟酌してくれ
たのである．それは裏返せば，葬儀社の人間にとっては後述するように案件の
波がどれだけ続き，どこで止むかということが事前に予測し難いため，何曜日
に休むということを生活のなかで定めることが困難であるという事情にもよっ
ている．つまり一般的な「月〜金が仕事で，土〜日が休み」という1週間＝7
日のサイクルに基づく生活感覚は，葬儀社の仕事とはなかなか適合しないので
あり，だからこそ I 部長はその後に「じゃあ友引とか，友前とか」という言葉
をつなげた，ということになる．

　ところで友引とは言うまでもなく先勝・友引・先負・仏滅・大安・赤口の六
曜のサイクルの内のひとつであり，そして友前とは「友引の前日」のことだが，
これは葬儀社の人間が今でも旧暦の感覚で生きているということを表している
のではなく，彼らの意識は端的に「その日が友引かどうか」そして「友前＝友
引の前日かどうか」という点のみに向けられている．現在においてはすでに
「友引には葬儀をしない」という規範観念は緩やかに希薄化しつつあるが，そ
れでも未だその点に漠然とした忌避感を抱く顧客も多く，また地域によって異
なるものの友引を休業日に設定している火葬場は少なくない．また，葬儀のほ
とんどは「初日に通夜，翌日に葬儀式・告別式を経て火葬」という流れで行わ
れるので，翌日に火葬ができない友前の日は葬儀を実施することが比較的少な

第3章　葬儀社の仕事　111

く，そのため「敢えて休日を最も取り易い日を選ぶとすれば，友前．その次に，友引」ということになるのである．

　要するに，上述した内容まで察知できる思考の枠組みを，調査初期の段階では筆者はまだ持っていなかったということが上述のフィールドノートでは示されているわけであるが，これらの内容はおそらく仕事の進行過程の大局的な把握と予測に関わるものと見なしてよい．つまり，案件がどのように回転しているか，その回転のなかで自らがどの現場にいるべきか，その現場のどの場所で何をしているべきか，そして同時進行している他の現場で何が起きているのか，といった雑多な状況を整序化して自分の行動に結びつけられるかどうか，ということである．もっとも，それらの一部は上司からの指示や差配がなければ自らはどうすることもできないものではあるが，次に起こり得る状況，次に行うべき作業，そして次に赴くべき場所などを的確に見越すことは，葬儀社の仕事に求められる大きな資質のひとつである．それがなぜ仕事の上で重要性を帯びてくるのかということは，たとえば表3-1に示した筆者の業務内容の記録からも垣間見えるだろう．

　この表は筆者がN社で調査を開始してから1ヶ月ほどが経過した時点の，ある2日間の仕事の記録を抜き出したものである．1件の葬儀は基本的に初日の晩に通夜があり，そして翌日午前に葬儀式・告別式[7]を実施するという流れで執り行われるということを念頭に置きつつ，筆者の移動経路を追ってみたい．まず，1日目の朝に事務所に出社した後，入電[8]を受けて顧客の自宅に担当ディレクターに随行して向かった（S区→M市）．そこからさらに事務所から指示

---

　7)　この流れはあくまで典型例と見なし得るものであって，たとえば地方によっては先火葬（骨葬），すなわち火葬を最初に実施してから通夜を行うという場合などもあることに留意されたい．また，一般的に2日目は単に告別式と呼ぶことが多いが，表のなかで「葬儀式・告別式」と記述してあるのは，実はひとつの儀式と往々にして考えられている2日目の儀礼は，厳密な仏式葬儀の解釈の上では葬儀式と告別式の「セット」だからである．したがって，その厳密さに即して葬儀の司会では「ただいまから葬儀式ならびに告別式を執り行います」というアナウンスを行うことも多いが，いずれにしても現代の，とりわけ個人葬においては両者が殊更に分離されて行われるのは稀であり，明確に葬儀式と告別式を区切る場合として想定できるのは社葬などの大規模な葬儀などに限られると言ってよいだろう．
　8)　この言葉は特に一般的とは言えないが，顧客から葬儀依頼が入ることを指している．それは文字どおり「電話で連絡を受けること」であるが，Eメールが浸透した現在でも案件受注のほとんどは電話連絡によるものである．

112

表 3-1　ある 2 日間の業務記録

	1 日目
9:00	出社．掃除や葬具の手入れなどの雑用．
9:30	朝礼．
9:50	葬具の積み込み．供花など諸物品の発注を確認．
10:20	遺体搬送業者から到着した別案件の遺体を納棺．
10:50	ドライアイスを近所の酒屋に取りに行く．
11:00	入電．ディレクターと共に顧客自宅へ急行．
12:00	顧客の自宅（東京都 M 市）に到着．
12:20	搬送業者と遺体が自宅に到着．
12:30	顧客との見積商談を開始．
14:30	見積商談終了．その後，K 寺（東京都 B 区）の設営現場に合流せよとの指示あり．
15:10	K 寺到着．昼食は移動車両の車内で．
16:00	遺体到着．設営作業開始．
16:30	喪家・親族到着．控え室へ案内．
16:40	料理屋・返礼品業者到着．
17:00	親族その他の会葬者来場．誘導業務を開始．導師到着．控室へ案内後，打合せ．
17:40	親族を式場内へ誘導．
17:45	炭入れ*．
17:50	ディレクターから親族に対して式次第を説明．
18:00	導師入場．通夜式開始．
18:20	喪主・親族の焼香開始．
18:30	一般会葬者の焼香開始．
18:45	読経終了．導師退場．
18:50	親族全員に拝顔*を案内．
19:00	親族をお清め所に誘導．
20:30	K 寺から事務所に戻る．
21:20	翌日の案件を確認．業者への発注連絡．
22:00	退社．近くの焼鳥屋で，同僚と食事．
0:00	帰宅．翌日も K 寺に向かうようにとの指示あり．

	2 日目
8:40	自宅から K 寺に直行し，到着．式場内の準備．供花の新規注文などを確認．
9:40	料理屋・返礼品業者到着．
10:00	導師到着．喪家・親族到着．
10:40	喪家・親族を式場内へ誘導．
10:45	炭入れ．
10:50	ディレクターから親族に対して式次第を説明．
11:00	導師入場．葬儀式・告別式開始．
11:20	喪主・親族の焼香開始（繰り込み初七日）*．
11:25	一般会葬者の焼香開始．
11:35	読経終了．導師は一旦退場．
11:35	間を置かずに花入れ*の準備．
11:40	導師と全会葬者を式場内に誘導．花入れ．

11:50	喪主挨拶．出棺．霊柩車に喪主を乗せ，筆者の運転によって火葬場へ．
12:20	霊柩車とマイクロバスがM火葬場（東京都A区）に到着．
12:25	T葬祭場（東京都F市）に安置されている遺体の引き取り指示あり，筆者のみ出発．
13:30	T葬祭場到着．遺体を霊柩車で搬送．
14:40	事務所到着．遺体を納棺後，昼食．
15:20	納棺した遺体をH斎場（東京都S区）に搬送するため出発．
16:00	H斎場に到着．そのまま通夜に付く．
｜	〈この間，ほぼ前日と同じ段取り〉
21:00	片づけを終えた後，各地に業務で散らばる同僚達と連絡を取り合って都内J区で夕食．
22:30	夕食を共にしていた1人が見積もりのため顧客宅に向かうよう指示を受け，筆者も同行．
1:40	帰宅．

※フィールドノートからの再構成．
*「炭入れ」：焼香用の香炭や，燭台に火を入れること．
*「拝顔」：棺の顔面上部の扉を開けて遺体の顔を見ること（または，それを会葬者に案内すること）．
*「繰り込み初七日」：初七日法要を別途行うのではなく，葬儀式・告別式に同時に繰り込むこと．
*「花入れ」：出棺前に式場の中央に棺を置いて会葬者で囲み，祭壇や供花の花を抜いで棺に入れて遺体を飾る儀式．

を受けて，商談を終えたディレクターとは別れ，晩に通夜のあるK寺の設営現場に合流する（M市→B区）．K寺で通夜を終えた後は事務所に戻り，同僚達と「仕事後の一杯」を終えて帰宅した（B区→S区→自宅）．翌朝はそのままK寺に自宅から直行し（自宅→B区），その葬儀では筆者が霊柩車の運転を担当したので棺と喪主を乗せて火葬場まで赴き（B区→A区），火葬場で別の従業員に誘導業務を引き継いだ直後に指示を受けて，霊柩車でT葬祭場に移動して遺体を引き取る（A区→F市）．そして，その遺体を事務所まで搬送して納棺し（F市→S区），同じS区内ではあるが事務所から3km離れたH斎場に納棺した遺体を再び搬送して，そのまま同斎場で行われていた通夜を支援した（同一区内の移動）．その後は事務所に戻らず，仕事で各地の現場に散っていた同僚と連絡の上で落ち合って夕食を取り（S区→J区），自宅に直帰する（J区→自宅）．

　ちなみに，1日目の朝に自宅から事務所に出勤したのは電車を利用しているが，その他の移動は全て自動車による移動である．また，ここで掲げた2日間は東京都内の移動であるが，N社が受注する案件は東京都に限定されるというわけではないため，関東一円を1日の内で駆け回るように移動するということも珍しくはない．ただし，ここで把握しておくことは移動距離の長短ではなく，先述した「仕事の進行過程の大局的な把握と予測」という点であり，平易に言うならば「段取りの良さ／悪さ」という表現にも置き換えることができるだろ

う．それは他業種でも重要視されるに違いないことではあるが，葬儀業に固有な要素を抽出するとすれば次のようになる．

第一に，それぞれの現場に移動しても仕事の内容は同じというわけではなく，行く先々で商談・設営・誘導・納棺といった全く異なる種類の仕事が待ち受けており，しかもその各々に必要な書類・器具・物品などを準備しておかねばならないこと．第二に，当該時点で行っている作業の内容と時間の予測が立てられないと，玉突き式にそれ以降の仕事の流れが破綻しかねないということ．そして第三に，ある程度は他の現場で何が起きているかを摑んでおかないと，自らの仕事の展開を考えられないということ．

もっとも，葬祭課の人員でI部長だけは現場に出ることのない司令塔的な役割を担っており，案件の受注はまずI部長もしくはY主任に集められ，間を置かずに当該案件の担当者が決定されるだけでなく，一区切りの作業が終わるごとに部長か主任に連絡を入れて指示を仰ぐことになってはいる．だが，それでも現場に出ている人員の全ての仕事の展開を詳細に追うのは難しい．だからこそ，葬儀社の従業員はかなり頻繁に連絡を取り合うことになり，それは上司―部下間の指示系統という意味合いに限られることなく，職制上は並列的立場にある現場要員の間でも，最初の決まり文句のように「今，どこにいるの？」から始まって，「今，何してるの？」「今，他に誰がいるの？」「あと，どれぐらいで終わるの？」，そして最後に「次，どこに行くの？」といった携帯電話での確認が1日に何度も交わされる．

このことは，たとえばラグビーやサッカーなどの競技でも見受けられる「集合と分散」という行動と少なからず共通している面もある．その含意は，たとえば誰かの場所にボールが蹴り込まれてきたり，あるいは相手プレイヤーが突進してきたりするなどの局地的に発生した事象に対して，フィールド上の味方プレイヤーがその場所に一斉にマンパワーを集中させて瞬時に対処しつつ，その後は逆にプレイヤーを急速に分散させることによって次の展開に構えるという戦術的思考であるが，それは各々が自らの守備範囲と役割を十全に理解しつつ，その役割から外れる作業がどこまで許容されるかを認識していなければ成立しない．一方，作業が円滑に進んでいるかどうかはまた別の問題としても，1日に何度も違う現場に移動し，そして集まっては散るということを繰り返し

ている葬儀社の従業員達は，同じように自己／他者の役割を理解しつつ，またそれぞれの現場で案件を担当しているディレクターを中心としつつ，連続して押し寄せてくる案件の波に対処しているのである．

したがって，事務所内に設けられた情報掲示板（写真3-4）に書かれた案

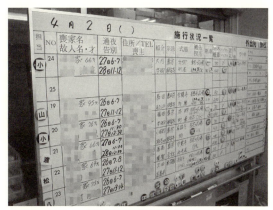

写真 3-4　情報掲示板
※筆者撮影．

件担当者・日程・施工場所・宗派・利用業者などの諸々の表示は，ひとつひとつの案件を区分して表示しているというよりも，むしろその逆に，列挙された情報を全体的な集合として捉えるためのものだとも言える．それは現場要員が事務所に戻ったとき，つまり事務所に戻れるほど仕事に区切りが付いたときか，これから仕事に向かうというときに，自分と他従業員の現場で起きている／起き得る出来事の全体的状況を共有するために設けられているのであり，その大局的な把握によって自らの仕事をより良いかたちで進行させることにもつながっている．

以上の記述からもわかるように，葬儀社の仕事は1件の葬儀が終わって一段落できるという類のものではなく，各々の受注案件のスケジュールが互いに重なりながら，しかも年中無休の24時間態勢で休むことなく連続するという性質を持つ．この背景には，顧客からの依頼を葬儀社側からは基本的に断らないこと，そして死者が出たという入電があれば何時であろうと可能な限り早く顧客のもとに見積もりに行くのが案件の出発点であること，という2つの事情が存在する．そのために夜勤要員を事務所に配置しておく葬儀社も多く，とりわけ病院から指定業者の認定を得ている葬儀社は，通常は20分から30分以内に病院の霊安室に到着することを病院側から要請されるため，交替で夜勤対応のローテーションを敷いているところも多い．

病院の指定を獲得するための営業，そして事務所内に交替で宿泊するなどの措置は，N 社ではコストパフォーマンスの側面をふまえて実施してはいなかったが，それでも深夜の時間帯に入電があっても対応できる体制は整えられており，事務所に誰もいない場合はI部長，あるいは他の従業員の電話に転送されるようになっている．そのため，以下の会話で葬祭課のディレクターであるW さん[9]が語るように，葬儀社で働く人間は職位の上下にかかわらず慢性的に睡眠不足の者も多いのが実情である．

田中：　そう言えば，W さんって，昔……．

W　：　うん．他（の葬儀社）で（仕事を）やってたよ．だって N 社の前は，一応「経営者」だもん．高校出てさ，互助会（に就職した）．知ってる？　K 社なんだけど．

田中：　えっ……マジで？　大手じゃん．（K 社を）辞めて，独立（した）ってこと？

W　：　うん．従業員，僕も含めて 3 人（笑）．

田中：　じゃあ，（仕事を）回すのも辛いですね．

W　：　（そう）だね．寝るときは，水は必ず（枕元に）置いてたしね．今は夜に電話取らなくて良いから，その分だけマシ．

田中：　水？

W　：　え……わかんない？

田中：　うん，（なぜ水を枕元に置いていたのか）わかんない．

W　：　もう，この仕事してたら，グッスリ寝れないことも多いでしょ？　だから家帰ったらさ，もう奥さんの顔も見ないで布団に入って．でもさ……グッタリ疲れて寝てる時に限って，（入電の）電話，あるんだよね．これがまた．そういう時にさ，枕の近くに電話置いとくじゃない．でもさ，ガバッ……ってなったら（＝起きたら），絶対に声ガラガラじゃん．寝起きて声枯れてたら，まともにお客さんと喋れないし，だいたい「何だよお前」って（嫌われる）感じでしょ．寝ぼけてるからお客さんの話，頭に入んないし．だからさ，電話鳴ったら，まずエイヤーで水を飲むの．て，喉を（慣らす）．それに，水飲むと，ちょっと頭も冴えるし．

---

9)　それぞれの従業員の名前は，調査中において筆者が用いていた呼称に準じている．したがって，職名がある場合は「I部長」や「Y主任」としているが，その他のほとんどの職員については基本的に「○○さん」として記述した．

第3章　葬儀社の仕事　117

［聴取録 3-1　W さんとの会話］
※音声記録と筆記録の併用. 括弧内は筆者による追記補足.

　葬儀社の仕事は，言わば緩慢な緊急事態に常時置かれているような感覚を生じさせるものであるが，それは先述のように仕事を遂行する上での見通しの悪さに対処する段取りを常に脳裏に描いて置かねばならないという圧迫感だけでなく，この W さんの述懐のように，私的な生活時間のなかに仕事が突然食い込む状況にも由来している. つまり「不測の事態」が常に連続して起こることが「予測」されているという，言葉の上では矛盾した事柄が，仕事の根幹に織り込まれているのである.

　しかも，葬儀社の業務に降りかかる不測の事態の内容に統一性はほとんど見受けられない. 強いて分類すれば次のとおりである. 第一に，死の発生そのものが予測不能であること. 第二に，顧客からの要望は見積もり時に一括して寄せられるわけではなく，その後は五月雨式に葬儀の実施まで細部を取り決める折衝が続くため，どのような要望が来るか予測困難であること. 第三に，葬儀の施行時における会葬者の人数や，用意すべき機材の種類，交通渋滞，突然の突発的要望（用意した生花の種類を変えるなど）なども同じく予測困難であること.

　当然ながら，これらの予測不能な出来事は常に現場要員の機転と配慮によって解決されねばならないのだが，そのために個々の従業員と組織の双方にとって，時間軸に沿った戦略および予定の策定が困難になっていることも実態と言える. それは短期的スパンでも長期的スパンでも同様であり，単なる物理的な労働量以上に，この予測不能性という要素が従業員達の心身に大きな磨耗を及ぼすであろうことは，充分に想像できるであろう. 余裕のある勤務ローテーションが組まれていればその磨耗は回避できるのかもしれないが，N 社に限らず，概して葬儀社の従業員にはこれらの状況への耐性，つまり絶え間ない仕事の連鎖に対応できるかどうかという資質が必要とされる. そして少なくとも，その資質は身体の頑健さとはまた別の次元に属するということは言えるであろう[10].

---

10)　誤解のないように付記するが，本文中の記述は N 社が殊更に劣悪な労務環境に置かれていることを意味するものではない. むしろ N 社は職員の負荷軽減に敏感であったが，一方で慢性的な人員不足（特に熟練者の不足）が業界全体の課題となっていることも指摘できる.

3 知識と能力

(1) 知　　識

　葬儀社が請け負っている業務とは，当然ながら諸々の葬儀サービスを提供することである．しかしサービスの基本的要素のひとつとして，一般消費者の持ち得ない何かを持ち，または果たし得ない何かを供給するといった事柄が挙げられるならば，葬儀社にはあって一般消費者にはない「何か」とは一体どのようなものになるだろうか．

　その「何か」を端的に想起するならば，たとえばハードの側面に関しては葬具などの必要物品に類する「モノ」，各種設備を持つ式場などの「場所」，葬儀を遂行するに足る人員からなる「労働力（マンパワー）」といった分類を施すことが可能であろう．

　それではソフトの側面についてはどうかと言えば，まず何よりも「知識」を挙げることができる．しかし，ここで述べる知識とは単に上掲のハード群を十全に扱い，統御し，駆使するといったものに限られない．後の議論で再び考察を付すが，ここで「情報」に属する事柄も知識と部分的に互換性を持つと考えるならば，例えば葬儀の遂行に必要な公的手続きなどのノウハウ，喪服の色から挨拶の仕方にまで至る一般的な作法・マナー，宗派ごとの儀礼実践の差異を裏付けている教義解釈，地域ごとの習俗，布施の相場，近隣にある式場の所在など，膨大かつ雑多な知識が葬儀社の仕事を取り巻いている．

　ここで注意すべきは，葬儀社で働く者が持つべきとされている知識は単純に「内向き＝業務遂行上のもの」と「外向き＝顧客への提供を目したもの」に分割できるものではなく，むしろ双方が複雑に連動しているという点である．たとえば「死亡届はどこに出すことができるか」という知識[11]は，ほとんどの場合は葬儀社が顧客の印鑑を預かった上で死亡届の提出を代行するため，業務遂

---

11)　死亡届を提出できるのは，①死亡者の死亡地，②死亡者の本籍地，③死亡届の届出人の所在地の何れかの市区町村役場である．ただし，死亡地が明らかでない場合は遺体が最初に発見された市区町村で，各種の交通機関のなかで死亡した場合は遺体をその交通機関から降ろした市区町村で，そして航海日誌を備えていない船舶で死亡した場合はその船舶の最初の入港地にある市区町村で，それぞれ死亡届を提出することができる［戸籍法第88条1および2].

行上の基本中の基本となる知識であるが，同時にその知識がもし欠けていたとすると，そもそも顧客への「死亡届の提出を代わりにやっておきます」という提案すらできない，ということになる．

　筆者の調査は，これらの知識を労働経験のなかでひとつずつ摂取していくというプロセスでもあった．しかし先述のとおり，N社の誰とも関係を持っていなかった筆者は，調査開始の段階では紛れもなく突然やってきた新参者であり，周囲からは存在理由が不明瞭な人物と見なされており，そしてほとんど何もすることがない状況に置かれていた．つまり，何か少しでも仕事をしようと思っても，何をすべきかわからないので，できないのである．それは決して「させてもらえない」のではなく，激務を極めている他の従業員にあれこれとしつく聞いて回るのを筆者自身が躊躇していたからであり，また足手まといになって人間関係の醸成を損ねることを危惧していたからでもあった．しかし，何も仕事ができなかった最大の理由は，「何がわからないかが，わからない」という段階では話の聞きようがなかったからである．したがってN社に入社した当初の段階で筆者ができたことと言えば，せいぜい現場に同行させてもらっていくらかの話を聞き，社内資料を黙々と読み込み，写真を撮影し，とりあえず見聞きするものを漠然と記録しながら少しばかりの手伝いをするという，フィールドワークとは到底言えない表面的な「取材」でしかなかった．

　だが，筆者が目論んでいた調査内容とは掛け離れた勤務状況が半月ほど続いた後，ある大きな発見によって転機が訪れることになる．その発見とは倉庫の掃除，そして葬具の手入れをすることであった．このことは表現の上では些細な出来事だが，後になって省察すれば，実は知識を芋蔓式に拡大していく契機だったのである．まずは，以下のフィールドノートを見てみよう．

　　今日はとりあえず現場には行かなくていいということになったが，オフィスにいても自分の作業はなく，またGさん達がしているような経理業務はできるはずもなく，当然ながらI部長の管理業務ができるはずもない．こまごまとした仕事は折に触れてやってくるが，オフィスのなかで座っていると「お客さん」のような気分になって滅入るので，部長に頼んで倉庫の掃除をさせてもらうことにした．

120

　数日前から，どちらかというと倉庫のほうが自分の居場所のように思えてく
るようになった．今日は飾り[12]の件数が少ないのか，葬具箱はかなり倉庫内
に残っている．しかし中を開けると，最近のローテーションがキツいためか，
整理があまりされていない上に，香炉なども少し汚れている．皆，とりあえず
積み込みをして，持ち帰ってくるだけになっているのだ．

　思い切って，部長とSさんに言って「葬具の手入れをしてもいいですか？」
と聞いてみたところ，2人は満面の笑みでOKを出してくれた．Sさんも「じ
ゃあ俺がやるのを見て，一緒にやろう」と言ってくれる．香炉の灰に溜まった
線香の残りを割り箸で取り，燭台をピカール[13]で磨き，スポット[14]の留め金
が緩んでいたのを修復する．曲録[15]などの汚れも丁寧に拭き取り，尺台[16]は
長さごとに整理して，ドレープ[17]はSさんと相談して「近くの洗濯屋に持っ
ていこう」ということになった．そんな作業で，ほぼ半日を過ごす．よくよく
考えてみると，なぜ今までこの仕事をしてこなかったのかと思う．葬具の種類
を覚える格好の機会でもあるし，自分が貢献できる領分を得たことにもなる．

［フィールドノート3-2　N社に入社して約2週間後の状況］
※筆記録からの抜粋・再構成．

　このように筆者は仕事のなかに「自分が貢献できる領分」を発見したことで，
とりあえずモノの名前を覚えていくということから葬儀社の仕事の初歩的段階
を辿ることになった．とは言え，上記のフィールドノートでは種々の物品の名
前を，まるで新しい漢字を覚えた子供が事あるごとにそれをひけらかすかのよ
うに嬉々として羅列しているが，実際にはその場でSさんに尋ねることで初
めて知ったものも多かったのである．そこで次に筆者が思いついたのは，あく
まで「自分のために」各々の葬具を納めている木箱に葬具名のラベルを貼って
いくことであった（写真3-5）．熟練した従業員ならば葬具の大きさを一瞥した

---

12)　式場での設営業務のこと．「通夜飾り」と呼ぶ場合もある．
13)　市販の金属製品用研磨剤．
14)　祭壇の両脇に置いて光を当てるためのスポットライト．通常は2脚で1セットである．
15)　式中に僧侶が座る椅子．「曲彔」と書く場合もある．
16)　折り畳み式の脚を持つ机．受付台や焼香台など，多様な用途に用いる．6尺・4尺・3尺など
　　の長さで分かれているので，少なくともN社ではこのような呼び名となっていたが，「尺机」や，
　　単に「机」と呼ぶこともある．
17)　上記の尺台を全て覆うように被せる装飾用のカバー．ただし，式場で用いる幕類を総称して
　　呼ぶ場合もある．

第3章　葬儀社の仕事　　121

倉庫に置かれている葬具箱など

葬具箱を置いている棚の近景

葬具箱に貼ったラベル（その1）

葬具箱に貼ったラベル（その2）

写真 3-5　倉庫内の葬具箱

※筆者撮影．

　だけで何が入っているかが大体わかる．もしくは，中身がわからなくても上蓋を開けてみれば確認できることではあるのだが，筆者にはそれらに名前をつけていくことで整理作業を遂行しているような気がしたのである．

　結論から言えば，このような筆者の作業は，特に整理をしたことにはなっていなかった．倉庫内の大まかな位置に所定の物品を置いておけば，特に問題は生じないからである．しかしその作業は，期せずして他の従業員にとっても別の理由で役立つことになった．「積み込み」を行うときの反射的行動とでも言える仕事の，速度が増したのである（写真3-6）．

　現場に向かうときに必要な葬具をバンまたはライトバンに積んでいく「積み込み」は，概して慌しい作業と言える．また，途中で荷崩れを起こさないように，そして必要と予測した物品が全部積み込めるように，ある程度の慎重さも期さねばならない．そして絶対にしてはならないのが，葬具を積み込むのを忘

写真 3-6 積み込みの風景
※筆者撮影.

れてしまうことである．それはモノの大きさにはまったく関係なく，掌に乗るような焼香用の香炭1箱だけでも，その場になければ現場の式場や寺院に頼み込んで借りるか，事務所から誰かに持ってきてもらうか，あるいは式場の近くにある同業他社から借りたり，店舗で買ったりしなければならない羽目に陥る．もちろん，それらはまったく褒められたことではない．

　もっとも，先述のとおり葬具箱の外見を見て熟練度の高い者ならば中身はおよそわかるのだが，その「およそ」の推測が誤って致命傷になるのを防ごうとするならば，ひとつずつ箱を開けて目視確認していけばよいというのは当然の考え方であろう．だが，特に労働実践において惰性の力は強力である．脳裏で図式化し得る合理的な手順が全て実行に移されるということはないのであって，それはつまり「そのやりかたのほうが良いとは思うのだけども，何となく旧来のやりかたでやってしまう」ということを意味している．仕事の所作が微細なものになればなるほど，そして時間的制約が増せば増すほど，自分のふるまいが効率的で確実なものかどうかということは，意識から漏れていく．だが，単に筆者が自分の理解のために葬具箱に貼ったラベルは，その外見と中身がしっかり結びついているという確度を示すことで，従業員たちの積み込みの反射性を損ねることなく，わずかではあるが仕事の速度を増すという結果になったのであった．

　このように，特に周囲の意図を汲み取ることもなく，また汲み取るための「仕事の枠組み」も理解していなかった筆者の仕事の領分は，単に葬具という葬儀社が扱うモノの分類ひとつを取ってみても，ほんの些細な出来事を契機として拡大していくことになった．葬具の名前を覚えれば，次にやってくるのはその積み込み方であり，そしてそれがわかれば充分に他の者を手伝える労働力としても周囲に認識される．すると今度は積み込んだ葬具を現場に搬入し，式

第3章 葬儀社の仕事　123

場空間の設営にも携わるということになる．そこではまた「儀礼を遂行するための適切なモノの配置と使用」という課題に直面するので，「どのように葬儀を行うか」という顧客との接点を持ったサービス提供の実践の次元まで到達していくということになるのである．

(2) 能　力

　上述のような「何らかの仕事をすること」と「何らかの事柄を知っていること」が，どこかの時点で結びついていくという経路は，葬具の扱い方に関する実践に限られたことではない．あくまで現時点から振り返った省察にはなるが，たとえば葬儀のマナーから死亡届の手続きに至るまで，あまり統一性を見出せない雑多かつ膨大な切り口のいずれもが仕事の領分と知識の保有を広げていく出発点になり得るのだが，実は葬儀案件を統括・差配できるディレクターのような熟練者でも，「葬儀の仕事」を効率よく，順序立てて，難易度の低いものから高いものへと進んでいくような段階的過程については，さほどの考えを持ち合わせているというわけではないということが，従業員たちとの会話からうかがうことができた．それは「どのような過程があるか，知っていない」というよりは，それについてあまり考える機会を持たなかったか，もしくは「自分が辿ってきた仕事の遍歴が他者に当てはまるかどうかはわからない」と言ったほうが適切であろう．

　もっとも，Ｎ社を含めて一定の規模を持つ葬儀社であれば，ほとんどの場合は社員向けマニュアルなどを保有しており，大手葬儀社ならば入社時の研修期間なども設けられている．それだけでなく，葬儀業に携わる者に向けられた参考書の類も存在する．だが，実際の業務にそれらを持参したり，首っ引きで参照したりということは，ほとんどない．要は，その場ごとの仕事をできるか／できないかというデジタルな評価が，そして仮にできるとしたらどの程度できるかという段階的な評価の双方が組み合わさりながら蓄積されていくなかで，結果として自分自身で「ここまでできるようになった」と認識するか，あるいは同僚から「あいつは，ここまでできるようだ」という感触を持たれるようになるのが，葬儀社の仕事を身につけていくプロセスであると言える．

　ところで上記の事柄は，非熟練から熟練に至る経路が図式化するに足るほど

限定されていないということを示しているのであって，非熟練／熟練という区分自体が葬儀社の仕事に存在しないということを意味するものではない．たとえば先述した葬具の手入れなどを黙々と行っていた時点から，さらに2週間ほどが経過すると，筆者は次のような行動を取るようになっていた．

2時間ほど前に入電のあった案件の遺体（男性・70代）を，病院から一度事務所に搬入して納棺し，その後でT自動車の遺体安置場所に移しておくということになった．遺体は寝台会社が搬送してくれることになっている．遺体を運んできたのはN寝台だった．

その車を道路から倉庫内にKさんが誘導している間，筆者は特に何の指示も受けずに倉庫内のシャッターを降ろすボタンに指を置いて身構え，そして車の後部が倉庫の真ん中ほどまで入ると，シャッターを降ろした．N寝台の人が後部からストレッチャーに載った遺体を降ろす．遺体を引き取り，そのままN寝台の人は帰ることになるので，その車が出るときに私はまたシャッターを開けて，そして降ろす．Fさん，Wさん，Sさん，そして私の4人で納棺をすることになる．通常は，こんなに多人数で納棺をすることなどない．何となれば1人でも行うのだが，一昨日からピタリと入電が少なくなったためか，今日は事務所にいる葬祭課の人間が多く，皆集まってきたのだ．

W　：　田中さん，棺，一緒に持とうか．

田中：　はい．あ，棺台（棺を下から支える台），ここで（良いですね？）．

S　：　大きいお方だね（かなり恰幅の良い雰囲気の遺体を3人で覗きながら）．

田中：　えっと，ロクニーゴで（足りますか）？　大丈夫とは（思うけれど）……．

F　：　うん，いける（遺体が棺に納まる）よ．えっと，ドライ（アイス）．

田中：　あ，さっき酒屋さん（事務所の近隣にあって，ドライアイスを扱っている酒屋）行こうかと思ったんですけど，この後でT自動車の冷蔵庫に運んでいくんでしょ？　他の案件でも使うから20（kg）ほどは取っておいて（きました）．でも，要らないんじゃ……．どうしますか（脱脂綿でドライアイスを包みながら台の上に用意して）．

F　：　うそっ！（そう）だっけ．（この後で別の安置場所の冷蔵施設に）運

第3章　葬儀社の仕事　125

んでくんだっけ？

田中：　さっき（Ｉ部長に）聞いたら，そういう（予定になっています）．

Ｗ　：　（棺をセットしたのを確認すると）じゃ，行く？　田中さん，足のほうで．

田中：　ヘー（はい）．

ストレッチャーに載っていた遺体の固定バンドを外し，私は両足を持つ．頭部はＦさんが支えて，胴体部をＳさんが持ち，棺の中に収める．遺体の両手首を組むように固定していた白布の帯を取る．ドライアイスは，このまますぐＴ自動車に運んでいくので不要ということになった．一応，私は棺のなかに置くドライアイスを隠すための，脱脂綿シートを襞折りにしたものを用意はしていたが，それもまた不要になる．

Ｗ　：　曲がってるね……どうしたんだろう？

田中：　あ，足……折れて……？

Ｓ　：　そうじゃない（骨が折れてはいない）ね．

Ｗ　：　お直し，しておく？

Ｆ　：　ですね．布団被せても，盛り上がっちゃうし．

ストレッチャーから遺体を運ぶ時点で何となく足の関節が内側に曲がっていることには私も気付いていた．おそらくは折れているのではなく，死後硬直に至るまでに不自然な姿勢で寝かせておいたのだろう．Ｗさんが膝を按摩のように揉み込み，徐々に真っ直ぐにしていく．私も片方の足を同じようにしてみる．Ｆさんをはじめとして他の人がニヤニヤしているのは，少し前まで遺体の初歩的な扱いも知らなかった私が，わずかながらでも慣れてきたことを茶化しているのだろう．

［フィールドノート3-3　事務所での納棺］

※音声記録を併用した筆記録からの抜粋・再構成．

　この記録は，事務所における納棺の一風景である．まず，補足説明をしておこう．Ｔ自動車というのは，前章でも触れた霊柩運送の業者である．Ｎ社の事務所から近い火葬場に隣接した場所に車両待機のスペースを保有しており，遺体を安置できる冷蔵施設も保有しているのだが，筆者が「冷蔵庫」と言っているのは，この施設を指す．このように霊柩運送業や遺体搬送業のなかには車輌

倉庫中央に置いた棺

脇に用意した棺蓋・ドライアイス・脱脂綿など

倉庫奥からの光景

在庫してある棺(一番手前に「625」の文字が見える)

写真 3-7 倉庫内での納棺前の風景

※筆者撮影.

　運送を伴わない遺体安置のみの依頼を受け付ける業者もある．そしてN寝台とは，霊柩運送ではなく遺体搬送のみを専門に扱う業者であり，今回の場合は病院からN社まで搬送してきて，そのまま戻っていった．その後に事務所からT自動車まで遺体を搬送するのは，筆者がN社の自社車輌で行う予定としていたからである．

　この時点で筆者は，それまでに何回か経験していたということもあって，少なくとも倉庫内で納棺を行うことについては「指示待ち」の状態から徐々に脱しており，また次のような反射的な行動をしていた．第一に，写真3-7下段左の「倉庫奥からの光景」のように納棺風景が外部者に見えてしまうことは禁忌中の禁忌であるため，筆者はN寝台の車が倉庫に出入りする時には自然に体がシャッターの方向に動き，そのスイッチに指を置いて開閉の作業をすべく構えていた．

第二に，遺体のサイズと棺の寸法が見合うかどうかを，他の者と一緒に勘案している．「ロクニーゴ＝625」と言うのは「6尺2寸5分」のことだが，葬儀の仕事では式場空間の広さ，祭壇の大きさ，そして棺の寸法に至るまで，空間把握の基本は今でも尺貫法である．そしてロクニーゴというのは標準的な棺の大きさであり，6尺2寸5分＝約190cmの遺体のサイズまで納めることが可能ということになる（写真3-7下段右）．

そして第三は，ディレクターであるＦさんのちょっとした錯誤を指摘している．通常ならば納棺にドライアイスは付き物であり，他の案件に使う用事もあってツケ払いで提携している近くの酒屋から持ってきては置いたのだが，今回に関してはドライアイスを用意する必要はなかった．というのは，納棺後にすぐＴ自動車に搬送して冷蔵安置するからである．そしてＦさんは現場から戻ってきたばかりでＴ自動車に搬送するということを知らなかったため，伺いを立てるような「要らないんじゃ……」という筆者の言葉につながっているのだ．

遺体の扱いを取り巻く種々の機微については後章でも述べるが，いずれにしてもそれは葬儀社の仕事の基本というだけでなく，存在理由と言ってもよいものである．だからこそ，その作業のなかでは「遺体を処置するための諸準備をしておく」ということもまた大きな重要性を帯びてくる．フィールドノートで描写した光景では不要と扱われていたが，たとえばドライアイスの取扱いだけを取ってみても置き場所や包み方（棺内のドライアイスは基本的に外部から見えないようにしなくてはならない）などの，ともすると見落としてしまいがちな微細な手練や流儀が存在する（写真3-8）．そしてそれは，単に遺体を扱う局面だけでなく，仕事の端々に必ず付随するものでもある．

ここまで来ると，ディレクターとサブの違いが単なる職制上の上位／下位区別だけではないということがようやく見えてくるようになる．あらためて説明すれば，サブとはその名前が示すとおり補充的・補佐的な要員であり，またディレクターという地位に行き着くまでの階梯を進む者と周囲から見なされており，自らもそのように認識している立場の者を指す．一方，ディレクターとはひとつの案件を統括する責任者であり，その責任を完遂するに足る能力があると位置づけられている者であるが，その位置づけは，葬祭ディレクター技能審

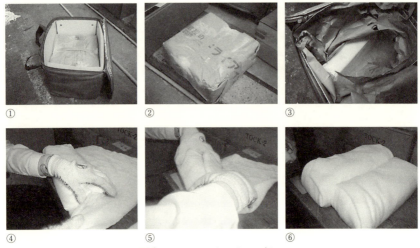

①　　　　　　　　　②　　　　　　　　　③

④　　　　　　　　　⑤　　　　　　　　　⑥

写真 3-8　ドライアイスの扱い

※筆者撮影.
※取扱店から仕入れたドライアイス（①）は，通常は10kgが1束になっており（②），その中にパラフィン紙に包まれた2.5kgのブロック（③）が4つ入っている．これをそのまま棺に入れると遺体が凍傷を起こすので，脱脂綿シートで丁寧に包んだ上で（④-⑥），遺体の脇腹部や足元その他に置いておく．ただし，この⑥の写真は，筆者の後に葬祭部にやってきた新しい従業員が「生まれて初めて」包んだものであるため，きちんと角が立っておらず，また皺も生じているので見映えが悪い．

査1級・2級という「お墨付き」を持っているかどうかということとは，前章で述べたとおり必要不可欠な条件というほどには結びついていない．N社では葬祭部を統括するI部長の方針もあって，案件を担当するディレクターは葬祭ディレクター技能審査に合格した者でなければならないことに一応はなっているが，それでもこの技能審査の1級・2級を持っているかどうかということはお互いに何となく聞いてみるまでわからなかったという程度のものであり，「能力があれば」おそらく技能審査の等級を持っていなくてもディレクターにすぐ任じられるであろうと誰もが思っている．それでは，ディレクターとサブといった立場の違いに表れているような，葬儀の仕事における能力の優劣はどのように識別されているのだろうか．

　その違いの第一としては，倉庫内での納棺作業の光景を描写したフィールドノート3-3に関する言及で示したように，「ともすると見落としてしまいがちな，微細な手練」を，できるだけ多くのヴァリエーションにわたって実践でき

るということが挙げられる．それこそが技能 skill であると言って差し支えは
ないが，個々の局面ごとに時間的な制約が存在している葬儀社の仕事のなかで
は，その技能は「敏捷さ」ないしは「機敏さ」と強く結びついている．つまり
それは学校教育における試験のように，与えられた問の解がわかる／わからな
いという範疇にもある程度は属しているが，同時に素早くできる／できないと
いう，身体的動作に基づく手練 dexterity としての側面も強い．

　たとえば葬祭ディレクター技能審査では，実技試験のひとつに図 3-4 のよう
な課題が毎年共通して出されているが，これは試験運営側から支給された白布
1 枚と画鋲，そして受験者が持参した市販のメジャーと鋏だけを用いて，六尺
（約 180cm）幅の尺台を焼香用の机にするために白布で幕を張るというものであ
る．このように，式場空間にある机・壁・天井などを白布で装飾することを葬
儀社の仕事では「幕張り」と総称するが，図 3-4 にある焼香机の幕張りの実技
では，1 級・2 級ともにわずか 7 分で全てを完了しなければならない．また，
双方ともに「襞幕」と呼ばれている襞状の装飾を前面に施すが，1 級ではそれ
が左右から斜めに対称形を描くという点で難易度が高くなっている．

　ここで，その「微細な手練」の鮮明な差異を示すものとして，N 社では筆者
以外に唯一のサブであった S さんのエピソードを参照してみたい．以下のフ
ィールドノート 3-4 と写真 3-9 は，筆者が N 社で調査を開始した翌年度の葬
祭ディレクター技能審査 2 級を S さんが受験することになり，その「模擬試
験」を事務所内で行ってみようということになったときの描写である．

　　数日前から S さんのディレクター試験対策として，「模擬試験」を皆でやろ
　うという話題が会話に上っていた．そんな話が出たときから，朝礼時の 1 分間
　スピーチ[18] も，葬儀司会の訓練を兼ねて最近は毎回 S さんが指名されている．
　そして今日の昼食後，部長が音頭を取って幕張りの時間を計測してみることに
　なった．

---

18)　現場に直行する者もいるので全員が揃うとは限らないが，事務所では毎朝 20 分ほどの朝礼を
　　行っていた．まず部長がランダムにその場の従業員を指名して朝礼の司会を担当させ，その後に
　　専務が数分ほど社内動向や社会問題など，特に題材の決まっていない話をする．その後「1 分間
　　スピーチ」として，司会とはまた別に（重複する場合もある）指名された従業員が特に内容の定
　　められていない話をすることになっており，そして部長が最後に事務的な連絡をして終了する．

「1級」(制限時間:7分間)
① 天張り及び前面と側面の下地を張りなさい。
② 前面に、中央部の長さが35.5cmで、両端の長さが70cmになるように傾斜状の「ひだ」を作りなさい。
③ 各「ひだ」の幅は10cmとし、全て中央を向くように左右均等に振り分けて各9コマずつ取りなさい。

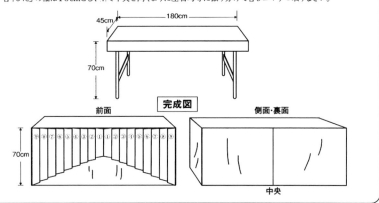

「2級」(制限時間:7分間)
① 天張りをし、前面には「ひだ」を作りなさい。
② 各「ひだ」は、全て中央を向くように左右対称になるようにし、図のように中心から10cm×2コマ、25cm×1コマ、10cm×2コマ、25cm×1コマの左右各6コマずつ取りなさい。

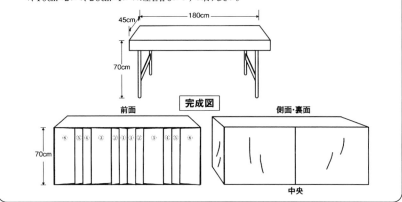

図 3-4　葬祭ディレクター技能審査における実技試験内容の一部
※上：1級、下：2級.
※葬祭ディレクター技能審査協会が頒布している受験案内（2016年度試験）より抜粋.

第3章 葬儀社の仕事　131

焼香机の幕張り（その1）

焼香机の幕張り（その2）

焼香机の幕張り（その3）

ディレクター達のチェック

それぞれの襞の長さを測る

後部に皺が寄っている

写真3-9　「幕張り」模擬試験の風景

※筆者撮影．

　まず，事務所内に六尺台を持ってくる．倉庫から白布を持ってきて，その脇にメジャー・鋏・画鋲を置く．実際の試験でも，幕張りで使っていいのはこれだけである．「メジャーなんて，使ってる時間はないとは思うけどね」と，Tさんが私の耳元で囁いた．悠長にメジャーで測って白布を裁断していると，7分という限られた時間では作業が完了しないらしい．最初に切り込みを入れたら手で割いて，その後も全て感覚的な，しかし正確な目測で矢継ぎ早に作業を進めていくのがコツであり，また現場でも実際にそうであるということだ．

　Fさんがストップウオッチを押して，Sさんの体が一気に屈む．必要なだけの白布を割き，表面に画鋲が見えないように次々に布を織り込んでは最小限の箇所に画鋲を留め，襞を作っていく．しかし，これまで少しは練習していたのだが，やはり時間が足りない．あっという間に7分が過ぎ，そのときにはまだ襞をつくっている最中だった．

　「Sさん，そのまま続けちゃって！」とFさんが作業を続けるように促す．とりあえず，今の時点で全部終わるまでの時間を計っておこうということなのだろう．そして，ようやく完成したときは，9分を回っていた．その後に，ディレクター達が机の周りに集まって出来栄えをチェックする．襞の幅は均等になっているか．皺があったり，弛んでいたりしていないか……など，色々な項目に皆が「ダメ出し」をしていく．そのなかの指摘のいくつかには私が理解で

132

きないものもあったが，それでも，全体としてあまり見映えが良くないということだけはわかった．

［フィールドノート 3-4　Sさんの「模擬試験」］
※筆記録からの抜粋・再構成．

　ちなみに，そのときに行ったSさんの幕張りについては，全員が不合格という結論であった．7分で終了しなかったこともあるが，仮にSさんがここでつくった焼香机が7分以内でできていたとしても，その出来栄えは満足のいく外見を伴っていなかったからである[19]．

　だが実を言うと，このような幕張りの技術は，現在ではどの葬儀社でも「あまり必要のないこと」と見なされている．わざわざ白布を裁断して幕を張らなくとも，ドレープ（机全体を覆うカバー）を被せればそれで良いのであって，作業時間の上でも，そして見栄えの上でも，明らかにそちらのほうが優れているからである．また，式場空間の壁など随所を覆う幕にしても，現在ではすでに出来合いのものが用意されていることが多い．

　それでも，ディレクターという呼称を持っているかどうかによらず，どの葬儀社でも一定の熟練者と見なされている者ならば，誰でもこの幕張りの技術を持っている．つまり，「それを用いるかどうかはわからないけれど，それが必要なときにはいつでも，かつ迅速にできる」という手練のヴァリエーションを有しているか否かということが，能力のある／なしの評価に組み入れられるのであり，その点では幕張りという技術は，それが高い頻度で必要とされるかどうかはまったく別の話として，葬儀社の仕事のヴァリエーション群のなかになくてはならないと見なされているのである．それはたとえば，Sさんの模擬試験での光景と対比を成している以下の描写からも明らかであろう．

　　営業課のKさんのデスクは事務所内の奥まった場所にある（図3-3）．しかもその脇の窓は，隣のビルとの隙間がほとんどないので，窓としての機能を果たしておらず見映えも悪い．「じゃあ何かで塞いじゃいましょうか？　幕を張っ

19）　だが，Sさんはその後に練習を重ねることによって，葬祭ディレクター技能審査（2級）には一回で合格し，現在はディレクターとして登用されている．

ちゃったりとか」と私が冗談交じりに言うと，まずは悪戯好きのＴさんが「それ，いいね」とやってきて，次にＷさんが話を聞きつけてやってきた．Ｋさんが外回りでいない間に，窓に幕を張ってしまって驚かそうというわけだ．

「折角ですから，きちんと幕張りしてくださいね」と私が言うと，ＴさんもＷさんも，最後に幕を張った仕事を思い出せないとのことだった．少なくとも，Ｎ社に来てからは１回もしていないらしい．逆に，「意地悪だなあ．田中さんだって，今の仕事に幕を張ることなんて滅多にないのは知っているでしょ」との言葉が返ってくる．

しかし，何だかんだと言っても２人は久々に（お遊びとは言え）幕を張ることが楽しいらしく，いそいそと白布と画鋲を取り出し，そして倉庫にあった可動式のポールと角材を持ってきた．「じゃあ，いこうか」と言って，まったく何も互いに確認することなく，Ｔさんがポールを伸ばし（写真 3-10 ①），そしてＷさんが天井に角材を押し当て，ポールで固定する（同 ②）．これによって，実際の現場でもそうだが，外壁や天井に穴を開けずに画鋲を打つことができるのだ．そして，「折角だから襞もつくるよね」とますます悪戯心を発揮した２人は，白布を折っては画鋲で留め（同 ③），あっという間に窓には襞幕が張られてしまった（同 ④）．５分かかったかどうかという時間で，である．

［フィールドノート 3-5　ＴさんとＷさんの幕張り］
※筆記録からの抜粋・再構成．

　写真 3-11 に実際の設営現場で祭壇前に幕を張る風景を示したが，机よりも壁や天井などに幕を張るほうが著しく手間が掛かる．しかも先述のとおり，現在ではほとんど白布を用意した上で幕を張るという作業がないため，「お遊び」の感があるとは言え２人にとっても久々の作業であった．それにもかかわらず，その作業は見る見るうちに進み，数分の内に終わってしまった．そして外見も，おそらくは実際の葬儀で張られていたとしても遜色はないものであり，後でこっそりと定規でそれぞれの襞の長さを測ってみると，数 mm 程度の誤差の範囲内で全ての襞が揃えられていた．
　この差異，つまりサブであるＳさんと，ディレクターであるＷさんやＴさんの作業の違いからも，先述の「能力」に関する優劣を識別する要素，つまり微細な手練が仕事に占める大きさを感じ取ることができるだろう．しかし，葬

写真 3-10 事務所内で幕を張る

※筆者撮影.

写真 3-11 実際の式場設営における幕張り

※筆者撮影.

儀の仕事の全てがこのような身体的・反射的な動作に回収されるわけではもちろんない.

　先述のとおり，葬儀の案件は波のように毎日押し寄せてくる．そして，その案件を構成する仕事の枠組み（たとえば儀礼の進行手順や，設営の流れなど）は多かれ少なかれ似通っているものではあるが，ここで重要なのは「ひとつとして同じ案件はない」という端的な事実である.

　そのことを，ここで将棋に準えてみよう．将棋を指すに際してのルールや，あるいは対局場所での作法などはどれも大体似通ったものであるが，一方で対局の内容は一局ごとに毎回異なっている．しかし棋士は，おそらくは膨大な数の定石＝定型的手練を，つまりルーティンに属する手順を覚えるという研鑽を積み重ね，その研鑽を実戦で試すことも厚く経験しているはずなので，その過去の遍歴や他棋士の戦法から「こういう局面では，こうする」という自分なりの流儀が醸成されてくるであろう．また，そのような経験のなかで醸成された「やりかた」というものは，詰め将棋のように「相手がこう指してきたら，こう指し返す」という手順のヴァリエーションとしてだけでなく，「自分が出会ったことのない局面でも，このように考えれば，どうにかできる」という推論のヴァリエーションも含むに違いない.

　このような類比を持ち出したのは，「定型的手練」と「やりかた」の間の関係が，棋士のそれと近似していると考えられるからである．体に染み込ませるように習得したひとつずつの定型的作業は，大枠としては同じでも，各々微妙に異なる葬儀案件の内容ごとに組み合わせられたり，また修正させられたりすることが基本的な前提となっているのだ．この点を考えると，葬儀社の仕事における能力の差を識別するまた別の要素として，「柔軟性」という事項を挙げることができるだろう.

　「仕事は着実に，かつ臨機応変に」といった常套句は，おそらくどのような仕事でも是とされているものであると思われるため，この柔軟性という言葉は半ば平凡かつ当然な感もあるが，葬儀社の仕事が概して「案件の途中で次の案件が交錯しながら，日々の仕事が連鎖していく」ということをふまえると，この柔軟性の獲得ということは決して平易ではないことがわかる．膨大かつ微細にわたる定型的手練の存在や，その習得という事柄は，その細分化された作業

ごとに段取りを持っているが，まずは1件の葬儀を着実に完遂するための最大の段取りである「葬儀の進めかた」そのものにまずは精通していなければ，その手練は顧客に向けたサービスとして発揮され得ない．そしてそれは，手中に収めた手練を，最終形態が事前決定されているパズルのように組み合わせれば事足りるというものではなく，予測できない事態の発生などによって葬儀の進めかたがどのように分岐しても，如何様にも対応できるだけの処理能力が要求されるのである．つまり，そこまで含めて，はじめて葬儀社の仕事のやりかたが，そして「熟練された上手いやりかた」が形成されるのである．

　ここで注意すべきは，その熟練された「上手いやりかた」によって何事かを処理する能力を要求してくるのは，往々にして顧客の側になるということである．その事例として，次の局面を見てみよう．

　　今日も全員がフル稼働となった．私も早朝からH寺に向かい，G家の告別式に配置されることになった．そして火葬場に送り出し，喪家が後で戻ってきて繰り上げ初七日と精進落としをするための準備をする．だが喪家が火葬場から戻ってきて，それらを終えて帰るというときに，問題が発生した．喪家の1人として，通夜後にこのH寺の遺族控室に宿泊した若い女性が，「部屋に置いておいた花鋏が見当たらない」というのだ．

　　昨日のG家の通夜で，この女性は祭壇の一部に「自分で持ってきた花を活けたい」と言っていた．通常ならば祭壇の設営は，当然ながら葬儀社が行うものである．しかし特殊事情があった．この女性は華道の心得があるらしく，つまり花の専門家であり，だから華道の専門道具である花鋏も持っているわけだ．ならば，故人を弔うために「自分でも少しばかりの花を祭壇に活けたい」というのは，葬儀社にはもちろん「どうぞ．きっと○○様（故人）もお喜びになりますよ」という応対が求められるのであり，そこで「ここは我々の仕事ですから」などと言うことはできない．それが徒となってしまった．全員で血眼になって探したが，それは結局見つからず，「後で見つかったらお届けします」ということになった．人材派遣で連日のように来てもらっているBさん（50代・女性）も華道を嗜んでいたことがあるらしく，「お花をやっている人には，道具はとても大事なものだからね……」という言葉が耳に残る．

だが，悪いことは大体連続して起こる．G家がまだいるときに，つまり我々が必死で花鋏を探しているときに，次の案件として今日このH寺で通夜をするZ家が来てしまったのだ．しかも，喪主である故人の妻が何やら沈痛な面持ちでディレクターのLさん（40代・女性）を呼んで，そこに喪主の兄弟が加わってくる．「祭壇が気に入らない．こんな，菊ばかりの祭壇を頼んではいない．もっと洋花で豪華にしてくれるという話のはずだった」ということらしい．

Lさんは，N社の社員ではない．全員がフル稼働でローテーションが回せないときなどに，よく応援に来てもらっているK社のディレクターなのだ．したがってLさんは，見積もりを行ったN社の他のディレクターから案件内容だけを引き継いで今日ここにやってきたわけで，「見積もりの内容と違うよ」という客からの叱責は，彼女にとっては，本来は理不尽な指摘なのである．しかし，我々の仕事にとって，そんな社内の事情は顧客には絶対に晒せず，そんなことを喪家には言うことも絶対にあり得ない．Lさんは誰から見ても，かなり熟練のディレクターだが，こういうときのLさんは格別に肝が据わっていて，凄い．私などは周りでその会話を見守って，おろおろとしているだけだが，Lさんは自信満々にニッコリと微笑んで，そして最後に「わかりました」と言うと，設営部のCさんと私を呼んだ．

L　：　Cちゃん，この近くに確か，あったわよね？
C　：　ええ，あります．でも一人じゃ持って帰れないかもしれない．それに，他の面子は，まだ設営続いているから残しておかないといけないし，台車引いて行くわけにもいかないし．田中さん……どう？
田中：　うん，行く．Cさん，早く出ないと間に合わないでしょ？

何があるのかというと，それは「花屋」である．私はちょっと離れたところにあるMという花店しか知らなかったが，Cさんはもっと近くにある別のY生花の所在まで頭に叩き込んでいた．おそらく片道500mほどを猛ダッシュでY生花まで走る．だが，その時点でLさんはおろか，走っている2人もY生花にどれだけの種類の花の取り置きがあるかは知らないのだ．そしてY生花に息を切らして着くと，Cさんは花の陳列場所を一瞥しただけで，「これとこれ，あとこれも」とどんどん手に取っていく．そして洋花の類を2人の男で腕に満杯に抱えて，またH寺に戻った．我々を待っていた他の人員と，普段は生花

の設営には加わらない私も含めて，腕まくりをして猛烈な作業で生花のセッティングをしていく．だが，Lさんは躊躇なく言った．「もうちょっと，花が足りないね．田中ちゃん……？」．

その場でおそらく，花を買いに現場を外すことができるのは私だけだった．あとは全員，生花の専門的な作業ができるので，祭壇のセッティングに当たらせるのが得策とLさんは判断したのだろう．今度は，私が1人で片道1kmは離れている別の花屋，M花店まで走ることになった．言い渡された種類の花を店の主人に告げ，またしても満杯の花を抱くように抱えて，夕方で人通りも多い道を，心臓を破裂させそうになりながら走ってH寺に戻る．だが，私が買ってきた花は，結局ほんの一部のカスミ草を祭壇にアレンジしただけで，残りは全く使わないことになった．後は設営部に持って帰ってもらうことにする．

結局40分遅れで通夜は開始された．Lさんが最初のアナウンスで遅れたことを詫びながらも「良い祭壇ができました．ご覧ください」という一言をさり気なく入れていたのは，本当に感心してしまう．喪家は全員，満足そうに頷いている．式の後に喪家を会食場所に移して，H寺の厨房でジュースを飲みながら皆で一息ついていると，料理屋さんもやってきて，「今日のご喪家は，ちょっとわがままな方ですね……？」と苦笑交じりに言うと，皆は忍び笑いを始めた．ドッと笑えないのは，壁を隔ててすぐのところで会葬者が通夜後の会食をしているということもあるが，こういうことは誰しもが「慣れっこ」で，また誰しもが特にこの顧客が格別に意地悪なわけでもないということを知っているからだった．

そして翌日の早朝，告別式の準備をするため私が式場にやってくると，Z家の喪主は棺の前に座っていて，そして振り向くと私にペコリと一礼をした．その後，私が壇上の線香などを準備していると，「いや，お花（祭壇）も良い具合にしてもらったっていうのもあるけれど，ほら，貴方も含めて皆，顔を真っ赤にして走っていて……」と，感謝の意を背後から訥々と伝えてくれた．そのことを後でLさんに話すと，「ま，そんなものよね．久々に田中ちゃんも良い運動になったでしょ？　買ってきたお花は使わなかったけど」と愉快そうに笑っていたので，「短距離走はクラスでも速いほうだったけど，マラソン大会は大嫌いでした．長距離走はもういいです」と答えておく．

[フィールドノート 3-6　G家，およびZ家の葬儀における出来事]
※筆記録からの抜粋・再構成.

　この描写から，柔軟性という表現に当てはまるような，いくつかの要素を抜き出すことができる．第一に，最初の案件であるG家の葬儀で，その喪家に祭壇設営の一部を任せたこと．第二に，Z家の葬儀で祭壇に対する指摘に迅速に対応したこと．第三に，設営部のCさんと筆者で買ってきた花の量と種類では不十分であるとディレクターのLさんが判断して，生花を再度仕入れに行かせたこと．そして第四に，式の開始時刻を厳守するよりも，祭壇の満足度を高めるほうが高い優先度を持つと判断して，大幅に開式の時刻を遅らせたこと．

　ここで第一および第三の点は，描写の上では良かれと思ってやったことが徒になってしまったり，また結果として無駄になってしまったりという顛末になってはいるが，もしもその作業をしていなければ逆に顧客の満足度を著しく低めてしまうということが推測できる．そして第二と第四まで含めて，これらの細分化された局面に共通することは，そのどれもが規準化されているルーティンの遵守からはまったく相反しているという点である．特に第四の点に関して言えば，開式や閉式の刻限を遵守することは，葬儀社の仕事の基本である．どこかで狂いが生じれば最終的に案件遂行そのものが破綻しかねないからである．しかしそれを敢えてせずに40分という大幅な遅れで通夜を開式したのは，ディレクターによる瞬時の判断，つまり「式を遅らせることによって生じる顧客満足の低下」と，「式を遅らせてでも祭壇の美観を高めることによって生じる顧客満足の向上」とのバランスを見極めたことによるものであり，時としてその判断は，体に染み込ませた手練の早急な修正を伴うのである．

　葬儀社従業員側の美的感覚は，ここではあまり関係がない．何らかのサービスを顧客に提示するまでの段階では，それぞれの従業員は「こういうやりかたが良い」という感覚を誰しもが持っており，その感覚は従業員の間でかなりの部分が共通している．しかし，一旦顧客にサービスを提示した後で，葬儀社側の感覚と顧客側の感覚が食い違っていれば，その場の事情を勘案した上で，躊躇することなく自らの感覚を廃棄することが「上手いやりかた」ないしは「良

修正前　　　　　　　　　修正後

写真 3-12　Z 家葬儀の祭壇

※筆者撮影.

いやりかた」になるのである．だからこそ，写真3-12に示したZ家の修正前と修正後の祭壇の違いに対して，「どちらが良いかというのは，それぞれの感覚による」といった意識は，少なくとも現場では生じない．「変える」という作業そのものが，まさに重要なことなのである．

　同時に，それは「葬儀のやりかた」そのものを大局的に把握していないと可能にならない．たとえば前掲の事例の場合，開式時刻の修正は，翌日の告別式ではできないものであった．なぜならば，告別式では当然「出棺」が行われるのであり，その後に火葬場に遺体を搬入する刻限が，葬儀社の制御できる範疇を超えて火葬場の側で設定されているからである．したがって，翌日にこのような顧客対応を仮にしていたとすると，最悪の場合は「火葬場に遺体が搬入できない」ということになり，葬儀という出来事自体が破綻するのである．

　このような，仕事を進める上での柔軟性に対する強い意識は，顧客からの指摘やクレームをできるだけ解消するという意識に反映されているだけでなく，葬儀社の従業員同士でも現場において積極的に「ダメ出し」をしたり，あるいは推奨や提案をしたりという仕事の評価を大小にわたって繰り返すことにも具現化されている．たとえば先述の第三の点（一度買いに行った花の量と種類では不十分と判断して，生花を再度仕入れに行かせたこと）に即して言うならば，折角苦心して仕入れてきた生花を，その場の全員で急いで祭壇にアレンジしているにもかかわらず，「これではだめだ」という判断をLさんは躊躇なく下していた．また，その後に筆者が買ってきた生花も結局はほとんどがその場では使わない

ことになったのだが，そのことに対する怒りや失望といったネガティヴな感情
は，現場ではあまり生じない．もちろんそれは，従業員同士の人間関係や，あ
るいはその判断から生じる結末の程度にも幾らかは左右されてくるものではあ
るが，瞬発的な判断と修正によって「葬儀のやりかた」が分岐を見せることは，
葬儀社の仕事に当然織り込まれているものとして，どの従業員にも受けとめら
れているのである．

4　小　　括

　前章において筆者は，産業や供給―消費関係という言葉が一般的な語感とは
異なって，意外に「人間臭さ」を含むと述べた．そして本章で示したさまざま
な事例もまた，合理性や効率といった基準だけでは説明できない人間臭い仕事
の諸局面を描写したものであったと言えよう．
　たとえば，本章で示した葬儀の現場における多様なルーティン・ワークは，
文字通り「定型的」な仕事の諸局面と捉えることもできるが，それは「常にや
ることが決まっていて無味乾燥な」という印象とは掛け離れるものであった．
むしろそこでは，「何が起きるかわからない」という不確実性をどのように制
御するかということがディレクターをはじめとする葬儀社従業員の大きな関心
事となっており，だからこそ彼らは自らが経験のなかで苦心して身につけた
「やりかた」をあっさりと変えたり，または捨て去ったりすることも仕事の一
要素として織り込んでいる．しかし，全てが場当たり的な対処というわけでは
なく，葬儀の仕事にとって必要な熟練過程があるということや，どれだけの手
練を使いこなせるかということが評価の大きな部分を占めていることもまた，
本章の事例からは強くうかがうことができる．
　このような彼らの仕事の特質は，これまで繰り返し述べてきたように，まさ
に儀礼という出来事がサービスとして提供されているという現代的背景に基づ
いている．葬具の扱いから式場設営の技術に至るまで，葬儀という出来事を成
立させるためのさまざまな準拠枠を彼らは「儀礼の専門家」として持っていな
ければならない．同時に，彼らが提供しているのはあくまで顧客が支払う対価
に見合ったサービスなのであり，要するに彼らにとって「良い儀礼」とは「良

いサービス」の結実なのである．しかし，それを実現するのは容易なことではない．仏式葬儀の場合ならば宗派ごとに細分化された諸々の作法に間違いなくのっとるといったように，儀礼としての枠組みはしっかりと保ちつつ，顧客によって異なる美的感覚や思想信条などを瞬時に汲み取らなければならないからである．

　そのことは，本章に掲げた事例のなかでは特にフィールドノート3-6で描写した局面で顕著に示されていた．専門家としてのディレクターは，当然ながら自らが考える「良い葬儀」のイメージを持っているが，それよりも顧客の意向が優先されるというのは上に述べたとおりである．だが，全ての顧客が明確な「良い葬儀」のイメージを持っているわけではなく，祭壇を例にとるならば，顧客からの希望は「パッと明るい感じで」または「白を基調として」などの漠然とした内容に留まることが圧倒的に多い．したがって葬儀の現場では，不断に顧客との「すり合わせ」が行われ，お互いの「良い葬儀」のイメージのずれを埋めていく作業が見積もりからアフターサービスに至るまで継続されていく．しかもその作業は，常に複数の案件を同時並行させて時間に追われているという緊迫感のなかで，そして決して間違いが許されないという緊張感のなかで遂行されるのである．

　これらの事柄をふまえれば，葬儀サービスのやり取りという出来事が，単純な売買契約といった印象から大きく掛け離れた複雑さを内包していることがわかるであろう．そして彼らが葬儀の現場で発揮する能力もまた，単純な代行業としての才能とは明らかに異なった，複雑かつ全人的な資質の集合なのだ．

第4章　新しいサービスの創出

　本章では現代葬儀にみられる新しい動向に焦点を当て，その創出に葬儀業が
どのような影響を与えているかを観察する．これまでの事例から，葬儀業が消
費者に手渡しているサービスが労働力・設備・物品といったハードの次元に属
するものだけではなく，「葬儀のやりかた」全般に関する知識や情報など，ソ
フトの次元も大きな比重を占めていることが確認できた．それはまた，消費者
の私的な嗜好や感覚にまで入り込んでニーズを摑むことが葬儀業に求められて
いるという状況を同時に示唆している．それでは刻々と移り変わる消費者のニ
ーズに対して，葬儀業はどのように応じているのだろうか．その問題意識を念
頭に置きながら，ここでは今日拡大しつつある主要な葬儀サービスに着目し，
葬儀という出来事が「つくられ」ていく様相の一端を浮き彫りにしてみたい．

1　儀礼空間の演出

⑴　葬儀祭壇

　他の儀礼と同じく，葬儀もまた演出される実践であり，そこには種々の技法
が必要とされる．だが，第1章で論じたように明治期から高度成長期に至るま
での葬儀演出の多くは，あくまで現代との相対的な比較ではあるものの，宗教
的教義と地域慣習が織り成す規範や作法，そして諸々の葬具の空間配置という
かたちで表現されることが一般的であった．

　それでは，現在はどうだろうか．たとえば第2章で引用した日本消費者協会
による「葬儀についてのアンケート調査」では，宗教的な教義と作法に準じた
葬儀は，全体の9割以上を占めていた［日本消費者協会 2014: 6，第2章の註4を

参照]．このように，今日でも葬儀は宗教儀礼としての枠組みを保っていると考えられるが，演出される内容，用いられる意匠，そして種々の演出技法を可能にする背景要因は変遷を見せており，それはまた死を取り巻く文化的表象の変容と連動している．

　ここで，とりわけ過去と鮮やかな対比をなすものとして，まずは葬儀祭壇に関する演出と，その意匠の変遷に注目してみたい．各章を通じて述べてきた内容の再述となるが，高度成長期以前の葬儀実践は葬列という線的な移動に大きな比重が割かれており，祭壇自体は読経や焼香の際などに用いられていたものの，いずれにしても今日のような葬儀式場という閉鎖空間をつくりあげたり，そのなかで祭壇を中心に据えて種々の式次第を展開したりということは，儀礼のハイライトを構成するものではなかった．また，過去の葬儀で重要視された葬具の多くが葬列に用いることを目的としていた一方で，祭壇は山田慎也が指摘しているように「昭和初期には，かろうじて祭壇の形式を採るようになるが，当時の祭壇には装飾性がほとんどなく，道具もそれぞれの用途を持っており，決して装飾だけを目的としたものではなかった」[山田 2001: 123] のであり，あくまで数ある葬具のなかのひとつとして認識されていたにすぎないのである．

　しかし，葬儀の位置づけが共同体からの送り出しから，弔問そのものに移行するにつれて［村上 2001: 144］，儀礼空間は葬列による移動という線的局面よりも点的局面に，つまり自宅や斎場などに移行するという変化が生じた．同時に，それは固定された場所に葬儀の儀礼空間を創り出すことを意味する．葬儀祭壇とは，まさにそのような状況を素地として発生してきたものと言えよう．ただし第1章で述べた告別式の発生過程のように，葬儀祭壇を中心化するというアイデアを発案した先駆者や，またはそれが開始された年月などを特定するのは困難である．おそらくそれは同時多発的なものであり，どこかの葬儀で試されたものが，各地で漸次的に受け容れられていったと考えられる．だが，少なくとも葬儀祭壇の使用を拡大・浸透させる中心的原動力となったのが各地の葬儀社であることは，同じく第1章で示した「桶幸ウチダ造花」の事例などからうかがえる．つまり葬儀業は，祭壇という象徴的な，そして儀礼空間において存在感を持つことのできる物品を発見・創出し，新たな潮流をつくりあげていく役割を果たしたのである．

第4章　新しいサービスの創出　145

　こうして，葬具のなかでも元来は重要性の低かった祭壇という「モノ」に新たな意味を持たせ，儀礼の中心に据えたのは，まさに葬儀業の創意工夫であったと言えるが，その新しい葬儀のスタイルが社会的な広がりを帯びて一般化してくると，より高級な祭壇が欲しいというニーズが生まれるようになる．葬列の衰退が葬儀の「簡素化」であったのに対して，これは一種の「奢侈化」と呼べるだろう．すると葬儀社はその奢侈化のニーズに応えるべく，より細やかな彫刻装飾を施した祭壇を登場させて，そこに仏教民俗的な他界観や，あるいは極楽浄土を視覚化した種々の意匠を盛り込むようになる．これによって葬儀祭壇は，視覚的な演出装置としての位置づけをますます強めていった．

　これが，現在でも葬儀祭壇の主流のひとつとなっている「白木祭壇」が生み出されてきた大まかな来歴である．それでは今日においてそれを製造する側の人間は，どのような思いを馳せながら日々の仕事に従事しているのだろうか．この点について，埼玉県K市で葬具製造業を営むP社長は次のように語っている．

　　（完成済，または工程途中の葬具を保管してある倉庫を案内しながら）まあ，
　　修業というか，勉強というか．わたしら，色々と覚えなきゃいけないようなこ
　　とが多いですしね．やれ仏教の教えではどうなっとるかどうか，そのマチでど
　　うなっとるかどうか……大体は決まっとるんですけど，そればかりじゃないで
　　すから．（白木祭壇の中心に置く位牌台を手にして）ほら，こんなこまい（小
　　さい）もんでも，色々とするんですわ．そりゃ，今となればスルっとできます
　　けどね．こんなもんでも色々と詰まっとるんです．
［聴取録4-1　葬具製造業P社長との会話］
　※筆記録による．括弧内は筆者による追記補足．
　※この記録は国立歴史民俗博物館の山田慎也准教授と共同で聴取したものである．

　P社長はこのように筆者との会話に応じながら，寺院建築の小型模型版といった趣のある白木祭壇が置かれた倉庫を案内した．唐破風や鳳凰といった意匠を散りばめた白木祭壇の視覚的構成は，平板な壇の範疇を超えた宗教民俗的な他界観を喚起し得る仕上がりとなっており，筆者はそこに木彫に関する職人的技芸の一端を観察することができた．しかし，現在の葬儀でも往々にして目にするこうした彫刻様式の祭壇（写真4-1，および4-2）は，葬儀祭壇の出現時か

写真 4-1 白木祭壇のさまざまな意匠

※①は大阪府守口市，②は香川県高松市，③は福岡県北九州市，④は大阪府大阪市の葬儀社において，それぞれ筆者撮影．なお，④のみ厳密には「白木」祭壇ではなく，黒漆塗を施した「黒塗祭壇」である．

写真 4-2 葬儀終了後に解体・収納作業中の白木祭壇

※大阪府 N 市の葬儀式場にて，筆者撮影．

写真 4-3　N社のモジュール，およびモジュールを用いた生花祭壇の設置例
※筆者撮影．

らそのような形態を採っていたわけではない．むしろそれは，上述の「そればかりじゃないですから」というP社長の発話に言外の意として込められているように，葬儀社や葬具商社との情報の流通を経る過程で，消費者の意向を視覚表現として汲み取っていったものなのである．

　そして現在では，祭壇の視覚的表象は新たな段階に入っている．白木祭壇から，生花を配列した「生花祭壇」に主流が移行しているのである．この点に関しては，前章で触れたN社の取り組みを参考にしてみたい．

　N社は葬儀業に参入した当初から生花祭壇のみを取り扱い，しかもその製作を生花業者に外注せずに自社で賄うという方針を採った．これが一種の「賭け」であったことはすでに述べたとおりだが，それはなぜだろうか．生花の取り扱いは売買・保存に関する微妙な判断，植物そのものに関する広範な知識，そしてフラワーアレンジメントや華道にも通じる独自の専門性が求められるものであり，事業が軌道に乗っていない段階で未経験者に業務を委ねるのは多大なリスクを伴うからである．しかし，そのリスクを負ってまでN社が自社内で生花祭壇を扱うことを決定したのは，白木祭壇に反映された宗教民俗的な意匠が消費者に嫌忌され始めてきた，もしくは「飽きられてきた」ことを敏感に察知し，その拡大を予測したからであった．また，白木祭壇を保有することで生じる管理費・運搬費・減価償却費などのコストを削減できるという目論見も存在していたであろう．

　くわえてN社では，従来から生花祭壇を製作する上で基本器具となっていたオアシス（水気を含んだ固いスポンジ）ではなく，写真 4-3 に示した「モジュ

ール」と呼ばれる独自の樹脂器具を開発し，短時間かつ少人数で生花祭壇を完成するための手法を編み出すことに成功した．こうした企業努力が実って，生花祭壇専門という同社の「賭け」は今のところ成功しており，その知名度を上げる効果にも一役買っている．

さらに，N社での調査時に筆者が出会った顧客や会葬者からは，花で人生の最期を飾りたいという趣旨の言葉を多く耳にした．注目すべきは，それらの言葉は驚くほど同じ語彙を用いて語られていたという点である．それは，「きれいだから」や「自然が好きだから」といった素朴な言葉であり，また「自分の好きなものを選ぶことができるから」という言葉であった．これらの言葉が発せられる背後には，花そのものが持つ物理的・意匠的な性質の存在も考慮しなければならないだろう．一般に，生花は木材よりも意匠制作の柔軟性に富んでいる．つまり色・形状・可塑性という本来の物理的性質に加え，配列と組み替えの容易さによって，より広い意匠の選択肢を設定できるという利点を有するのである．その利点とはつまり，気紛れで予測しがたい顧客の死の表象や美的感覚を包み込み，意匠に沿って類型化していくための優越性とも言える．そして生花だけでなく，故人の好きだった音楽を流すといった諸々の演出も相まって，儀礼空間の演出が総体として顧客の美的感覚や私的動機と合致するように，葬儀社は常に演出の内容を捻出し，顧客の需要と照らし合わせるという努力を行っているのである．

(2) 儀礼空間をつくる

前節に示したような葬儀祭壇の事例のみならず，特に1980年代後半からの空間演出と，その意匠の変遷は，電力供給・照明音響・舞台美術・各種工業素材などをめぐる多様なテクノロジーの進展と並行したものである．たとえば生花祭壇の出現を可能にするためには，生花を保存するための冷蔵設備なども必要となり，N社に関して言えばそもそもモジュールを構成する樹脂・金属の微細な加工技術が要求されたであろう．

そして空間演出に関する変遷のなかにも，宗教民俗的な表象から，より私的な選択性の範疇にある表象へという遷り変わりを見てとることも可能である．そしてその変遷をもたらしてきた葬儀業界の取り組みは，時には自文化／他文

化という境界をも容易に超える．その事例として，ここで葬具商社のQ社が東京都内に開設した葬儀式場の事例に注目してみたい．

2000年代の前半に開業したこの式場は，遺族や近親者が故人との別れの時を「いかに安らかに過ごすか」という趣旨を重視したものであった．

写真4-4 Q社の「アジアン・テイスト・ルーム」
※筆者撮影．

つまり，単に葬儀を行えればそれでよいというのではなく，生活空間としての快適さや利便性にも大きな配慮を払ったのである．繁華街から少し離れた幹線沿いの企業街に建築されたこの会館は，一見すると通常のオフィスビルと見紛うような外観を呈している．その階のひとつには葬儀用の空間があるものの，あくまでも少数の近親者が死者との一時を過ごす場所であることに力点が置かれ，そのため筆者が調査した開業当初の時点では宗教色を排除し，実際に僧侶などの宗教者の出入りも禁止されていたと関係者からは聞いている[1]．

ここで注目すべきは，その空間設計のコンセプトである．各階はそれぞれアメリカン・テイスト・ルーム，アジアン・テイスト・ルーム，和の空間（すなわちジャパニーズ・テイスト・ルーム）の3つに当てられ，遺族は各々の階のどこで過ごすかを選択できる．たとえばアメリカン・テイスト・ルームでは清潔感の漂う洋式家具を設置した造りと，暗さを排した照明の設置，そしてピアノを備えた造りになっており，日本人から見た米国的居住空間の視覚的効果を醸成している．次にアジアン・テイスト・ルーム（写真4-4）では，アジア的表象としてバリの意匠を採用した．また，Q社は葬具全般の卸売業を多角的に行っているため，主に中国と東南アジアにも拠点を有しており，その流通経路を活

---

1) 筆者が確認したところ，式場の営業開始から数年を経た時点で，この「宗教者の出入り」に関するルールは廃止された模様である．

用して資材は全てバリから取り寄せたとのことである．そして和の空間は，入口周辺は民芸東屋風，そして内部は数奇屋風に調度を施し，和風旅館のような調度を散りばめた空間設計となっていた[2]．

この式場が開業した当時，そのコンセプトを括る言葉は「自分らしい別れへのご招待」であった．その謳い文句からも判別できるように，Q社もまたN社と同じく従来の儀礼空間が織り成す表象に嫌忌感や飽和感を抱いていた消費者に「新しさ」を訴えかけている．さらに，この事例から察せられるのは，Q社の戦略が，消費者に自分の動機と合致した文化的意匠を選択させることにあったという点であろう．たとえば，この点についてQ社式場の開業メンバーの一人であったM氏は，和の空間を筆者に案内しながら以下のように語っている．

M　：　イメージ先行，って言ってもいいですね．
田中　：　ですかね？　それは一体何なんでしょうね．
M　：　でも……それは絶対あるものでしょう．懐かしさとか．
田中　：　経験してないけど懐かしい，ってありますか？　あるとは……思うんだけど．憧れも含まれてるでしょう．特にアメリカの階なんか．
M　：　それ，ある．絶対あります．だから死ぬときはここ（和の空間）とかで……懐かしい場所で．
田中　：　懐かしい……と思っている場所．
M　：　うん．あと……「懐かしい，と（故人が）思っている」と，周りの人が思っている場所．
田中　：　ややこしいですね．でも他のフロアは「懐かしさ」じゃないですね．
M　：　うん．「憧れ」？
田中　：　「憧れ」てるところで死にたいですかね？

---

2)　この各階ごとの空間構成についても，現在では変更されている．2012年9月時点でアジアン・テイスト・ルームは「シナジーホール」と名称が変更され，アジア的な色彩を排すると同時に，会葬者が100人を超える大規模な葬儀を行うための空間に改装された．また，アメリカン・テイスト・ルームでは調度のコンセプトは保たれているものの，「光しのぶ部屋」という名称に変更され，数人から100人までの規模に柔軟に対応できる設計となっている．さらに，和の空間も同様に基本的な空間設計は維持しつつ，「雲のゆく部屋・風かほる部屋」という名称に変更され，10名から50名程度の葬儀に対応する場所となった．なお，これらのほかに特定の宗教や文化を感じさせない空間として「星のきらめく部屋」が設けられ，式場内では最も小規模な20名程度までの葬儀を行う場所と説明されている．

| M | ： | それが流行って（という面もある）．それは……あるでしょう． |

| 田中 | ： | やっぱり，ここ（和の空間）が一番お客さん来るんじゃないかなあ． |

| M | ： | そうですか？　私は……バリのところだと思うけど．でも，それで，いいんですよ．それぞれ（顧客が）選ぶ． |

| 田中 | ： | 選択方式はいいですよね．今までのもの（従来の斎場施設）だと……こんなヴァリエーション，ないですしね． |

| M | ： | 選んでもらうって，それだけで「売り」になるんです． |

［聴取録 4-2　Q 社社員 M 氏との会話］
※音声記録と筆記録の併用．括弧内は筆者による追記補足．

　この会話のやり取りから見受けられるように，サービスの供給側である Q 社が重視しているのは，複数の文化的意匠を取り揃えることによって顧客を取り込もうとする戦略である．なかでも写真 4-4 に掲げたアジアン・テイスト・ルームは，一般的な生活空間の設計に浸透した米国風ないしは西欧風の意匠とも，そして和風の意匠とも異なり，一種の新奇さを顧客に体験させるという点で注目に値する．おそらくはこのアジアン・テイスト・ルームの設置で目されたものは，サービスの消費動向の察知を積み重ねたマーケティングの結果というよりも，斬新さを追い求めたがゆえの能動的な提案として考えることができる．

　ただし，ここで注意しなければいけないことは，その提案は先ほど示したように「自分らしい別れへのご招待」，つまり近親者が故人を悼み，死と死者を想起するための空間をつくりあげることを目論んだ結果なのだという点である．ここには，漠然と自文化に内在していたと感じられていた「死にまつわる伝統や規範」の概念を乗り越えて，異文化の表象すら新しい葬儀サービスに摂取されている様相を見てとることができる．もちろん，それらの新しい提案の全てが成功を収めるわけではなく，絶え間ないニーズの移り変わりとのせめぎ合いによって淘汰されていくことは言うまでもない．しかし，だからこそ諸々の現代的葬儀をめぐる様式の変化の速度は，今日では緩慢で偶発的な慣習の変遷というよりも，サービスの更新という回路に委ねられている部分が大きいと言えるのである．

2　家族葬

前節では空間演出をめぐる諸相の描写を試みたが，ここで葬儀演出の包括的な変化について述べておきたい．まず，青木保が朝日新聞に寄稿した以下の文章を参照してみよう．

> 葬儀はこのところ盛大に豪華に行なわれるようになっている．死者を出すことは莫大な葬儀費の消費を意味する．まともな葬儀を出してもらうためには「葬式保険」をかけなくてはならない時代になってきた．それだけ出費をするのならば，なるたけ効果的にと思うのも当然である．葬式場面での振る舞いはますます入念になされる必要がある．くわえて，最近では葬式を出すとなると当事者と全く関係のない他人が大勢かけつけて見物するという葬式見物客も現れるようになった．葬式見物はテレビドラマにあきた人びとに生の「本物」のドラマをみせる機会でもあるのだ．ドラマからニュースへ，そして葬式へと視聴者の関心は移ってゆく，といってもおかしくはないところがある．もちろん，葬祭は本来何らかの見せ物性を含む出来事であるから，この現象を奇異とするには当たらない．一般の人間が一世一代の「演技」を要求される貴重な社会的場面なのである．そこで問題となるのは，いかに振る舞うかである．だが，日本社会の場合，葬儀に際して，どのように振る舞うべきかを定める社会的文法（コード）がはっきりとあるわけではない．こうすれば大丈夫という社会行動としての基準はあるようでないのである．［青木保「イメージ前線：葬儀パフォーマンス」1985年5月23日付　朝日新聞夕刊7面］

盛大・豪華・ドラマといった表現が散りばめられていることに違和感を覚えるかもしれないが，この文章が掲載されたのは1985年である．それは日本がまさにバブル景気に突入しようという時期であり，社会のあらゆる場所で「個性」が声高に唱道され始めた時期でもあった．第2章でも引用した横山潔は，昭和期を通じて営んできた自らの葬儀社の記憶を振り返りながら，少なくとも

昭和40年代までは「個性的」な葬儀をあからさまに打ち出す動きは皆無であったと述懐しているが［横山 1996: 118］，その点でバブル景気はまさに明治の葬列が「葬儀のスペクタクル化」［井上 1984: 81-89］を引き起こしたときと同じような奢侈化の状況を，個性至上主義と結びつけて再来させたとも言えよう．

　一方，バブル期の葬儀で顕現された個性とは，あくまで「他人とは違う意匠を盛り込んでみたい」という素朴な欲望を消費によって実現するという性質の強いものであり，その点で葬儀に不特定多数の人間が関与することを妨げるものではなかった．だからこそ，そこでは見知らぬ他人にも訴えることができるような装飾性や，個人の能力では到底果たせないような種々の技法が導入され，また先述のとおり不特定多数が共有できる他界観・世界観をいかに演出するかというコンセプトが重要視されたのである．

　たとえば，そのコンセプトが凝縮された事例としては，大阪府の互助会である京阪互助センターが経営する葬儀式場「玉泉院」がバブル期に実施していた「ハイテク野辺送り」を挙げることができよう．これはレーザー光線，シンセイサイザーによる音響，そしてスモークなどを駆使して，葬儀式場という閉鎖空間にいながらにして荘厳な他界をつくりあげるという演出のことであるが，ハイテク野辺送りのサービスを90年代に取材したフォトジャーナリストの藤田庄市によれば，「この発想の元は結婚式場だった」という．つまり同じ時期に流行を見せていた，ゴンドラに乗った新郎新婦がスモークを焚いた式場のなかに降りてくるといった類の演出を，葬儀にも導入しようと試みたのが契機であった［藤田 1998: 184-185］．

　さらに，評論家の野田正彰も「電子葬儀のドラマのはて」と題した文章のなかでハイテク野辺送りをめぐる感慨を述べているが，そこからもポスト高度成長期のエートスと結びついた葬儀演出の一端を垣間見ることができる．

　（前略）高度経済成長期から成熟社会へ，私たちの生活の諸領域は一貫してサービス産業によって切り取られてきた．葬儀も決して例外ではあり得ない．そして産業となった葬儀サービスは，その時代の先端装置を積極的に取り入れようとする．こうして，1960年代，家庭の1キロワットの電力で照らされていた祭壇は，電力の心配がなくなり，キラキラと輝くほど

明るくなった．すでに祭壇には陰翳がない．（中略）確かに，空間として
の「野辺送り」は電子技術によって「真実」に近づいていくだろう．他界
のバーティアル・リアリティに……．祭壇は3次元空間だが，その映像は
バーティアルといってもおかしくない．私はエレクトロニクスによる映像
が，「リアリティ」とそんなに離れているとは思わない．現在の電子技術
と芸術は，両者の距離を曖昧にしていっている．しかし，電子葬儀のドラ
マには，かつての野辺送りにあった「参加」はない．死者も生前から，生
きている人びととの情緒的交流がなくなり，送る人びとも死者に奪われる
愛が乏しくなった時代には，参加は必要ないのかもしれない．あるいは，
淡い参加しか求められていないのであろう．［野田 1992: 66-67］

　野田はまた，この文章のなかで当時の社長であった齋藤眞一氏にインタビュ
ーを実施しているが，齋藤氏の発言によれば葬儀業の仕事とは「死亡から，土
に返るまで」であり，それをビジネスの範囲としてコンセプトを定めた上でさ
まざまなサービスを結合していくのだという発想が述べられている．このよう
に，葬儀に不特定多数の会葬者が集うという前提に加えて，彼らを将来の顧客
として取り込むためにも「コンセプトの外延を可能な限り広げていく」という
発想が，1980年代から1990年代中期までの葬儀演出の根幹にあった［野田
1992: 65-66］．だからこそハイテク野辺送りという「仮想現実」も，不特定多数
が共有できる他界や死後のイメージを醸成する演出効果として成立し得たので
ある．
　しかし現在の我々が知るとおり，バブル景気の終焉とともに経済全体が縮小
均衡へと向かうようになると，葬儀の会葬者数も急激に縮減傾向を辿るように
なり，「電子葬儀」的な演出も胡散臭い雰囲気を帯びるようになった．それで
は，現代の消費者はどのような葬儀を望ましいと感じているのだろうか．ここ
で，今までに繰り返し触れてきた日本消費者協会の「葬儀についてのアンケー
ト調査」を参照してみよう．表4-1は，2013年の調査における「自分自身の
望ましい葬儀のかたち」についての回答結果である．
　このように，上位2項目にみられる「費用をかけずに，家族だけで」という
希望が現在の葬儀には顕著に見受けられる．それは葬儀業に携わる者にとって

第4章 新しいサービスの創出　155

表 4-1 「望ましい葬儀のかたち」についての回答結果（2013 年）

	全回答数に 占める割合
費用をかけないでほしい	59.1%
家族だけでおくってほしい	51.1%
子どもや家族，地域など周囲の人がすべてやってくれると思うので任せたい	19.3%
その他	11.1%
地域のしきたり，家族のしきたりがあるので，それに従ってほしい	10.8%
宗教行事はしてほしくない	8.5%
自分の葬儀を見られるわけではないので，どうでもよい	8.0%
祭壇の飾りや式の進行など，全て自分で決めておきたい	7.4%
無回答	2.5%
人生最後のセレモニーにふさわしく，立派な葬儀にしてほしい	2.0%

※出典：日本消費者協会『葬儀についてのアンケート調査（第 10 回）』，p.52.
※標本数＝有効回答数：1618（複数回答可）

は当然ながら収入減に直結するものであり，実際にバブル崩壊以降に廃業へと
追い込まれた業者の話題も筆者の調査では往々にして耳にするものであった．
もちろん，これは葬儀社の苦境ということだけでなく，消費者側の家計状況も
苦境にあることを意味している．たとえば N 社での筆者の調査時における以
下のフィールドノートを参考にしてみよう．

　　事務所で待機していると，顧客からの入電があった．その案件は F さんが担
　　当することとなり，私はその打ち合わせに同行せよという部長からの指示を受
　　けて，東京都多摩地区の K 市にある顧客の自宅に F さんと向かうことになっ
　　た．途中，ファミリーレストランで昼食を済ませ，2 人で公営団地の 2 階にあ
　　る一室に向かう．ここが故人の自宅なのだ．チャイムを数度押して 1-2 分ほど
　　待ったものの応答はない．そして F さんが「電話，かけてみましょうかね」
　　と言った瞬間に扉が開き，60 代と思わしき女性が憔悴しきった顔で「どうぞ」
　　という言葉とともに現れる．

　　私たちはすぐ異変に気づいた．まず，死臭とは明らかに異なる，饐えたような
　　臭いが鼻を突く．それに，そもそも遺体は私たちが打ち合わせをするのと同時
　　並行で，病院から N 寝台が下げ[3]に行く段取りになっているから，まだ病院に
　　安置してあるはずなのだ．F さんと私は思わず，お互いに顔をしかめそうにな

ったが，もちろんそれはしない．すぐ目の前に顧客がいるからだ．それでもF
さんが無言で私に目配せをしてくると，私も「そうですね」というような表情
で，無言で返事をする．見渡す限り，空間がゴミで充満しているのだ．これが，
俗に言う「ゴミ屋敷」なのだろう．もっとも，屋敷ではなく団地だが．

お世辞にも広い間取りとは言えない団地の一室は，足の踏み場もないほどのゴ
ミ袋や，おそらくはもう使えないであろう汚れた家電といったもので埋め尽く
されていた．それでも何とか足を踏み込める場所を探して雪道を歩くように奥
に行くが，女性が案内してくれた部屋は「ちゃぶ台」こそ用意されているもの
の，座るところがない．したがって私たちの最初の作業は，いつものとおりこ
まごまとした確認から始まるのではなく，まずゴミを片付けることから始まっ
た．

ようやく打ち合わせが始まる．認知症というわけではないのだが，女性の言葉
はたどたどしく，かろうじて意思疎通ができるという程度で，なかなか先に進
まない．それでも，ゆっくり手繰り寄せるようにFさんは一つずつ確認作業
をしていく．入電のときは，故人は60代の男性で，喪主であるこの女性は妻
と聞いていたのだが，実は内縁関係に当たるらしい．また，自分は後妻で，家
族としては故人の他に先妻の連れ子が2人いて，30代の男性と，20代の女性
の2人だという．Fさんがここで，「ご一緒に住んでいるんですか？」と聞か
なかったのは，むしろ当然だった．この，ゴミに充ちた部屋で，3人は住めな
い．

故人は塗装工らしいのだが，最近は病気がちで仕事はなかったらしい．30代
の息子は知的障害者で入所施設に預けたままなので，女性からは「葬儀には出
ないほうがいいと思うんですが」とのこと．20代の娘は，「事務職員をしてい
る」ということだけはわかるのだが，音信不通らしく，どこで何をしているの
かは知らないと女性は話していた．生活が窮乏しているのは，雰囲気から嫌で
もわかる．映画や小説のように「そう見せかけて，実は資産家で」などといっ
た妄想すらできない状況だ．それに，「お金ありますか」などと打ち合わせで
は絶対に聞けるわけはない．Fさんはまだ20代というのに，どうしてこんな
に粛々と，そして丁寧に打ち合わせを進められるのだろう．

---

3) 病院から遺体を式場や自宅に搬送することを，業界用語で「下げ」または「病院下げ」と呼ぶ．
また，自宅に搬送する場合は「宅下げ」と呼ぶこともある．

第4章　新しいサービスの創出　　157

そして，葬儀プランを打ち合わせる段になって，Fさんは「ここはたしか……」と切り出すと，女性も「ええ，そう（なんです）」と返してきた．最初の内，私は何のことかわからなかったが，どうやらこの団地には「集会所」が付設されているらしい．そこで葬儀をすれば，もちろん式場料はかからない．後でFさんに聞いたところ，この団地には集会所があったということは，もともと知っていたということだった．経験年数を重ねると，特にそうしようと思うでもなく，営業範囲内にある主要な団地や（それでも膨大な数になると思うのだが），そこに集会所があるかどうかという情報などもなんとなく頭にインプットされてしまうと言っていた．

そして，打ち合わせの過程で返礼品や，通夜ぶるまい，ドライアイスなど，いろいろな項目の支出をできるだけ削り，「これぐらいでどうでしょう」ということで折り合いがつくと，Fさんと私は団地内にある集会所に向かった．地方の公民館によくあるような，板張りの質素な造りのその場所の隅々を歩き回り，Fさんと私は「ここに垂木[4]を噛ませれば幕が張れるかな」とか言いながら，隅に置いてあった座布団を試しに並べてみた．20人ほど座れればいいところだろう．

帰り際，運転手を務めながら「人も，金額も，ちょっと寂しいですね」と私が言うと，「まあね」とFさんは返しつつ，次のように語った．「でも，いいじゃないですか．集会所，好きですよ，僕．僕がこの仕事始めたときは，それこそ200人ぐらい（会葬者が）来るのが当たり前だったっていう世界だったですけど，今はそこまでしなきゃいけないわけでもないし，だいたい人，来ないし．お金ないなら，ないなりに……って，それでいいんですよ．でしょ？」たぶん，Fさんは別に社会正義や平等といったものを振りかざしているのではなく，現場の一従業員として誰もが思うことを淡々と述べているのだと思う．今日みたいな顧客の前で，「故人のためにもできるだけお金をかけて，一世一代の葬儀をしてあげましょう」などと，誰も言えるはずがないからだ．

［フィールドノート4-1　東京都多摩地区での葬儀打ち合わせ］
　　※筆記録による再構成．括弧内は筆者による追記補足．

---

4)　元来は建築業で，下地となる構造材などを指す言葉であるが，葬儀の仕事では別の意味合いを持っている．自宅や寺院などで葬儀を行うときは，壁や天井などを傷つけないように角材を組み，そこに鋲や釘を打って幕を張る場合がある．この角材のことを，葬儀業では「垂木」と呼ぶ．

158

　この事例から，先述の「費用をかけずに」という希望が実は重層的であることをうかがうことができる．それは単純に「節約する」ということだけでなく，上述の事例のように切迫した窮乏状況によって「費用を出したくても出せない」という意味合いをも含んでいるのである．

　また，そのことは景気動向の低迷という経済的要因のみに由来するのではなく，世帯構造の変動という要因とも密接に結びついている．内閣府が公表した『平成 27 年版高齢社会白書』によると，2013 年度における国内の全世帯数は 5,011 万世帯であったが，俗に老々世帯とも称される高齢者（65 歳以上）夫婦のみの世帯は，その内の約 14％に当たる 697 万世帯にまで達した．また，高齢者の一人暮らし世帯は約 11％に当たる 573 万世帯に上り，両者を合計した「高齢者のみ」の世帯数は全世帯の 4 分の 1 にまで達しているのみならず，それぞれ増加傾向にある［内閣府 2015: 13-14］．さらに，「高齢者の親と未婚の子」という組み合わせの世帯も 2013 年度では全世帯の約 9％に当たる 444 万世帯に達しているが，「成長した子が同居して老親を養う」という過去のライフコースと異なり，今日では「老いた親が子を養い続ける」というケースも珍しいものではない．財団法人生命保険文化センターが全国規模で行った『平成 22 年度 生活保障に関する調査』によれば，2010 年度の時点で自分自身の老後生活に不安を感じている者は全体の約 86％に達しているが，その不安内容を項目別に見ると，「子からの援助が期待できない」とした者が約 17％と無視できない割合を占めている［財団法人生命保険文化センター 2010: 19-20］．このように，高齢者のみで暮らしているため生活費は支出一方で貯蓄もままならず，子からの援助も期待できないという傾向が加速しつつある現在，先述の日本消費者協会の調査結果において突出していた「葬儀に費用をかけないでほしい」という希望は，端的な家計の節約という次元を超えて，より切迫した経済的窮乏と直面したときに採らざるを得ない選択肢という性質も強く帯びているのである．

　それでも，単なる「買い控え」のように葬儀という出来事そのものを行わないということは，これまで多種多様な葬儀無用論が社会のなかで大きな注目を集めてきたにもかかわらず[5]，現実には大きな潮流とはなっていない．たとえば，先ほどのフィールドノート 4-1 で描写した事例に対して，次のような様相

第 4 章　新しいサービスの創出　159

も今日では多く見かけるものである.

　昨晩に別の案件を担当して帰りが遅くなり, そのまま朝に部長から指示を受け
て自宅からＨ陵苑[6]に直行したので, 今朝の出棺[7]を担当しているＴさんの案
件内容についてはあまり情報を知らされていなかった. 通常なら事務所に立ち
寄って案件内容が書かれた用紙を持ってくるのだが, 部長から「その必要はな
いよ, 行ってから現場で指示を仰いで」と言われたからだ.

　だから, 準備をしようとＨ陵苑の受付に挨拶して式場に入ってみたときは,
一瞬我が目を疑ってしまった. 椅子がひとつしかない. 70 名から 80 名ほどは
入るであろう式場に, ポツンと椅子がひとつ置いてあるだけなのだ. しかし祭
壇は, ある. 祭壇は高いコースのものではなかったが, いわゆる格安のもので
もない. どちらかと言えば生花の種類や量からみても一般的だし, 電照額[8]も
ついている.

　そうしている内に, 遺族であろう初老の女性が入り口にやってきたので, 「お
はようございます」と挨拶をしてから式場内に案内する. 昨晩の通夜後は横浜
の自宅に帰って, また今朝出て来たとのこと. その後にＴさんが到着したので,
式場の外に出て, 遺族の女性に聞こえないように小声で「今日のご喪家は何人
なんですか?」と聞いてみた. もう開式も近づいているのに, まだ他の遺族や
親族が到着してないとすれば, 色々と段取りを考えなければならない.

　しかし, 「あ, 一人です. 昨日もそうですよ」とＴさんは事も無げに答えた.

---

5)　近年では宗教学者の島田裕巳による『葬式は, 要らない』[島田 2010] がベストセラーになっ
　た例などが挙げられるが, このような葬儀無用論が主張する内容そのものは, 明治期から繰り返
　されているものである. 詳細は, 村上興匡の「葬儀批判論の批判的考察」[村上 1992] を参照さ
　れたい.

6)　Ｈ陵苑はＮ社と提携関係にある寺院「Ｋ寺」の堂内陵墓を指す名称であり, Ｎ社の墓石部門
　がその販売・運営を委託されている. そのような背景もあり, 筆者の調査時はこのＨ陵苑で行
　う葬儀が最も多かった.

7)　「出棺」という用語は, 葬儀業においてはまさに出棺そのものを指すときもあるが, 通夜翌日
　の葬儀・告別式全体を指す場合もある. ここで筆者が記しているのは, 後者の意味である.

8)　遺影を収める額の一種類. 特殊プリントした遺影に後ろから照明を当てることによって鮮やか
　な色彩を浮き立たせる効果がある. 電照額を使用する場合は遺影も通常の写真印刷ではなく専用
　の用紙が必要であり, また画像データの編集が必要となる. そのため, 多くの葬儀社は写真業者
　と提携して専用の通信・印刷設備を保有している. これにより, 顧客から借りた遺影をデータで
　写真業者に転送して, それを加工してもらって自社内で印刷することが可能になる.

先ほど案内して，今は開式を待って一人で椅子に座り，しげしげと電照額に掲げてある男性の遺影を見つめている女性は，故人の奥さんということだった．これで，Ｈ陵苑での葬儀では必ずと言ってよいほどサポートにやってくるＢさんも，返礼品の業者も，来ていない理由がわかった．その必要がないからだ．私はサブだけでなく霊柩車の運転も兼ねているから，いなければならないけれど，それ以外のスタッフは，この葬儀には要らないのである．

「子供も，親戚も，友達もいらっしゃるって，そうなんですって．打ち合わせで，そう，おっしゃってましたから．お家は……うん，普通のマンションでしたよ．だけど一人でやりたいんだって．旦那さんがそう言い遺してたってことで．あと，自分もそれが良いと思うんだと，まあそういうことです」とＴさんは言うが，やはり光景としては「いびつ」な気がしないでもない．そして，導師との打ち合わせもＴさんが終えて，いよいよ定刻となる．Ｔさんは，遺族が一人でも，いつもと変わらず丁寧に式次第の説明をし，女性はそれにうんうんと頷いていた．その後，導師入場．読経が始まる．いつもと何も変わらないが，ただ人数だけが違う．

出棺して，私は隣にその女性を乗せて霊柩車でＭ斎場まで行った．その後，自分の車で後から追走して来たＴさんが，斎場で「後は，もういいですよ」というのでＨ陵苑に戻る．もうそのときには，今晩の別の葬儀のために設営部の面々や，その葬儀を担当するＷさんやＳさんが式場で作業をしていた．私が戻るまで，業弁[9]を食べるのを待ってくれたという．そして，皆で昼食をとりながら，私が今朝の「一人だけの葬儀」の話をすると，Ｗさんは「まあ，珍しくないですよね．今じゃ」とのこと．それはたしかにそのとおりで，Ｎ社に入ってすぐの時点でも10人や5人という葬儀は自分も経験しているはずだった．でも何か違和感がある．その違和感がなかなか自分でも言語化できないでいると，ポツンと設営部のＲさんが呟いた．

「あ……"一人でも"やるって，偉くありません？　一人しかいないんだったら，やらないでしょ，普通．一人でもやりたかったんでしょ．私はすごいなあって，思うけど？」なるほど，そのとおりだ．どうせ自分一人だけだから，葬

---

9) 「業者弁当」の略．葬儀に供する通夜ぶるまいや精進落しなどのために飲食・仕出業者から外注した場合は，その業者が好意として葬儀社のスタッフに弁当を差し入れてくれることがあり，それが半ば常態化することもある．

儀はしなくていいとは，あの女性は思わなかったのだ．これで，自分の抱いて
いた違和感がわかった．あの女性は「一人だけで手軽に葬儀を済ませている」
のではなく，「一人でも葬儀をおざなりにしなかった」のだ．もしそうでなか
ったら，祭壇にしても，式場にしても，もっと別のものになっていただろう．

[フィールドノート 4-2　H 陵苑での葬儀]

※筆記録による再構成．括弧内は筆者による追記補足．

　このように，少人数で行うということが，費用をかけないことと必ずしも直
結するわけではない．なかには上掲の事例のように，「家族だけ」の最たるも
のである「一人だけ」で葬儀を行おうとする顧客も存在するのである．とは言
え，実際には「費用をかけず」に「家族だけ」でという顧客の希望が意図して
いるのは，この 2 つの間のバランスを取ること，つまり「そこそこに費用をか
けず，そこそこに人を呼んで」という意向を指し示していることが大多数とも
言える．そして近年広まっている「家族葬」という葬儀の名称も，まさにこの
「費用をかけずに，家族だけで」行う葬儀のことと捉えられてはいるが，そこ
でどのようなバランスを取るかということは個々の状況によって異なると言っ
てよい．また，家族葬だからといって厳密に「家族だけしか呼ばない」のか，
それとも「家族を中心とした小規模な会葬者を呼ぶ」ことなのかは，顧客の意
向によることであって，葬儀社の側から指定することはない．
　筆者の知る限り，家族葬という言葉が出現したのは 90 年代半ばであるが，
それまでは「費用をかけずに，家族だけで」という葬儀は「密葬」と呼ばれて
いた．それでは，密葬から家族葬へという名称の変化には，どのような背景が
存在するのだろうか．以下に，碑文谷創の指摘を参照してみたい．

　　葬式もまた大きく変化した．地域共同体や企業が加わって支援する形態が
　崩れ，個人化が進行した．平均会葬者数で見ると，91 年が全国平均で 280
　人であったのが 05 年には 132 人と，半数以下の減りようである．（中略）
　「家族葬」はこれまでは「密葬」と言われたものである．「密葬」は近親者
　だけで閉じて行う葬儀のこと．当日は告別式を行わない．「密葬」の「密」
　は秘密の「密」である．もっとも密葬だけで終わらすのではなく，後日に
　「本葬」と称して告別式を行う例は少なくなかった．この密葬は一部の特

別な人たち（葬式費用が捻出できない人，本当に隠れるようにひっそりやる人，反対に社葬など大きな本葬を控えている人）のものであったが，「家族葬」という優しい響きの名前に変わったとたん，多くの人が支持し，選択するものになった．「家族葬」は葬祭業者が広めた用語ではなく，マスコミを媒介して消費者自身の間で人気を呼んだ用語であった．なぜ「家族葬」が支持されたのか．「家族葬」には温かく，死者をよく知る人によるお別れというイメージが与えられたからである．家族に葬式のことで迷惑をかけたくないという高齢者，お客の接待でおちおち悲しんでもいられないと従来の葬式に反発していた人，自分の家族の葬式で他人の世話になりたくないと感じていた人，死んだ家族とゆっくり時間をかけてお別れしたいと思っている人，その他多くの人に家族葬は支持されるようになっている．もちろん「密葬」から「家族葬」に名前を替えることによりイメージも広がっている．本当に家族数人でするものから，家族と親戚だけでするもの，それに本人と親しかった人が加わる場合など人数にして数人から 80 人ほどと幅がある．もっとも多いのは 40-60 人程度の規模のようである．［碑文谷 2009: 27-29，下線は筆者］

　下線部で示されているように，この家族葬という名称は，碑文谷によれば業者の発案によるものではない[10]．また，減少傾向にはあるものの，現在でも密葬という言葉をあえて用いる葬儀社も存在する（写真 4-5 ③）．だが，いずれにしても家族葬という言葉に特定のイメージを与え，広がりを持たせたのは，葬儀業の影響によるものが大きいと筆者は考えている．というのは，葬儀社の側もさまざまな葬儀形式を「家族葬で行うのはいかがでしょうか」という言葉で包み込むことで，付加価値を打ち出すことができるからである．それはすなわ

10）　このほかに近年では「直葬」という言葉も徐々に浸透している．これは葬儀を行わずに火葬のみを行うことを指す場合が多いが，家族葬と同様に，実際の形式には幅があると言ってよい．たとえば「直葬」はどうしても語感の上では「直送」を想起させるが，病院の霊安室からそのまま火葬場に搬送することは実際には件数の上ではまだ少数である．なぜなら「墓地，埋葬等に関する法律」の規定により，原則として死後 24 時間以内の埋葬・火葬は禁止されているからである．そのため遺体を自宅や葬儀社の施設などに一旦安置して近親者だけで時間を過ごす，あるいは「カマ前（窯前）」すなわち火葬場で火葬炉に棺を入れる直前のみ宗教者を呼んで読経してもらったりする場合などもある．

第 4 章　新しいサービスの創出　　163

①葬儀社配布のポケットティッシュ：右上に「家族葬プランご相談下さい」の文字．

②駅のホームに掲げられた看板：「家族葬ホール」の文字．

③葬儀社の事務所入口付近の広告：「火葬(密葬)15万」の文字．

写真 4-5　「密葬」および「家族葬」の広告事例

※筆者撮影．

ち，「小規模な葬儀でも請け負います」ということをセールスポイントとして打ち出すよりも，「小規模であっても，心を込めた家族葬で行います」と打ち出すほうが，消費者に対する訴求効果があるということを意味している．そのような背景もあり，近年では家族葬を前面に打ち出す広告も多く見かけるようになってきた（写真 4-5 ①および②）．

一方，このことは単なる言葉の表現をめぐる問題ということだけではなく，実際の葬儀形式にも及んでいる．たとえば N 社では，筆者の集中調査後に家族葬の発展形態として 1 日で葬儀が終わるというサービスを開始した．通常であれば 1 日目に通夜，そして 2 日目に葬儀・告別式という 2 日間のセットで葬儀を行うところを，1 日で全てを済ませるというものである．だが，少なくとも N 社ではこのサービスを「手っ取り早く済ませる」というイメージではなく，逆に「これまでの葬儀を 1 日に凝縮し，その分だけ手厚い弔いを」というイメージで打ち出した．食事その他，2 日分の費用を 1 日に集中させれば，それだけ上位ランクのサービスが提供できるということをセールスポイントにしたのである．もっとも，これを可能にするためには葬儀社側のローテーションもそれまでとは異なる工夫を要するため，単純に 2 日を 1 日に短縮するという仕事

内容にはならない．また，伝統的作法に厳格な寺院には，このような葬儀形式は受け容れ難いという問題もある．したがって1日で全てを行うという形式でも葬儀を執り行ってくれる宗教者を探す必要が生じるというように，さまざまな側面で企業努力と新機軸のアイデアが求められるのである．

一方で，先述した空間演出の議論にも関係するが，現在の葬儀式場のほとんどは家族葬に対応できる設計となっている．当初は，もともと大規模な広間しか持っていなかった式場が，いくつかの広間のみパーテーションなどで区切って小・中規模の葬儀にも対応するというやりかたがほとんどであった．しかし今では，前節で触れたQ社のように，式場内のいくつかの部屋を家族葬専用とすることが主流であり，もしくは式場全体を家族葬専用とする事例も珍しいものではない．

たとえば，本節の前半では「ハイテク野辺送り」を実施していた玉泉院の事例を挙げたが，同社も現在では家族葬専用のスペースを保有しており，現在の経営に当たっている齋藤強社長は，保有する葬儀会館のひとつである「東大阪玉泉院」を筆者に案内しながら次のように語った．

田中： これは，すごいですね（会館のロビーにある天井に設置されたステンドグラスを見ながら）．

齋藤： この式場は，父がほとんど設計したものなんですよ．でも結局……オープンを待たずに（他界してしまった）．でもまあ，（父は）色々と考えてましたよ．この会館をどうしようか，と．図面まで自分でつくってみてね（笑）．

田中： まだ，お客さんが多かった時代でしょう？

齋藤： ええ，そうです．たとえばこの，ステンドグラス．イタリアの職人が現地でつくってるんですよ．

田中： えっ？　どういうことですか？

齋藤： だから，現地でつくって，持って来た，と．そういうことです．

田中： そこまで……．でも，ステンドグラスって，キリスト教のイメージがあるんですけど，これは曼荼羅で，お金もかかっていますね．

齋藤： 豪華とか，そういうことよりも……やはり最期をお見送りするための，そういう場所にするにはどうしたら良いか，と．そういうことを（父

写真 4-6 東大阪玉泉院のステンドグラス,および家族葬用スペース
※筆者撮影.

　　　　は)考えていたんだと思いますよ.たしかにお金はかかったと思いますし,今だって費用をかけるところはかけますが,ただ,昔とは……それは違いますよ.
田中： (その後,家族葬用のスペースに案内されて) これは……ここで暮らせそうですね (笑).
齋藤： でしょうね (笑).だって,そう考えて,この部屋つくったんですから.居心地,いいでしょう？
田中： いいですね.スイートルームですよ,ホテルの.
齋藤： こういう部屋が,他の会館にもあって.人数が多いときは,それはそれで (対応) できなくちゃならんから,そりゃそういう部屋もありますよ.ただ,稼働率がね.
田中： そうですね.稼働率の問題もありますね.あとインテリアも,小まめに変えたり？
齋藤： ええ.まあ,そういう計算もするんです.それに,さっき車の中でクレームの話,したでしょう？
田中： ええ,しましたね.最近のお客さんが「ホテル並みを」っていう,そういう (この会館に来るまでに,筆者は齋藤氏の車に同乗させてもらったのだが,そこで齋藤氏は「顧客のクレーム処理に社長自らが頭下げに行くこともある」という話をしていた.また,過去とはクレームの内容がまったく異なり,それは「ホテル並みのサービス」を今日の顧客が求めるようになったことに由来するのだという).
齋藤： 家族葬で,家族でお過ごしくださいってなったら,それはまあ,そう

いうことにはなるでしょう．だから，難しいですよ．

田中：　敵はホテルですしね（笑）．

齋藤：　だから「安く安く」だけではない，と．でも，もしもそれだけだった
　　　　ら……もう終わりでしょうね．

田中：　何がですか？

齋藤：　仕事が．僕たちの．

［聴取録 4-3　齋藤強氏との会話］

※音声記録と筆記録の併用．括弧内は筆者による追記補足．
※「玉泉院」は式場としてのブランド名であり，正式な会社名は上述のとおり「京阪互助センター」である．

　また，その後筆者は同社グループの式場の本社機能を持つ寝屋川玉泉院に移動したが，ここは先述の「ハイテク野辺送り」の舞台となっていた式場である．しかし，東大阪玉泉院と同じく家族葬用スペースがあり，ここでは同社業務部長の白石裕之氏が現在の家族葬をめぐる状況を次のように語った．

　昔だったら地域とか，親族とか，そういう人達が「みんなで送る」っていう
……そういう意味があったお葬式が，やはり家族葬といった小さなものになっ
てきているって，そういう大きな変化は本当に（ある）．大きな変化ですよ．
ただね，そういうことが，「お葬式は不要です」っていう，そういう（葬儀
が）必要かどうかという議論にもつながっている面もあるんですが，本当にそ
うかどうかと．会葬者が減って，（葬儀の）単価が減ってというのは，本当に
すごい「振れ幅」があるでしょうね．このままだと，「直葬」も今以上に，も
っと増えるかもしれないなと．（中略）ただそこで，儀式をする意味という，
そういうものが希薄化しているというか．だからお布施にしても，なんにして
も……うーん，微妙ですけど，何事につけ「サービスの対価」という，そうい
う意識には，なってきているかもしれません．「（金額は）いくらなの？」，あ
とは「どういうこと（サービス）をしてくれるの？」と，お客さんはストレー
トになってきてます．そういうこともあって，それに対応するかたちで……田
中さんもさっき見た，我々は「新空間」とか「新空間儀式」とかって，そうい
う名前で呼んでるんですが，そういう家族葬用のスペースの比重がどんどん
（高まっている）．

［聴取録 4-4　白石裕之氏との会話］

※音声記録と筆記録の併用．括弧内は筆者による追記補足．

第4章 新しいサービスの創出　167

3　ライフエンディング・デザイン

　上述の聴取録4-4にある白石氏の発言のように，顧客が「ストレート」になってきているという傾向は，筆者も調査において顕著に感じた印象のひとつであった．まずは，その点に関しての事例として以下のフィールドノートを参照してみたい．

　事務所に入電（新規に葬儀案件を依頼する顧客からの電話連絡）があった場合，N社で働き始めた当初は部長から「俺がいれば，俺につないでくれ．俺がいなくて，ディレクターがいれば，そのなかの誰かに．ただ，田中が留守番役で，誰もいなかったら，とりあえず連絡先だけ確認しておいて，すぐに折り返し電話しますと伝えておくように」と指示されていた．顧客に与える第一印象が肝心というのもさることながら，仕事に詳しくない内から顧客との微妙なやり取りに携わらせて，後で何事かトラブルがあってはまずいということなのだろう．

　だが，最近はようやく仕事にも慣れてきたと認められたのか，事務所内に部長やディレクターがいても「田中が基本事項ぐらいは確認してくれていいから，それからつないでくれ」と言われている．電話がかかってきて，まず受話器を取るのもなんとなく新人である自分の役目になってきた．だが，今日のような電話は初めてだ．

　「はい，N社です」とこちらが最初の挨拶．間，髪をいれずに「実はそろそろ死にそうなんです．父のことです．おいくらぐらいで，やっていただけますか？　できればそんなに高くなくて．場所はどこでも．お寺は，ないです．」と，矢継ぎ早に告げてくる声．年齢はわからないが中年男性であることはわかる．とりあえず先方の名前，続柄，年齢，病院，そして「会員」か否かなど，基本事項を確認しようとするが，「まずは価格がどれぐらいか知りたいんです」とのこと．乱暴という感じではない．ただ，かなり一方的ではある．

　これは自分の手に余ると思い，部長もちょうど事務所にいたので，「少しお待ちください」と言って部長に電話を交代してもらう．部長が先方と話をしていたのは，1-2分ほどだっただろうか．いつもならば電話が終わると，すぐに机

の上のスケジュール表と，情報掲示板[11]を一瞥し，即座に担当ディレクター
を決めて指示を下すのだが，今回はそれもない．部長が電話を切った後，席ま
で行って「すみません，うまく対応できなくて」と私が言うと，「なに，構わ
ないさ」と部長は答えて，脇に置いてあった新聞を広げて読み始める．ますま
す状況がわからなかったので，思い切って「どんな（電話の）内容だったんで
すか？」と聞いてみると，部長は新聞に目を落としたままニヤリと笑って「ア
イミツだったんだよ」と呟く．「アイミツ？　ああ，相見積りですか」と応じ
ると，「そうさ．たまに……いや，まあ，よくあるよ．さて，またお電話いた
だけるかね」と部長はおどけたような口調になる．葬儀でも相見積りがあるの
かと私は一瞬驚いて，少し戸惑ったけれど，このご時勢ならたしかにおかしく
はない話だ．

しばらくするとＯさんが現場から戻ってきたので，２人で倉庫で休憩しなが
らその話をすると，Ｏさんはこう言った．「昔はなかったよ，そういうことは．
別に，昔だってお金持ちがいて，貧乏な人がいて……そういうのはあったと思
うよ．ただ，なあなあで済ますってわけではないんだけど，のっけ（最初）か
ら「いくらですか？」っていうのは，なかった気がするね．いや，俺らだって，
いただける人からいただけばいいんであって，払えない人に豪華な祭壇とか押
し付けることはしないじゃん？　だから，そのあたりはこう，なんつうか，雰
囲気でね，（会話の）流れでさ，じゃあこのあたりでいきましょうって．そう
いう落としどころに持ち込むんだけど……不安なんじゃない？　いやさ，正直
な話，俺らだって不安じゃん．お金の問題は」

［フィールドノート4-3　事務所への入電］
※筆記録による．括弧内は筆者による追記補足．

　この入電で電話の主は「相見積り」，すなわち複数の葬儀社に連絡をして，
おおよその葬儀価格を聞き出し，最も安いところに依頼しようとしていたのだ．
そして実際にこのような電話は，しばしばかかってきた．その背景には，フィ
ールドノートの最後でＯさんが語っているように，やはり葬儀への支出に感
じる不安が社会のなかで顕在化しているという状況がある．特に高齢者の「死
と葬儀」に対する不安は，それが自分のものであれ，家族のものであれ，まだ

---

11)　第3章の写真3-4を参照．

高齢期に差し掛かっていない者の想像を遥かに超えるものがある．この点で私が感じていた「ストレート」さとは，言わばその不安に対処するために葬儀を可能な限り「予測可能な出来事」にしたいという意思の表れなのだと言えよう．

ここで，上掲のフィールドノートの描写で私が確認していた基本事項のなかの，「会員」という点に注目してみたい．これは N 社が展開している会員制組織のことを指している．入会料 3 万円を支払って会員になると，さまざまな情報を盛り込んだ会報誌が定期的に届き，葬儀・遺言・相続に関するセミナー，著名人を招いた講演会，団体旅行，そして遺影の撮影会[12]などに無料で参加できるという諸々の特典がつく．だが，それらの特典はむしろ周縁的なものであり，この会員制組織に入会してくる消費者の最大の目的は，葬儀が通常よりも安価な価格で提供され，しかもそのサービスが 3 親等の親族まで適用可能であり，かつ何度でも無料で葬儀の相談・見積りを受けることができるという点にある．葬儀社の側にしてみれば，これは将来の顧客を囲い込むためのビジネス上の戦略だが，同時に消費者にとっては葬儀費用を自らの人生設計に組み込むことができるという利点を持つ．

第 3 章で，筆者の所属先であった N 社葬祭部の事務所には，葬祭課に加えて「営業課」の人員も常駐していることを述べた．この営業課の主要な仕事のひとつが，会員の拡大と，会員向け催事の企画・運営である．そしてこの営業課を中心に，現場業務にあたる葬祭課だけでなく，墓石部門や本社の広報課などを巻き込んで随時情報を交換し合っては，上述のような催事の立案や，新しい葬儀形式の提案などにアイデアを絞っており，時には微細な事柄で気の遠くなるような議論を重ねることも多い．たとえば営業課のスタッフである K さんと筆者の会話を以下に参照してみよう．

K　　：　なんで（会員の入会金が）3 万（円）なのか知ってる？
田中：　いや，知らないです．なんというか，シミュレーションして，とか．
K　　：　そういうこともやったね．ただ，あれ，絶妙な金額なんだよ，あれだ

---

12)　ただし N 社の場合は，遺影の撮影ということをあまりにも前面に打ち出すと会員にも抵抗があると考えたため，あくまで良いポートレートを撮影するという趣旨で催事を開き，その一環として「遺影にも使える写真を撮っておきましょう」という催事としていた．もちろん，そのことは最初から催事にやってくる会員も承知している．

けで，むちゃくちゃ（会議で）話したんだから．

田中： 無料にすればもっと（会員希望者が）来るんじゃないですか？

K ： と，思うだろ？ ま，それもあるかもしれないよ．ただ，そうじゃないんだなあ．無料だと，あまりにも「安い」んだよ．だから，「ありがたみ」がないだろ．ってことは，いつ（会員制組織を）辞めてもいいって，お客さん思っちゃうじゃん．

田中： ああ……言われてみれば，まあたしかに．

K ： 1万でも，そうだと思うよ．でも 5 万だと高いんだ．

田中： 5 万じゃ，ねえ……僕でも入んないです．

K ： まあ，そうだろうな．俺でも入んないよ（笑）．3 万ってのは，そんとこの絶妙なラインを行ってんのね．「折角入ったんだから」っていうことを感じてもらって，でも高過ぎず，安過ぎず．お年寄りでもまあ，払えるっていう．

［聴取録 4-5 K さんとの会話］
※筆記録による．括弧内は筆者による追記補足．

　このような会員制組織は，現在では経営規模の大小に関係なく葬儀社のほとんどが運営しており，主要な事業のひとつとして展開している．また，互助会のように月ごとに積立金を支払う方式とは異なり，基本的に会員側の必要経費は初回入会金のみであるという点も特色である．言わば，実体的な商品形態を伴うのではなく，契約行為そのものをサービスとして具現化したものであり，かつ消費者が抱える「死と葬儀」への不安に食い込むことを目論んだ新機軸のひとつと見なすことができよう．

　ところで，会員制組織が浸透してきた背景には，先述のとおり「葬儀を予測可能な出来事にしたい」または「自分の希望・事情に沿って死後をデザインしたい」というニーズが高まりを見せ，そのようなニーズを表明することが社会のなかで特に嫌忌されなくなってきたという状況がある[13]．ここで，このよう

---

13) その一端として，「終活」という言葉の浸透が挙げられる．これは，大学生などが「就職活動」を「シュウカツ」と呼ぶことをもじったものと考えられるが，管見の限りこの用語は『週刊朝日』が 2009 年の 8 月から 12 月にかけて連載していた「現代終活事情」という記事が初出であると思われる．関係者に聞いたところでは同記事への読者からの反響はかなり大きく，その後に記事をまとめた『わたしの葬式 自分のお墓：終活マニュアル 2010』［朝日新聞出版 2010］という本が出版されたほどであった．また，その後も「終活」をタイトルに含む一般書が多数出版されている．

な「死後のデザイン」[玉川 2011: 86]，およびそれに関するサービス全般のことを，ライフエンディング・デザインと呼ぶこととしたい．これは筆者の造語ではなく，経済産業省が現在までに出している2つの報告書『安心と信頼のある「ライフエンディング・ステージ」の創出に向けて：新たな「絆」と生活に寄り添うライフエンディング産業』[経済産業省 2011]，および『安心と信頼のある「ライフエンディング・ステージ」の創出に向けた普及啓発に関する研究会報告書：よりよく「いきる」，よりよく「おくる」』[経済産業省 2012]で用いられている用語である．また，これらの報告書の作成に先駆けて経済産業省は「ライフエンド調査」を2011年度に実施しているが，社会学者の玉川貴子はその概要を以下のようにまとめている．

> （前略）経産省が行ったライフエンド調査では，5回の研究会と実態調査が行われており，実態調査では，平成23年1月から2月10日頃まで一般消費者向けアンケート調査，業界サーベイアンケート調査，葬祭業者アンケート調査が行われている．それに加えて，日本公証人連合会，生前契約等の代行をするNPO，見守りサービス等を行う警備保障会社，遺言信託銀行，介護施設，写真館（遺影写真），遺品整理サービス会社などへのヒアリング調査を実施している．これまで消費者，葬祭業界，そして死にかかわる各種業種をほとんど同時並行的に行う調査は，管見の限りない．[玉川 2011: 90]

それでは，この調査と報告書による提案を通じて，経済産業省は何を目指しているのだろうか．2011年の報告書冒頭に示された以下の文章も参照してみよう．

> （前略）個々人はライフサイクルの多様な段階を通過し，その時期によって様々なステージが形成され，その最終的ステージでは，普遍性や不可逆性などを有する死を迎えることは動かしがたい事実である．他方，国民生活は広範かつ多様な領域を有しており，この領域の中には終末期医療の時期がある一方，その看取りの後には遺族等の生活を含めた時期が存在する．

経済産業省では，我が国の社会構造や生活環境等の変化を背景に，国民一般の価値観が多様化しその意識や行動が変化している中で，終末期に位置づけられる時期からその後の遺族等の生活を含めた時期への移行に当っては，その対応が均質で連続することが望ましいと考えている．［経済産業省 2011: 1，下線は筆者］

　すなわちライフエンディング，またはライフエンディング・ステージとは，上述の下線を付した時期のことであると捉えられるが，経済産業省が 2012 年の報告書に添えている「ライフエンディング・プレビューブック」という資料では，「人生の終末や死別後に備えた事前準備を行うこと」と簡明に記されている．このように，ライフエンディングという言葉は単に人生を終える・終わるということだけではなく「それに向けて準備をする時期」という意味合いを含んでおり，その制度設計をめぐる問題が政策的見地からも注目を浴びていることがうかがえる．

　この点で，先ほど述べた葬儀社の会員制組織事業にみられる「契約行為そのものをサービスとして」という趣旨がさらに先鋭化されたものとして，「生前契約」が今日拡大を見せていることは注目に値する．これまで述べてきた会員制組織の事業に伴うさまざまな便宜提供や，葬儀の事前相談・事前見積などは，将来の契約を目したサービス展開ではあるものの，実際には厳密に合意を確認してその場で契約書を取り交わしているものではないため，言うなれば生前「予約」であると言ってよい．これに対して生前契約とは文字どおり法的拘束力を生じる契約締結を土台としたものであり，社会福祉学者の北川慶子はそれを「将来予測される自己の葬儀について，自らの意志で葬儀内容および葬儀費用を具体的に準備・明示し，生前の契約によって自己の葬儀を第三者に委託する．その受託主体と契約締結後，契約者の死後における葬儀に際し，受託主体による契約事項の確実な実行を約する法的・経済的行為である」と定義している［北川 2001: 217］．

　拘束力を伴わない緩やかな生前予約と異なり，上述のように「契約事項の確実な実行を約する法的・経済的行為」としての生前契約の手法は，元来は米国で発展を遂げてきたものであった[14]．それが日本に導入されたのは 1980 年代

後半のことであるが，米国に由来する手法ということもあり，葬儀社従業員のなかには生前契約という言葉ではなく「プレニード[15]」と呼ぶ者もいる．そして，このような生前契約の概念と手法をいち早く消費者に提供したのは，葬儀業者ではなく NPO であった．ここで，国内において生前契約を手掛けた最初期の NPO のひとつである「特定非営利活動法人 りすシステム」のスーパーバイザーである黒澤淑子氏の言葉を以下に参照してみたい．

　　りすシステムのベースは「もやいの碑」なんです．たとえ自分のお墓があっても，そこに入れてくれる人がいなければどうしようもありません．それで「地縁も血縁も超えて，誰でも入れる新しいスタイルのお墓を」という（都市社会学者の）磯村英一[16]さんの提唱で，「もやいの会」そして「もやいの碑」ができたんです．(19)90 年頃ですね．この時は，株式会社組織だったんです．でも今は NPO になっています．日本は国家行政として家族主義をとっていますから，その後も色々な障害があって，結局は株式会社形態ではこの仕事，つまり家族の役割を第三者が引き受けるというのは不可ということになったんです．また，「利益をあげるのかどうか」ということとの矛盾や，透明性の問題なんかもあって，株式会社の形態では支障がでてきました．そこに NPO 法[17]が新たにできたので，それを機に「りすシステム」と「日本生前契約機構」の2 団体に業務を分けたんです．

　　りすシステムの「Liss」というのは，リビング・サポート・システム（Living Support System）の略です．「リビング」ですから，当然生きている時のことも業務には含まれます．病気をしたら，ボケてしまったら……そういう不安は誰にでもあります．2000 年 4 月に後見制度が改定されましたが[18]，私たちの業務もそれに合わせて会員の方々にさらに多くの「安心」を提供できるようにがんばっています．10 年前に初めて説明会を開いた時は，大勢の方々が集ま

---

14)　米国における生前契約の歴史的展開と実状については北川慶子の研究［北川 2001: 107-160］を参照されたい．

15)　米国の葬儀における preneed funeral または preneed funeral arrangement の略称と考えられる．

16)　1943 年 7 月から 1945 年 12 月まで東京都渋谷区長を務め，1948 年には東京都民政局長に就任したという経歴もあり，都市政策の分野に多くの業績があることで知られる．東京都が主宰していた墓地問題の研究会の代表も務めており，それが縁で宗派や後継者の有無に関係ない合祀墓の「もやいの碑」，およびその運営に携わる「もやいの会」の設立にも積極的に関与した．

17)　1998 年に施行された「特定非営利活動促進法」のこと．

っていただいて大盛況でしたが，同時にいろいろな問題もあるということが浮き彫りになりました．「死んだらどうするか」ということで皆さん大きな悩みを抱えていらっしゃるんです．自分はどういう状況で死ぬのだろうか．お金の問題はどうしよう．本当に，色々あるんです．

[聴取録4-6　黒澤淑子氏の講演]
※2002年8月に筆者が出席した「日本葬送文化学会懇談会」で行われた講演の筆記録による．
※括弧内は筆者による追記補足．

　下線を付した箇所で黒澤氏は「家族の役割を第三者が引き受ける」と述べているが，これは，りすシステムが葬儀だけでなく包括的な任意後見（注参照）を視野に入れた事業を行っていることによる．だが，いずれにしても「葬儀をどうするか」という点が中心的問題のひとつに掲げられている点に変わりはなく，それが「「安心」を提供できる」という趣旨の大きな部分を構成している．そして今日において，葬儀業が最も腐心しているのは，この「安心の提供」をいかに打ち出すかという点であると言っても過言ではない．そのため「予約」の領域に留まることなく，葬儀の生前契約業務に積極的に乗り出す業者は増加傾向にあるが，そのことは葬儀業全体のイメージをより社会性・公共性のあるものに塗り替えようという動きが業界内部で高まっていることと，ライフエンディング・デザインをめぐる包括的ニーズの受け皿として業界外部から見なされ始めていることの，双方を表しているのである．それは，先述の経済産業省報告書の作成を主導した経済産業省の中内重則サービス産業室長[19]が，筆者と

---

18)　この場合の後見とは「成年後見制度」のことを指している．成年後見制度とは，認知症や精神障害などで判断能力が不十分になった者を保護する制度である．詳細は小谷みどりによる次の説明を参照されたい．「これまでの制度（禁治産宣告・準禁治産宣告）は，『禁治産』と『準禁治産』に分類され，それぞれの判断能力の程度に応じて保護の内容が民法で定められていた．しかし，鑑定に費用と時間がかかること，戸籍に記載されることなど，利用にあたってのさまざまな問題が指摘されていた．成年後見制度は，これまでの制度を包括した『法定後見制度』と，新たに導入された『任意後見制度』から成る．「任意後見制度」とは，判断能力が著しく低下したときに備え，老い支度や死に支度の内容と，その指示にしたがって遂行してくれる人をあらかじめ決めておこうという制度だ．本人の判断能力が著しく低下してから，はじめて支援内容が決定される『法定後見制度』とは，自己決定やみずからの意思にもとづく備えという点で大きく異なる．つまり法定後見制度は，判断能力が十分ではない人を対象にしているのに対し，任意後見制度は，判断能力がある人が，将来，判断能力が衰えた場合，どのように暮らしたいか，誰に支援してほしいかを契約しておく制度なのである」[小谷 2006: 204-205]．
19)　面談当時の役職．本書執筆時点では，製造産業局伝統的工芸品産業室長．

第4章　新しいサービスの創出　175

の面談時に語った以下の言葉にも表れていた.

　　私としては, こう……葬儀業って, 純然たるホスピタリティ産業に進化を遂げ
　　てるんじゃないかと, そう考えてるんですよ. だけど業界のなかでは, まだそ
　　ういう認識で捉えていない方も多くて. 自分の役目としては, そういう人たち
　　に「気づき」を与えるという面もあるんじゃないかって, そう思ってます. 何
　　しろ, 葬儀業界の規模や, 役割っていうものは, 実はもう, 莫大なものでしょ
　　う? だから, 葬儀社の人で, よく自分の業界のことを「隙間産業だ」なんて
　　いう人がいるけど, とんでもない, と.「おくりびと」を観ても感じたんですけ
　　ど, すごいことをしてるんですよ. だから,「隙間産業なんかじゃないんで
　　すよ. ものすごいことをしているんですよ」ということを申し上げると同時に,
　　「だからこそ, 責任も生じるんですよ.「隙間産業だから」なんて言えないんで
　　すよ」ということも, 裏側ではある. 今後の, ライフエンディングの, 中核と
　　しての認識を持っていただきたいと……そう思います.
[聴取録 4-7　中内重則氏との会話]
※音声記録と筆記録の併用.

4　小　　括

　本章では, 祭壇や式場空間の「意匠」, 次に家族葬という葬儀の「形式」, そ
して最後に会員制組織や生前契約などの「手法」という流れに沿って, 新たな
葬儀サービスの動向に注目してきた. このようにモノからコンセプトへ, つま
りハードからソフトの要素までを手掛ける現代的葬儀サービスの射程の広さは,
単なる消費者が求める便宜の提供や, あるいは消費者が持つ趣味嗜好の具現化
だけでなく, 消費者がそれぞれに抱える事情と動機に沿った人生設計上の対処
策を提供するという領域にまで及んでいる.
　また, 諸事例で見てきた新機軸のサービスは, たしかに葬儀業の創意工夫に
よるものではあるが, 供給者から消費者への一方的な提案という単純な図式に
収められるものではなく, 景気低迷に伴う家計支出の縮減や, 高齢化による世
帯構造の変容といった巨視的な社会変化を反映している側面も大きい. この点
で, 現代葬儀における消費者のニーズと, そこに内包される望ましさとは, 端
的に利便性や美的感覚の面で長じているということだけでなく, 上述のとおり

消費者からの「生活上の要求」をかたちにしたものでもある．たとえば，葬儀
式場の空間設計が「ハイテク野辺送り」から「新儀式空間」というコンセプト
へ，つまり煌びやかな電子葬儀から家族葬専用の空間へと変遷してきた事例に
は，その時々における空間演出の「はやりすたり」の更新に加えて，家計を維
持するために葬儀の支出をどこまで軽減できるかという消費者側の切迫感も透
けて見えたのではないだろうか．

　このように，葬儀社からの提案と，消費者による選択という供給―消費のサ
イクルのなかで，今日の葬儀サービスは「つくられ」ているのだと言えよう．
この「つくられ」る葬儀という表現の含意は，消費者が求める葬儀サービスが
現代では葬儀のグランド・デザイン，すなわち全体的な儀礼形式の枠組みその
ものにまで及んでいるということである．つまり，今日の葬儀は理念と価値に
基づいて能動的・人為的に設計されるものとして，そして状況に応じてカスタ
マイズされるべき出来事としての性質を帯びつつあるのだ．このことは同時に，
精神性の領域にまで踏み込むことが現代の葬儀業に求められているという様相
を示唆している．葬儀とは何のために行うものなのか，死者を弔う行為とは何
かというような，死生観・人間観に対する態度表明が背後に透けて見えるサー
ビスでないと，現在の消費者にはなかなか選択してもらえない．たとえば1日
で葬儀が終わるというパッケージ型の家族葬サービスは，「手っ取り早く済ま
せられる便利な葬儀」ではなく，あくまで「これまでの葬儀を1日に凝縮した
手厚い弔い」でなければならなかった．会員制事業にしても，「葬儀社による
顧客の囲い込み」ではなく，「未来を先取りすることで安心を提供する」とい
う理念を前面に打ち出さない限り，軌道に乗ることはなかったであろう．

　だが一方で，第1章で論じたように，これらの「ソフトの次元にまで踏み込
んだ葬儀サービス」こそ，過去の研究で世俗化批判および産業化批判のやり玉
に上げられていたのも事実である［例として Wilson and Levy 1938; Bowman 1959;
Mitford 1963］．それでは葬儀業によって新しく「つくられ」た葬儀とは，過去
の批判者達が主張したように，拝金主義による真正／神聖な文化の捏造であり，
サービス産業化と商品化の波による地域文化の破壊であるのだろうか．本章の
事例で見てきた数々の光景は，おそらくはそのような「自然＝文化」対「人為
＝産業」という表層的な二項対立の構図に現代葬儀が回収され得ないことを示

していた．葬儀がカネ・商品・サービスといった要素と結びつくことは，今日
では「死と葬儀という出来事に馳せられる尊厳が失われる」あるいは「死の厳
粛な事実を矮小化させる」という光景と素朴に結びつくものではなく，むしろ
消費者がそれぞれに抱え持っている「生」の需要と切り離せない次元で成立し
ていたからである．

　儀礼論の系譜を網羅的に論じた福島 [1995] の考察では，そもそも儀礼とは
歴史的前例や慣習といった言葉では十全に捉えられない特質を持っており，た
とえば災害・病気・事故といった我々の生活に常に存在する障害を，すなわち
生存そのものに直接関係する不確実性を秩序に換えようとする「生存感覚」を
背後に持つと主張している [福島 1995: 78-79]．現代葬儀では，この感覚が，よ
り先鋭的になっていると考えることもできよう．本章で見てきた新しい葬儀サ
ービスは，まさに「自らの生活の延長線上で死を制御したい」という欲動の表
れでもあり，福島の言うところの「生存感覚」が今日的な流儀で顕現されたも
のであった．この点で現代葬儀とは，文化的な要素が奪われて単なる手続きに
矮小化されてしまった「儀礼の抜け殻」のような実践ではなく，むしろ生と死
を直截的に結びつけるために創出された新たな文化的様式と捉えることができ
るかもしれない．

第5章　ケア産業としての葬儀業

　第2章以降，本書では葬儀業の仕事とサービスをめぐる機制を，それぞれの主題に基づく事例研究というかたちで把握してきた．その最後となる本章では，現代の葬儀業が「ケア」の文脈に強く彩られている現状に注目してみたい．これまでに見てきた各種の事例から筆者が汲み取ろうとしていたものは，言わば葬儀実践の様式が産業のダイナミクスから生み出される様相であった．その最後にケアという主題をとりあげるのは，日々生み出される葬儀サービスをケアの文脈が緩やかに覆っていることによる．前章の小括で筆者は，今日の葬儀サービスに精神性が求められていることを指摘したが，「我々が提供しているのは，あなたへのケアなのです」という語り口で示されるような，商業的行為と献身的奉仕を取り結ぼうとする取り組みは，彼らの日常的実践のなかに多く見受けられる．それでは，なぜ現代の葬儀業はケアの文脈を積極的にとり込み，自らをケアの供給者であると標榜するのだろうか．そのことによって，葬儀業は何を果たそうとしているのか．これらの視点に基づき，ケア産業としての葬儀業の性質を浮き彫りにしながら，彼らの取り組みの現代性と重層性を把握していこう．

1　ケアと葬儀業

　事例の描写に入る前に，ケアと現代葬儀の結びつきに関する準備的な考察を述べておきたい．

　今日におけるケアの持つ意味合いは，ごく一般的な対人関係上における「配慮」や「気遣い」，育児や介護における「世話」，医療ならびに看護領域におけ

る「職業的技術」や「専門的知識」，政治・経済的な制度問題における「社会的配分」，そして臨床哲学や倫理学の領域では「身体を介する相互行為」に至るまで，多様な文脈を包摂している［浮ヶ谷 2009: 18］．その多様性のなかからケアの定義を本質主義的に紡ぎ出すことは，おそらく恣意的にならざるを得ない．だが，その社会的浸透の過程に注目するならば，広井良典が指摘するように「現代におけるケアということの大部分は，もともと家族や共同体の内部でおこなわれていたものが『外部化』されたものである」［広井 2000: 21］という背景を共通項として考えることができるだろう．

このケアの外部化という現象について，まず思いつくのは医療・看護・介護などの分野における専門的職能と制度の拡大であるが，これらの動向は葬儀業の活動にも大きな影響を与えている．医療の社会化[1]と並行して，死と遺体の発生現場が自宅から外部施設へと移行し，それによって葬儀業の仕事の段取りや，折衝を要する相手にも変化が生じたからである．一方，この動向を巨視的な社会変化として捉えると，死者を看取る場が「医師・看護師ら専門家のリードするところとなり，家族は後方へと退かされ」［新村 1999: 43］るようになったという推移を見てとることができる．たとえば図5-1に見られるように，病院や診療所などの「施設内」で死を迎える者の割合は1950年代には全死亡者数の約10-20％であった．しかし現在ではその割合は完全に逆転しており，そのほとんどを自宅が占める「施設外」での死亡者数は，2014年度時点で約15％にまで減少するに至っている．このことからも，「ケアの外部化」の過程がかなり大規模な社会変化であったことが察せられよう．

ところで，この「死に場所のありかた」をめぐる現象に関して，我々は次の2点に留意する必要がある．第一に，過去においては死という出来事が近親者や地域の人間関係のなかで受けとめられていたのに対し，外部化の過程によって「よい死」をもたらすための専門家という存在が新たに出現してきたこと．第二に，その専門家の中核は現在でも医療や福祉の領域に存在するものの，非

---

1) この社会化という概念について，市野川容孝は特に介護分野について「原型をとどめないほどに大きく変わってしまった」［市野川 2008: 139］と指摘しているが，いずれにしても「脱−家族化」という現象に向けられた概念であることには同意している．本稿でも，その限りにおいて社会化の語を用いている．

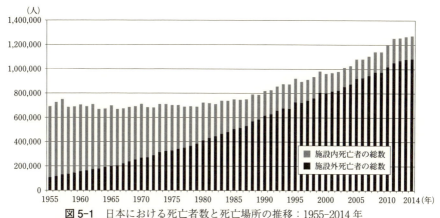

図 5-1 日本における死亡者数と死亡場所の推移：1955-2014 年

※出典：厚生労働省「2014 年 人口動態統計（2015 年 9 月発表）」http://www.e-stat.go.jp/SG1/estat/List.do?lid=000001137965 を 2016 年 8 月 24 日付にてインターネット上で参照．

-医療の職能も「死のケア」において一定の役割を担うようになったこと．これらの内容は，まさに葬儀業が経てきた過程にも如実に当てはまる．重要なことは，非-医療の職能のひとつである葬儀業が請け負うようになった「死のケア」では，その対象が生きている者に限定されないという点である．

　この点で，今日広がりつつある「グリーフ・ケア」という語は，しばしば現代的葬儀サービスを説明するものとして用いられるが，葬儀業におけるケアの全体を包摂しているわけではない．グリーフ＝死別悲嘆とは文字どおり近親者を失った「生者」の苦しみや混乱のことであるが，葬儀業の仕事においては死者も人格的存在として配慮の対象となるからである．一方，対象（本人／遺族），時間軸（生前／死後），様態（心理的／身体的）など，さまざまな対立軸に固執しない包括的な「死のケア」を指すものとして，グリーフ・ケアとは別に「デス・ケア」という用語がある．このデス・ケアは，まだグリーフ・ケアほど社会的に浸透しているわけではないが，業界関係者を中心として徐々に広がりを見せつつある．葬儀業の仕事にまつわる各種のジャーゴンと同様に，デス・ケアという用語も米国での浸透・拡大を経て輸入されたものであるが[2]，たとえばロナルド・スミスはデス・ケアの概念を次のように措定している．

経済というものは，社会の内で営まれている全ての生産および消費活動から成り立っている．分類や研究を行うためには，このような包括的な経済は，より小さな経済もしくは経済セクターに細分化されることが通例であり，また各々のセクターは特定のカテゴリーに属する物品およびサービスの生産と消費に結びついた全ての経済活動を内に含んでいる．そして多くの社会において，葬儀社や火葬場，または他の関連企業から供給されるような，死に関連した広汎な種類の物品やサービスが，これらの内のひとつのセクターを構成している．（中略）ここで我々は，このような特定の物品およびサービスの生産と消費に結びつく諸々の活動をまとめて，経済におけるデス・ケア・セクター，もしくは単純にデス・ケア経済 death care economy と呼ぶ．[Smith 1996: vii, 筆者訳]

　ここからも理解できるように，実はデス・ケアという枠組みは本質的な内容規定から出発しているというよりも，デス・ケアという産業分類を想定し得る，という考えから出発している印象が強い．つまりデス・ケアという概念は，ある何らかのサービスをケアという枠組みに包み込むための，供給者側の自己標榜という側面を持っている．だが，これまでの議論でも見受けられたように，葬儀業において「自己を説明する」ことは仕事の根幹を成すものである．また，仕事の諸局面に応じて自らの立場や役割を使い分けなければならないという彼らの仕事の性質を，本書では「偽りの自己を相手に提示する」という詐欺師的な印象のもとに捉えているわけではない．葬儀業者が自らをケアの供給者と語ることもまた，葬儀の仕事の随所に観察できる自己規定・自己演出の一端なのである．

　さらに言えば，現代においてケアを標榜するサービス業は，葬儀業だけではない．それはおそらく，ともかくもケアという行為が「ケアする者とケアされる者とのあいだの『相互行為 interaction』であって，複数の行為者 actor の『あいだ』に発生する」[上野 2011: 39] ものだからであろう．そして，この相

---

2)　1980 年代後半から米国の霊園・葬儀に関する動向を日本に紹介してきた長江曜子は，すでに1991 年の時点で米国の葬儀業を「デス・ケア産業」，そのサービスを「デス・ケア・サービス」という言葉で表現している [長江 1991: 239–252].

図 5-2 ケアする側からみた「看る」ことのプロセス
※清水［2005: 106-107］に基づいて筆者作成.

互行為のことを，清水哲郎はケアにおける「看る」ことの一連の過程として，図 5-2 のように図式化している．

　この過程を清水は，それぞれの局面が独立に意味を持つのではなく，あくまで一連の流れのなかではじめて意味を持つという意味を込めて「ケアの言語ゲーム」と名付けた．だが清水も洞察しているように，これは一般的な対人関係の構築と同様の過程でもある［清水 2005: 107］．つまり，ケアという事柄が持つ多様性や広汎性は，請け負う仕事の類別が多岐にわたるといったことよりも，むしろ何らかの「望ましさ」の提供を目して人間関係が築かれていく過程の多くが「ケアとして」見なすことができてしまうという点による．だからこそ，対人サービスを基幹とする各種の職業が「わたしたちの仕事はお客様へのケアなのです」といった自己標榜的なセールストークを用いている光景を，往々にして目にするのだと言えよう．したがって，サービス産業化にともなってコンセプト重視の業態へと緩やかに推移してきた葬儀業にとっても，業務の中核が対人サービスであることは変わらない以上，自らの仕事を「ケアとしてみる」ようになるのは特に不自然なことではない．

　くわえて，そのような葬儀業のケア産業化（ないしはケア産業の自己標榜化）は，サービス産業全体の大きな流れであったこともさることながら，より広範な社会的潮流への呼応でもあった．序章で触れた 1960 年代における「死の認知運動 The Death Awareness Movement」，あるいはトニー・ウォルターが「死の復活 The Revival of Death」と呼んだ言説の広範な社会的浸透は，デス・ワークとしての葬儀業にも強い影響を及ぼしたのである．澤井敦の指摘にしたがえば，ウォルターが「死の復活」と称した現代的潮流とは，私的経験や個人的選択が祝福されるという態度が，死をめぐる公的な言説や処理のなかにも入り

込むという社会変動のことであった [Walter 1994: 26-38; 澤井 2005: 108-109]．そ
れはまた，葬儀においては消費者主権の拡大運動としての性質を帯びるもので
あり，医療臨床の領域における意識変遷とも密接に連動しつつ，海外から時間
差を伴って日本に輸入された潮流でもある．したがって，葬儀社がデス・ケア
という米国発の概念を用い始めたり，あるいはグリーフ・ケア[3]という語用で
自らの仕事を唱道したりするというような，ケアの文脈を旺盛に摂取するとい
う現代的傾向は，裏返せば葬儀業の社会的認知が一定の成熟を見せた現在にお
ける「発見」であり，かつ「よい葬儀＝よいサービス＝よい死」という等式を
成立させることで葬儀業の仕事に新たな価値を付加しようとする取り組みとも
見なすことができる．

2　デス・ワークとデス・ケアの接点

　それでは，その取り組みはどのように展開されているのであろうか．まずは，
葬儀業の仕事全般を貫くようなケア文脈のありようを把握してみたい．
　これまでの記述を通じて，本書では多様な手練や能力が葬儀サービスの提供
に結びついている様相を観察してきたが，そのなかで見受けられた対人折衝の
技術，あるいはそこで発揮される自己演出・自己規定の技術といった事柄は，

---

3)　筆者が海外の研究者に照会した限りにおいて，英語圏ではグリーフ・ケアという語用は一般的
ではない（ただし即興的な造語として意味は通ずる）．日本でグリーフ・ケアと呼ばれる事柄に
対応する語は，おそらくグリーフ・ワーク grief work またはグリーフ・セラピー grief therapy
である．そもそも「グリーフ＝死の悲嘆」という一般的な語彙がジャーゴンの地位に押し上げら
れたのは，エリック・リンデマンの "Symptomatology and management of acute grief" [Lindemann
1944] を嚆矢とすると考えられるが，その元来の内容におけるグリーフとは，終末期から死亡直
後にかけての段階で（周囲によって）予測される悲しみのことを指しており，したがって必ず死
別喪失体験 loss とセットになった概念として用いられるということになる．また，この論文で
リンデマンが示唆した内容のひとつは，いわゆる「悲嘆機能」と呼ばれる図式に即して正常な悲
嘆と異常な悲嘆を峻別し，後者を臨床心理的な療法によって対処されるべき疾患と見なしたこと
であるが，現在においてはそのような悲嘆の正常／異常といった素朴な分類を無批判に受け容れ
るわけにはいかない．しかし，そのようなグリーフ＝治療対象というイメージはそのまま残存し
ていることが，前述のグリーフ・「ワーク」やグリーフ・「セラピー」といった語用につながって
いると察せられる．この点で，葬儀とは少なくとも臨床的・治療的な出来事ではないものの，段
階的な「服喪の作業」として心理的な緩和作用を産み出す側面もあるという観点から，拡張され
たグリーフ・ワークのひとつとして見なすこともできるのである．なお，グリーフという概念の
諸相については，グレニス・ハワースとオリヴァー・リーマンの編による *Encyclopedia of Death
and Dying* における説明が参考となる [Howarth and Leaman (eds.), 2001: 216-226]．

第5章　ケア産業としての葬儀業　185

とりわけ葬儀業の仕事においては決定的な重要性を持つ．というのは，葬儀業が自らのサービスをアピールするということが，他産業にはない独特の困難を伴うからである．端的に言えば，それはカネの匂いを巧妙に隠しつつカネを稼がねばならないという，極めて矛盾した局面をどのように扱うかという問題と言い換えられよう．

　その局面の最たるものとして，遺体を扱う際のふるまいを挙げることができる．遺体との対峙だけが葬儀業の特質を構成しているわけではないが，葬儀社の従業員が死を最も意識するのはやはり遺体を前にしたときであり，それはたとえば次のような光景として立ち現れてくる．次に掲げる事例は，N社のサブであったSさんとともに，ある遺族の自宅に赴いて筆者が遺体搬送を行った際の出来事である．

　　遺族は，東京23区域のなかでも埼玉県境に程近い場所にあるT団地の8階に住んでおり，すでにN寝台の担当者が病院から自宅に遺体を搬送して現地で待機しているとのことだった．この団地には高度成長期の建造物が多く，またN社の他の従業員から「あそこの団地は，たまにエレベーターがない場合もあるんだよね．もしそうだと，大変だよ」と聞かされていて心配ではあったものの，Sさんのサポート要員として2人でボルボ（霊柩車，兼遺体搬送車）に乗り込む．我々の役目は，病院から自宅まで遺体を搬送してすでに現地にいるN寝台の担当者とともに遺体を階下に下ろし，その後に遺体をT団地の近くにあるN社所有の葬儀会館に搬送することである．

　　現地に着いて車内から建物を仰ぐと，Sさんは「大丈夫そうだね」と一言呟いた．それは，「エレベーターがありそうだね」ということを意味している．そして，おそらくは我々の到着を待ち受けていたのであろうN寝台の2人の担当者がどこからともなく現れて，我々と彼らの合計4人で1階の入口に向かった．だが，すぐにSさんは何かハッとしたような表情になり，N寝台の社員と「もしかして…？」「ええ，そうなんですよね……」と，口数の少ない会話を交わす．その瞬間では私はわからなかったのだが，ニヤリとSさんが私に向かって表情を向けて，「ちょっと，今回はつらいよ？　覚悟しとけ」と語りかけたことで全てを察することができた．

エレベーターの奥行きと幅が狭いために，遺体運搬用のストレッチャーが入らないのだ．したがって我々は遺体を担いで運ばなければならない．「起きて動いている人間を運ぶのと，そうでない人間を運ぶのと，どちらがつらいと思う？」とSさんは私に，まるで謎掛けのように語り掛ける．私が答えあぐねていると，「ご遺体を運ぶほうが，3倍つらいんだ」とSさんは私に言った．たしかに，死んだ人間は，運ぶほうの生きた人間に合わせて姿勢を微調整してくれるわけでもないのだから，そうなのかもしれない．

遺族と打ち合わせた到着時刻まで時間を潰し，定刻になると我々はエレベーターで8階にある部屋に向かった．部屋は家族世帯用のものではあるけれども，広いとは言えない．「靴，外に向けておいて」とSさんが私に指示したので，私は入口で脱いだ革靴を外に向けておいた．N寝台の担当者の靴は，すでにそのように揃えられている．そして中に控えていた遺族に一礼をして，奥にある8畳ほどのリビングルームに向かうと，遺体が見えた．

病院にあるような鉄パイプ式のベッドに安置されて布団を被った遺体の脇には，大小のチューブ，そして人工呼吸器などが置いてある．遺体は痩せ衰えて浮腫が点在し，パジャマの随所に膿みが黄色く浮き出しているのが明らかだった．8月の猛暑のせいもあり，部屋に遺体の，あの独特の匂いが充満している．とりあえずは部屋から階段までの間だけでもストレッチャーに載せることを試みて，Sさんがベッドに横たわっている遺体を少しずらした．だが，それだけでも脚のほうに，下のシーツに黄色い体液が染み出しているのがわかる．

今度はN寝台の年長の従業員が「あ……これは相当，お体にお水がたまっていますね」と呟いた．遺族もそれを聞いているが，おそらくは故人の妻であろう女性は「そうなんです．その……こんなに膨らんできて……」と言うだけで，どうにも手の施しようがないというような表情で他の遺族と顔を見合わせている．その内にSさんが「持ってます？　僕らも持ってますけど」と，その従業員に尋ねると，彼は年下の別の従業員に向かって「おい，ちょっと下に戻って，持ってきてくれないか？」と指示した．その年下の従業員は，この部屋にいるときは遺族のなかを掻き分けるように「ちょっとすみません」と言って静かに歩んでいたけれども，外に出ると猛然と駆けていったことが靴音からわかる．数分後，彼が持ってきたのは遺体搬送用の防水シートだった．病院では少なくとも清拭[4]はしてくれたと思われるが，肛門などに綿を詰めて体液の流出

を止めることまではしてくれなかったのかもしれない．そのため，N寝台が病院から自宅まで遺体を搬送する際には気付かなかったのだろう．

Sさんは，それを受けて何も言わずにベッドの脇にシートを敷いた．その後，Sさんは厳かな口調で，「田中，ちょっと，おみ足を持ってくれないかな？」と言って，私と2人で細心の注意を払って遺体をシートの上に置く．遺体は痩せ衰えているが，この作業だけでも私は重さを堪えるのに必死だった．そしてSさんとN寝台の年長の担当者は，キャンディの包み紙のようにして遺体をシートで巻く．体液が漏れ出ているのか，タプタプと水音がする．暑さのせいか，体内の腐敗が我々の予想以上に進んでいることがわかった．そのようにしてシートに包んだ遺体を何とか室外に担ぎ出し，その後はストレッチャーで8階のエレベーターホールまで運ぶ．

そこからは建物の外壁に備え付けられた階段を降りるという選択肢もあったのだが，結局遺体を直接担ぎながらエレベーターに乗って降ろすということになった．見送る遺族はSさんに別のエレベーターで案内してもらうこととし，N寝台の担当者2人と私の3人，そして遺体を含めて4人で，狭いエレベーターのなかで遺体の姿勢を何とか斜めに保つ．垂直にしてしまうと遺体の足先が地面に付いてしまうということもあるが，何よりも体液が漏れてエレベーターの床を濡らしてしまいそうになるからだった．

8階から1階までエレベーターで降りる時間が異様に長く感じられたのは，遺体の重さを渾身の力を振り絞って耐えていたからだった．そしてやっとの思いで1階に着くと，遺族が取り巻くなかでストレッチャーを用意して待ち受けていたSさんとともに遺体を載せて，やっとの思いでボルボの後部から丁重に遺体を載せる．Sさんも私も，そしてN寝台の担当者もおそらくこの時点で息が切れそうなほどになっていたが，そのような姿は決して遺族には見せられない．

そして我々は何事もなかったように見送る遺族に対して，「それでは○○様（故人の名前）を先に式場の方へお送りしておきますので」と，あたかも生きている人間を送るような言葉で挨拶をして，式場へ向かった．私が運転するボ

---

4) 清拭（せいしき）とは病院などの医療施設で患者の体を拭くことを指し，遺体に対しても用いる言葉である．

ルボの助手席でSさんは死亡診断書のコピーを見ながら次のように言った．「えーっと，筋……萎縮……筋……性……で[5]），17年間ベッドの上で生活してたんだってさ．後で遺影も見てみろよ，ものすごく若い顔，まるで別人だから」．その言葉の意味を解しあぐねていた私に対して，Sさんは窓の外を向きながら呟いた．「なんでかって？　だって17年間，元気な姿の写真なんか撮れるわけないんだから，写真も17年前のものしかないのさ．入院してた時期もあったんだろうけど，あの部屋で17年間過ごすっていうのは……たまんないよな，たぶん……」

［フィールドノート5-1　Sさんとの遺体搬送］
※筆記録からの抜粋・再構成．

　この事例は，遺体の醜悪さと死の悲痛を好奇な視線でひけらかそうとするものではない．あくまで葬儀社の日常労働における典型的な風景として掲げたものである．そして，この描写には少なくとも次に示す2つの重要な要素が含まれている．

　第一に，筆者とSさんの2人は建物の構造，エレベーターの配置，遺体の状況，運搬の段取りなどを反射的に確認している．俗説では航空機のパイロットは緊急時に1秒間で3つの選択肢を割り出す訓練を受けると言われているが，瞬時に最も段取りの良い選択肢を判断する必要に迫られるという意味合いでは，葬儀社の仕事はそれに近い．だが，葬儀社従業員にとって遺体を扱うことは緊急事態ではなく日常業務のひとつであり，彼らにとっては上手くできて当たり前のことである．それだけでなく，「もしも手を離して遺体を床に落としてしまったら」「もしも防水シートを用意しておらず，あるいはその使用を思いつかず，漏れた体液でカーペットを汚してしまったら」「強引な扱いによって遺体を傷つけてしまったら」「その光景を遺族に見られてしまったら」といった出来事が仮に現実となれば，葬儀社側は会社として最大限の謝罪を行い，最悪の場合は無償で葬儀を行う状況にもなりかねない．というのは，それらのミス

---

5)　Sさんが言おうとしていたのは「筋萎縮性側索硬化症」，または通称でALS（Amyotrophic Lateral Sclerosis）と呼ばれる神経変性疾患のことであり，その病名のとおり筋肉の萎縮を主な発症様態とする．このALSに関するより詳しい情報と社会的考察については，例として立岩真也の『不動の身体と息する機械』［立岩 2004］を参照されたい．

が単なる仕事上の失敗を通り越して，死者と遺族の尊厳に対する侮辱になるからである．

　第二に，先述の描写において我々は，精神的にも肉体的にも悲痛な雰囲気と，逃げ出したくなるような圧力感に包まれていた．それにもかかわらず，その態度は決して表に出さず，淡々と，だが礼儀を尽くした所作で死者と遺族に接している．実はこの時点でまだ遺体を扱った経験の少なかった筆者は，部屋に入って遺体を目にすると同時に，その臭気に一瞬手で鼻を塞ぎ，目を背けてしまっていたのだが，その瞬間，遺族に見えないように私の脛をＳさんが思い切り蹴り上げた．顧客である遺族や近親者が遺体を前にして感情を露わにする限り，まったく問題は生じない．しかし葬儀社従業員が遺体に動揺することは断じてあってはならず，死という出来事を前にして静かに悲しみに共感するという「ふるまい」と「礼儀」を遺体と遺族に対して示すことが，少なくとも現場で作業をする者には必ず要求される．したがって，他のあらゆる面でどんなに有能な資質を持っていても，遺体を前にして自らの感情を剝き出しにしたり，あるいは遺体に触れたりすることのできない人間は，現場業務に関与することはできない．

　これらの点をふまえると，葬儀社の仕事は，アーリー・ホックシールドが定義する「感情労働」，つまり顧客の満足度を高めるために自らの感情を恣意的に操作あるいは抑圧することが埋め込まれている労働［ホックシールド 2000: 7］という事柄と，部分的には重なっている．しかし，遺体への恐怖や嫌悪感を抑圧することと，仕事を遂行することの軋轢から生じる心理的重圧が，常に葬儀社従業員の桎梏となっているという拙速な見立てを付すことはできない．というのは，たしかに遺体を扱うことは個人差があるにせよ一定の忌避感や嫌忌感を生じさせるものだが，そこで生じるのは嫌悪や恐怖だけでなく，従業員の個人的な仕事の経験や思想信条も入り混じっているのであり，それを端的に「感情の抑制・抑圧」と表現するのは妥当ではないからだ．むしろここでは，日常労働のなかで死と遺体に接するという点こそが葬儀社で働く人間の，特に現場業務に従事するディレクターやサブといった人びとの職業意識の大部分を構成している点に注目すべきである．

　葬儀業における職業意識の性質についてグレニス・ハワースは，ジェフリ

ー・ミラーソンの考察［Millerson 1964］を援用しながら「知識に根ざしたスキル」「訓練と教育」「試練の通過による適性能力の顕示」「行動規範の厳守による（組織的）統一性の維持」「専門的組織形態」「公的善に資する奉仕の提供」という6つの要素がその源泉にあると指摘している［Howarth 1996: 18］．だが，これらはいずれも妥当な表現ではあるものの総花的な印象を免れ得ない．葬儀社従業員の職業意識の最大の源泉は，おそらくは死の仕事＝デス・ワークの意義を成立させている最も単純な事情，つまり「死と遺体に接する」という責務のなかに存在している．葬儀社の従業員達は，自らの職業的役割を時として「死を扱う“ような”仕事」と半ば自嘲気味に位置づけつつ，一方ではまさにその点に職人気質を見出す．そのような矛盾を抱えつつ，また自分達に対する社会的偏見にも反発を覚えながら，彼らは「霊安室から先の守り人」，つまり遺体を適切に処置し，遺族に対して適切なサービスを提供し，それによって死という出来事を統御できるのは我々しかいないという，統制者としての自負を感じ取っているのである．

　また，そのような「この仕事は我々しかできないのだ」という自負は，細分化された作業を着実にこなしてひとつの案件を完遂することの達成感と密接不可分のものであるが，それは個別の従業員のなかで自律的に構築されていくものというよりも，従業員と顧客，従業員と関連業者，そして従業員同士といった対人関係の枠内で，サービスのやり取りを介在して徐々に築かれていくものであり，それらの全ては「この顧客のために何ができるか」という目的意識によって束ねられている．このように述べると，ある種の美談的な雰囲気，あるいはサービス供給者側の建前といった印象を与えてしまいがちであるが，決してそうではない．なぜなら，繰り返すが彼らの日常労働においては，死の出来事および遺体と対峙すること，そして遺族との円滑かつ友好的な関係を醸成することが不可避なのであって，そのため仕事の成功／失敗の評価は，いかに死と遺体の尊厳を保持しつつ，遺族の不安定な心理状況を和らげるかという目的と切り離せないからである．

　つまり，「お客さまのために」といった献身的ケアを標榜することをサービス供給者としての商業的戦略と見なすか，または供給者と消費者の関係から半ば逸脱した共感的関係の構築として捉えるかという二項対立的な図式を，少な

第5章　ケア産業としての葬儀業　191

くとも遺体や遺族と対峙する現場に当てはめることは，妥当な思考とは言えない．それらの対立項は，葬儀の仕事においては相反しないものだからである．

3　ケア文脈の諸相

(1)　技法としてのケア

前述の事例は，ともすると葬儀社の従業員は特段にケアという語彙・概念を意識するということなく，言わば意識化・言語化されないまま「ケアということを語らずにケアをしている」かのような印象を与えてしまうかもしれないが，そうではない．

たとえば筆者が調査を実施した葬儀社の従業員達は，ほぼ例外なくデス・ケアやグリーフ・ケアといった用語を業務上の知識として有していた．同時に，葬儀を行うこと自体が，近親者を失った悲嘆に対処するための有効な方策であり，だからこそ葬儀業の仕事には間違いが許されないのだという内容を，それらの語りの共通項として把握することができた．この点について，N社のディレクターであるOさんとの会話を参照してみよう．

> 田中：　グリーフとか，グリーフ・ケアって（知っていますか？）．
> O　：　グリーフ．ええと……要は，なんていうか……．
> 田中：　しゃちほこばった（杓子定規な）言い方すれば……って言えば，なんていうか．
> O　：　いや……っていうか，まあ知ってるっちゃ知って（いる）．なんとなく葬儀屋になれば，ほら，今のある程度のさ，ディレクター試験とか，そういうのやってる年（世代）から下はさ．俺もだけど．
> 田中：　（どこかで）習うとか？
> O　：　うーんと……結構そういったの，そういったのって．なんて……田中っちさあ，それは，会社によって違うべ？　色んなところで出てくるってのもあるし．ほら，パンフとかでもさ．グリーフ・ケア．
> 田中：　ああ……なんていうか，そういったものに引きずられて（影響されて）．
> O　：　でもないっちゃ，ない（そういうわけでもない）．そういうのもあるんだけどさ，だいたい会社によったらさ，きっちり研修するところもあ

るしさ，そんなところでなに，覚えることもあるっていうか？　あとは
たしかガイロン（後述する『葬儀概論』）とかそういうのにも，あるん
だよ，覚えて（なければならない）.

田中：　Oさんって，ええと……ええと……何級でしたっけ．ごめんなさい．

O　：　2（葬祭ディレクター技能審査2級）だよ．1（級）だと，もっと，そ
ういうの勉強しなきゃいけないのかもな．しかしだなあ（大仰に），俺
らって結局お客さん商売じゃん？　ええと……．

田中：　ケア.

O　：　うん，それは……ないと，だめじゃん．（顧客に）見抜かれるって.
田中っちも，散々（仕事を）やったべ？　っていうか，わかるっしょ．
ご遺体なりさ，お客さんなりさ……やりかたはあんだろうけど，結局グ
ダグダになんて（ぞんざいに扱うなんて）絶対できっこないし，やっち
ゃいけないし．死んだお方なんだから．あと，俺らがそういうの助けて
あげないとって．距離のとり方は大事だけど，葬式自体が……なんてい
うか.

田中：　慰めになるというか？

O　：　それ，あるじゃん．絶対．だからケアって言うんじゃないの．そうい
う意味でしょ．俺らの仕事で言えばさ.

［聴取録 5-1　Oさんとの会話］
※音声記録と筆記録の併用．括弧内は筆者による追記補足．

　まず，この会話のなかに出てくる「ガイロン」という言葉について補足説明
をしておきたい．これは『葬儀概論』［碑文谷 2013，写真 5-1]6)のことを指して
おり，葬儀実務を概説した教科書として業界内で捉えられているだけでなく，
これまでの章で触れた「葬祭ディレクター技能審査」においても半ば必携の参
考書として位置づけられているものである．そのなかではグリーフ・ワークに
関する記述にかなりの頁数が割かれ，遺族が抱える悲嘆の解消に資するための
方策と心構えについて述べられているが，さらに各々の葬儀社が独自で作成し
た，もしくは公刊されている他のマニュアル的資料類でも，「葬儀業はケアの

---

6)　初版は 1996 年．その後に改訂版［2003]，増補三訂版第 1 刷［2011]と更新され，2013 年の
増補三訂版第 4 刷が最新となる．なお，2011 年から筆者も校正・補筆などに加わっていること
を付記する．

写真 5-1 『葬儀概論』,および葬祭ディレクター技能審査試験における「学科試験」
※左:出版元である表現文化社ホームページからの画像.右:2011年9月22日に実施された同試験の埼玉会場(大宮ソニックシティ)における光景.筆者撮影.

担い手である」という自覚を訴える内容が非常に重要視されている.

　だが葬儀社従業員達は,そのような「試験を通過するために勉強した教科書の内容」といった制度的・教条的内容としてケアを認識しているというわけではない.上記の会話にある「結局お客さん商売じゃん?」あるいは「距離のとり方は大事」という言葉に表れているように,いくらかは顧客との関係が作為的なものにならざるを得ないことを自覚している裏側で,Oさんは「俺らが助けてあげないと」や「だからケアっていうんじゃないの」という言葉のとおり,自分の仕事を援助や奉仕の理念と結びつけている.すなわち,Oさんの職業意識のなかでは「仕事」「サービス」「ケア」という言葉は親和性を持ったひとつのカテゴリーとして重なっているのだ.そしてまた,同種の事例はN社だけでなく調査対象となった他の葬儀社においても,次のとおり数多く見受けられた.以下は第1章でもインタビュー内容をとりあげた「菊川屋」の内藤忠社長,および「中村組葬儀社」の角田千秋専務との会話である.

　　あなた(筆者)は「葬儀屋さんのやりがいって何でしょうね」って聞くけれど,そういうのを感じるときは……やっぱりこう,ひとつのね,お葬式を終わったときのホッとした感じ……それになりますね.ものすごい緊張感なんだ.やってる(請け負っている)側にしたら,失敗は,許されない.二度と繰り返せな

い．（中略）葬式をできるのは葬儀屋だけで，お医者さんも病院も死んだ後の
ことは，ほとんど関知しないでしょう？　じゃあ誰が，って言うと……僕ら
（葬儀社）が，ってことになりますよね．それも存在意義だと思うの．だって，
誰もケアしてくれないでしょう？　死んだ人も，家族（遺族）も，やっぱり，
それに尽きる……尽きるんじゃないかな．

［聴取録5-2　内藤忠氏との会話］
※音声記録と筆記録の併用．括弧内は筆者による追記補足．

高齢化，高齢化ってよく言われるけれど，やっぱり，それはあるんだ．それに，
少子高齢化だろう？　どう思う？　昔はさ，平均寿命が低い．だから定年から
ちょっと過ぎたときぐらいに，なんとなれば，下手をすると勤め上げる前にも
う……亡くなっちゃうのも珍しくはない，と．そうするとさ，もう今みたいな
「家族葬」なんていうのは，あり得ないんだ．でも今じゃあ，会葬者も減って，
しかも軒並み「小ぢんまりとしたいんです」っていうお客さんが増えている．
それはさ，色々と（事情は）あるけれど，まずもって面倒をみないんだ．子供
が．あるいは（子供が）いないんだ．そういうこと（背景）もあるんだ．何度
も言うけれど，少子高齢化だと（死者を）見送る人もお爺さんやお婆さんにな
っているって，そういうことなんだよ．じゃあ，誰が年取ってケアしてくれる
の，誰が葬儀のことまで含めて面倒みて，ケアしてくれるの……そういうこと
には，なるよね．（中略）それだけじゃない．ドザエモン（水死体）さんは？
君（筆者）が言う，孤独死っていうか，誰にも気付かれないで2ヶ月後に発見
なんていう場合は？　キツい仕事だなあと思ったときも，当然あるよ．でも，
そこまで含めて（葬儀社の）仕事じゃない？　面倒をみる．ケアする．生きて
る人も，死んだ人も．

［聴取録5-3　角田千秋氏との会話］
※音声記録と筆記録の併用．括弧内は筆者による追記補足．

　これらの会話から，「葬儀社の仕事がケアなのかどうかと聞かれれば，相手
はそう答えざるを得ない」という推測もできよう．しかし，これらのインタビ
ューは「葬儀社の仕事についてどう思いますか」「葬儀社の仕事において，ど
のような「やりがい」を感じますか」という，半構造化インタビューの形式に
属する自由度の高い発問に対する回答であり，ケアという概念が事前のやり取
りのなかで設定されていたわけではない．だが同時に，我々は「いったい何を

もってケアとするのか」という具体的内容が見えにくいことにも気付くであろ
う．たとえば先述の遺体を扱う局面にしても，遺体に対してどのような措置を
行えばケアになるのかということは実は明確化されていない．他の局面につい
ても同様のことが言える．この点について，Ｎ社のディレクターであるＴさ
んが，ある葬儀の喪主との打ち合わせに際して交わしていた次の会話を参照し
てみたい．

Ｔ　：　いくつかコースがありまして……どれに（しますか）．
喪主：　そうね……あの，実はちょっと，それほどお金も（かけられない）．
　　　　どうやって決めれば……いいのかしらって（思う）．お任せにすること
　　　　もできないわよね……．
Ｔ　：　色々とここ（パンフレット）にありますけれど，たとえばお花の種類
　　　　を変えたりとか，かたちを変えたりとか，そういうこともできるんです．
　　　　一番大事なのは，たとえばお亡くなりになったＸ様（故人）が，どの
　　　　ようなお花が好きだったか……あるいは喪主様（が，どのような花の種
　　　　類が好きか）でも．
喪主：　そうね．
Ｔ　：　そうですね．ちょっと（打ち合わせの）お時間をいただくことにはな
　　　　りますけど，やっぱりお亡くなりになられた方のために何をしてあげら
　　　　れるかということでお考えになるのが本筋ですし，それをこちらが決め
　　　　てしまうのは（よくない）．お好きなもので，よろしいんです．お値段
　　　　の高いとか低いとかはありますけど，低いとダメだというわけではまっ
　　　　たくないんで．どうしたらＸ様が喜んで，（Ｘ様の）ためになるか．あ
　　　　とは，喪主様が……（葬儀が）終わった後に「ああ，よかったな」と，
　　　　少しでも気分が安らぐような．それでいいんです．僕らもそれが仕事で
　　　　すし．

［聴取録 5-4　Ｔさんと喪主（女性・60 代）との会話］
　※筆記録からの再構成．括弧内は筆者による追記補足．

　ここではケアという言葉こそ持ち出されてはいないが，「Ｘ様（故人）のた
めに何をしてあげられるか」，「喪主様が……（葬儀が）終わった後に「ああ，
よかったな」と，少しでも気分が安らぐような」，そして「僕らもそれが仕事

ですし」という言葉に見受けられるように，この会話でTさんは供給者―消費者間で当然に発生する金銭のやり取りをめぐる空気，すなわち「カネの匂い」とでも言うような雰囲気を和らげ，ある種の献身的奉仕の文脈に自らの仕事を重ね合わせることによって，顧客の意向を引き出そうと試みていることがわかる．このように，葬儀サービスにおけるケアというものは，顧客との関係醸成における自己標榜のひとつの技法とも捉えることがで可能である．また，その内容は特に定められている必要はないのであって，裏返せば対人折衝的なやり取りの全ては，ケアという文脈に帰着させることができる．ここからも，葬儀社従業員達がケアという言葉を一種の「魔法の言葉」として，つまり顧客との円滑な関係を構築したり，自らの職業を言語化したりするための便利な道具として用いていることが察せられよう．

(2) 遺体ケア

　一方，より可視化されたケアの様相として挙げられるのが，遺体ケアである．これは単なる遺体の「処置」ではなく，専門性を有したケアという文脈に乗せるかたちで商品化された実践と見なすことができる．現代の葬儀サービスにおいては，遺体もまた専門的技巧が発揮される対象なのである．

　まず，死化粧と湯灌について述べていこう．葬儀社にとって，金額的にどうしても折り合いのつかない場合などを除いては，基本的に顧客を選ぶことはできない．そのことは同時に，遺体を選ぶことができないということを意味する．まだ眠っているかのような安らかな外見を呈している遺体もあれば，事故などによって損傷の度合いが激しく，ともすれば現状を留めていない遺体に出会うことも珍しくはない．したがって，熟練した葬儀社従業員であれば遺体にいくらかの原状回復の処置を施すことができる．それはたとえば体液の漏出を止め，納棺時の見映えを良くするために死後硬直した関節を軟化させ，腐敗・鬱血・浮腫などによる皮膚の劣化を化粧によって覆うといった作業である．しかし顧客がオプションとして死化粧のサービスを承諾した場合は，そのような「処置」の域を超えた念入りな化粧を施すことが多い．その場合は葬儀社従業員が行うこともあるが，筆者がN社で調査をしていた際には専門業者に外注することが通例であり，その作業はメイク納棺と呼ばれていた（写真5-2）.

元看護師である小林光恵の唱道に代表されるように［小林 2005］，近年では「死化粧」ではなく「エンゼルメイク」という呼称が業界関係者，特に死化粧や湯灌の専門業者を中心に浸透しつつあるが，筆者の知る限りこの用語はもともと看護師の間で用いられていたものである．つまり，通常は医療機関において遺体は単に清拭を施されるだけであるが，果たしてそれ

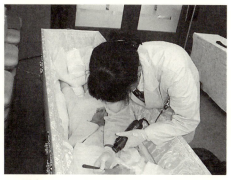

写真 5-2　遺体に死化粧を施す専門業者
※筆者撮影．

でいいのかという問題意識から生まれたケア実践であった．そしてまた，この実践は遺体を美しく飾る，あるいは生前の姿を取り戻すといった目的のほかに，看取りの局面における遺族の心理的ケアに資することをその理念の中核としている．なお，高橋都は米国において全米化粧品工業会・アメリカがん協会・全米コスメトロジー協会の3団体が協同推進するルック・グッド・フィール・ベター（LGFB: Look Good Feel Better）と呼ばれる運動について報告しているが，それは脱毛や皮膚劣化などによるがん患者の外見変化に対して，美容専門職の資格を持つボランティアが助言や支援を行うリハビリテーション・プログラムである［高橋 2003］．葬儀業による今日の死化粧サービスは，このような米国の潮流とも部分的に連動して積極的にケアの性質を打ち出している側面がある．

　さらにこのことは，筆者が調査において出会った死化粧専門業者の多くが，湯灌サービスも同時に供給していたことと無縁ではない．湯灌とは，言うまでもなく遺体を温水で清めるという作業であるが，過去においてそれは逆さ水，つまり通常とは逆に水に湯を足して温水をつくったり，あるいは逆さ屏風を立てておいたりといったように，地域習俗を色濃く反映した臨終儀礼としての性質が強いものであった．これにサービスの萌芽を見出したのは，葬儀社を退職して高齢者向け入浴介護サービスを始めた業者であり［Suzuki 2000: 154-157］，1980年代後半から徐々に全国的な外注サービスとして拡大していった．つまり死化粧にしても湯灌にしても，サービスとして今日供給されているそれらは，

写真 5-3　「寝屋川玉泉院」(大阪府)内に設けられた湯灌室
※筆者撮影.

純然たる商行為でありつつ，ケア（とりわけ介護ケア）と同種のイメージと理念を前面に押し出しているのである．

葬儀社のなかには死化粧・湯灌の業務部門や設備（例として写真 5-3）を自社保有している場合もあるが，特に中小規模の葬儀社は人手不足と過密日程，そしてコストとの兼ね合いもあって外注業者と連携することが多い．死化粧に関しては自宅での納棺時に，あるいは式場内や，葬儀社の安置場所などの，顧客の目の届かない場所で行うことが多いが，湯灌に関してはほとんどの場合で遺族が同席して行い，要望があれば自宅に浴槽などの設備を持ち込んで実施する場合もある．また，専門業者は常に白衣か，さもなければ黒と白を基調としたエプロン式の制服などを着用しており，平服でそれらのサービスを実施することはない．そこで所作として表現されるのは，遺体の尊厳への配慮もさることながら，清潔感と専門性を同時に漂わせる「ケアの専門家」としてのたたずまいである．そして，それらのサービスに携わる現場従業員の多くが女性であることも，極めて顕著な特徴として筆者の調査では観察できた．ここからも，高齢者介護事業に類するケア文脈との共通項をうかがえるが，いずれにしてもそこでは女性が仕事を行うことによる「繊細なケア」のイメージが打ち出されているのである．

次に，より制度的・専門的なケア実践としてエンバーミングに関する動向も挙げておこう．エンバーミングは遺体の防疫・防腐・修復の措置と定義されるのが通例であり［綜合ユニコム 1999: 97; Mayer 2006］，あえて日本語にすれば「遺体衛生保全」であるが，それは解剖学・病理学・法医学といった医学的知見をかなりの割合で導入しつつも，あくまでデス・ワークの範疇に属する独立した技術と言ってよい．また，死化粧や湯灌は葬儀社従業員が手がけることも

あるが，エンバーミングはそれを専門的に行うエンバーマー以外の者が実施することはない[7]．

エンバーミングの典型的な手順は，次の通りである．まず遺体の全身を両性界面活性剤で丹念に洗浄した後，右総頸動脈あるいは右内頸静脈などの部位を切開して血液・体液を排出し，ホルマリンやグルタルアルデヒドなどの薬剤を注入する．これによって体内組織を固定して防腐措置を施し，遺体に損傷があればワックスその他で修復し，最後に化粧や整髪を行って生前の容姿を顕現させる（厳密には通常の病死遺体と外因死遺体では処置の内容が異なる）．こうした言葉の羅列からしても，エンバーミングはある種の科学的知見ないしはテクノロジーに関する印象を喚起するものだが，たしかにそれはまだ多くの日本人にとっては新手のテクノロジーと言えよう[8]．

一方，米国における歴史は古く，約90％の遺体にエンバーミングが施されていると言われており，日本のような選択的サービスとしてではなく，ほとんど葬儀そのものに付随した実践であると見なしてよい．その点について，中筋由紀子は米国におけるエンバーミングの動向を次のように述べている．

（前略）葬儀業者 Funeral Director が，遺体を引き取り，直ちに葬儀堂 Funeral Home に運ぶ．そして葬儀社のエンバーミング・ルームで，専門の資格を持ったエンバーマー Embalmer によって，消毒，防腐，修復，化粧などの措置が施されるのである．遺族は，エンバーミングの作業が終わるまでは，普通は遺体に対面しない．そうした遺体への作業が終わるまで，葬儀業者と相談しながら，棺を選び，また葬儀の場所・時間・形式，埋葬の場所などを決めるのである．修復の終わった遺体は，盛装し，棺に収まった形で葬儀社の小部屋に展示され，そこで "visitation" が行われる．（中略）これはかつての "wake" にあたる．もともとはアメリカでも死者の家において通夜が行われたのである．それは，臨終の床においての人びと

7）米国と異なり，日本では国家的な免許ないしは認定を要する資格ではないものの，現在の日本人エンバーマーは原則的に日本遺体衛生保全協会（IFSA）の認定試験に合格した者である．

8）日本では1988年に，さがみ典礼が行ったエンバーミングが最初の商業的事例とされているが，筆者のこれまでの調査では，複数の業界関係者から「朝鮮戦争（1950-1953）の時点から，米軍基地内ではエンバーミングが実施されていた」という情報を得ている．

の集いから，死後，引き続いて行われるものであった．現代ではこの儀礼は "calling hours" または "viewing" と呼ばれ，通常3日以上にもわたる．それは現代アメリカでは，家族が遠方にいる場合が多く，彼らが訪れるのを待つためであり，それが可能なのは，エンバーミングと呼ばれる防腐処置がなされているからである．人びとは，午後，あるいは夕方の限られた時間内に，各々の都合に合わせて銘々で，葬儀社に展示された遺体に会いにやってくる［中筋 2006: 139］．

　もちろん，米国における全ての葬儀がこの実践に沿って均質化されているわけではないものの，筆者が2004年と2005年に米国の葬儀社に調査を実施した際にも，中筋の描写したような，葬儀社の施設において遺体を展示するという実践は，一般的な葬儀の光景と理解して差し支えないだろうという反応が返ってきた[9]．翻って日本では，「展示」という和訳の是非は差し置くとしても，いわゆる "viewing" としての実践が確立されているほどに遺体が「見る・見てもらう」対象として位置づけられているか否かには，若干の違いがある．たしかに，日本でも大半の棺には，蓋の部分に頭部が見える小さな小窓が設けられているものがほとんどであり，また出棺前の「花入れ」では近親者が棺を取り囲んで最後の別れを行うことから，日本の葬儀においても遺体は人びとの眼差しから完全に遮断されているわけではない．しかし，先述した死化粧や湯灌を依頼した顧客に対して，葬儀から数週間を経た後に対面会話式のインタビューを実施したところ，そのサービスを依頼した背景としては「死者のためにも」という反応がほぼ全ての回答に見受けられた．それは，死者の人格がまだ保たれていることを想定しながら，「きっと疲れたからお風呂に入りたいだろう」，あるいは「最期ぐらいは，あまりみすぼらしくないようにしたいだろう」といった思いを遺体に投影しているという表現が妥当であって，遺体の顕示や展示といった行為には，むしろ嫌気感を示す遺族がほとんどであった．したがって日本におけるエンバーミングの導入は，たしかに純然たる技術輸入ではあるものの，米国式の「見せるための遺体」を前提とした行為として輸入されている

9）　2004年1月にサンフランシスコ・コルマ地区の葬儀社および霊園業者に，2005年12月にワシントンDCおよびニューヨーク市の葬儀社に，それぞれ米国の葬儀業に関する調査を実施した．

写真 5-4 公益社エンバーミング・センターのエンバーミング室（大阪府）
※映っている人物は公益社エンバーミング・センター長の宇屋貴氏．筆者撮影．

のではなく，遺体の人格に対するケア実践のひとつとして見出され，導入されていると考えることができる．

　現在でもほとんど全ての遺体が火葬されている日本の状況を考えると，エンバーミングが拡大していくか否かはまだ今後の推移を見守る必要がある[10]．だが，私が調査のなかで出会った遺族や関係者のなかには，遺体の顕示や展示，ないしは装飾といった行為ではなく，復元措置として，つまり生前の姿に戻すという側面に大きな関心を抱く者が多かった．そして彼らは一様に「本当の」，または「自然な」という語彙を用いて自らの関心を説明していた．すなわち，本当の姿，自然な姿に戻してほしいという欲求がそこには見てとれるわけだが，ここで我々は，死の局面に至って変容した生の遺体が自然なのではなく，あくまで顧客の記憶にある表象化された像こそが彼らのいう自然であることに注意する必要があろう．興味深いのは，日本におけるエンバーミングが，遺体の大きな損傷を伴わなくても実施される傾向を見せていることである．そのことは，湯灌や死化粧といった旧来の習俗とも連続性を持った実践では充足され得ない何らかの理由が背景にあるとも考えられるし，また「遺体の視覚的位置づけ」

---

10) 公益社エンバーミング・センター長（IFSA スーパーバイザーを兼務）の宇屋貴氏と筆者が2011 年 11 月時点で面談した際の情報では，2011 年のエンバーミング件数の総計は 21,000 件を超えることが確実ということであった．2011 年の死亡者総数は 1,252,834 人であるから，この数字をもとに単純計算すると，2011 年の時点で死亡者総数の約 1.7％にエンバーミングが施されていることになる．2000 年の時点では，エンバーミングの年間総計は 10,187 件であり，全死亡者の約 1％であったため [山田 2003: 37-38; 公益社葬祭研究所 2005: 151-153]，エンバーミングの件数は緩やかな増加傾向にあるとは言えるものの，まだ広汎な社会的浸透を見せているとは言い難い．

に変化が起きていることを推測することもできるが，いずれにせよ，ここで人間の手を離れたところにある自然と，人為的につくられた自然のどちらが真実であるかという本質主義的思考に分け入るのは適切ではない．この事例から我々が汲み取ることができるのは，死と遺体に寄せる自然のイメージもまた，現代の葬儀業がもたらす専門的技術がケアの文脈と結びついて，人為的に創造し得るという端的な事実が存在するということである．

(3) CSR，および高齢者向け包括ケア事業への胎動

本章における事例提示の最後に，葬儀業におけるケアの広がりを表すものとして，これまでとは種別の異なる内容にも触れておきたい．まず，葬儀業におけるCSR（Corporate Social Responsibility：企業の社会的責任）の諸活動について記述しておこう．

前節までに述べてきた内容は，どちらかと言えば種々の葬儀サービスをケアの文脈に包摂させるという意味合いの強いものであった．だが，ここで挙げるCSR活動とはケア「として」というよりも，ケア実践であることを活動の趣旨や理念のなかで直截的に打ち出した取り組みと言える．というのも，この活動そのものは業者側に利潤を生じさせないからである．

その代表的な取り組みとして，遺族同士の自助グループ（セルフ・ヘルプ・グループ）の結成や運営管理を葬儀社が主導したり，あるいは側面支援をしたりする動向が拡大している点が挙げられる．死別の悲しみを他者と分かちあい，心理的な負担を緩和させることを目的とした遺族の自助グループは，主としてNPO組織の形態で各地に存在するが，それらの運営母体や主要な運営者として葬儀社が関与することは，従来では稀であった．その背景には，葬儀社が自助グループに参画することに対して，消費者の側から「結局は顧客の囲い込みに結びつけるのではないか」という商業性への嫌忌感が抱かれていたという事情がある．また，第4章で言及したように90年代以降の葬儀社は会員制組織の構築に注力しており，そのため顧客の囲い込み戦略を目した葬儀社の多くは，当然ながら自助グループへの参画や設立よりも，より直接的な営業活動につながる会員制ネットワークの企画と運営に腐心していたという事情も存在した．これに対して，葬儀社による自助グループへの関与が高まりを見せているとい

う近年の現象は，産業界全体における企業倫理および社会貢献への関心の増大に加えて，長きにわたって「悪い葬儀屋」のイメージがつきまとっていた葬儀業界に，より洗練された企業像・業界像を吹き込もうとする大局的な意図を通奏低音としてうかがうことができる．

そして，現時点における葬儀社主導の遺族自助グループの代表的事例であり，また試金石として注目されているのが，大阪府に本社を置く公益社が2003年12月から実施している「ひだまりの会」である．その活動内容の中核となる催事は今のところ毎月第3日曜日に開催される「月例会」であり，講師を招いた講演会や，会員による体験者対談，そして小グループごとに分かれた対話などによって構成されている．その他には会員が自主的に運営する「分科会」や，年2回行われる日帰りバス旅行，そして図5-3のような会報誌の発行などが実施されており，それらに対する公益社の関与はあくまで葬儀社による遺族ケアの機会提供として，そして社会貢献活動の一環として，事務所や事務局人員，そして資金の提供などの支援を行うという形式を採っている．

図5-3 「ひだまりの会」会報誌の一例

この「ひだまりの会」の活動について，同会の調査および評価に取り組んだプロジェクトの研究代表者である恒藤暁は，外部との交流の少なさや，ノウハウの欠如，そして遺族ケアを葬儀社が行うためのモデルが確立されていないといった問題点と課題を指摘しつつ，「(同会は) 日本のグリーフ・ケアの新たな第一歩であると考えている．ホスピス・緩和ケア病棟でのグリーフ・ケアは充実されつつあるが，そのようなケアを受けられる遺族はまだ一部にすぎない．地域におけるグリーフ・ケアの担い手として，市民活動であるセルフヘルプ・グループに加え，葬儀社は大きな役割を果たすことができると期待される」と肯定的評価を与えている [恒藤 2007: 71]．いずれにしても，このようにケア意

写真 5-5 H社の運営する小規模多機能型居宅介護施設
※筆者撮影.

識を前面に打ち出したCSR活動に業界でも最大手の部類となる葬儀社が乗り出したことは業界内に留まらない社会的な注目も集めており,ケア産業化に向けた葬儀業の取り組みを広く知らしめている.

また,この取り組みがさらに推し進められた発展形として,より包括的な事業形態,すなわち介護事業やカルチャー事業を包摂した「高齢者向け包括ケア」を目指す葬儀業者も各地に出現してきた.それらの業者は,ある程度の事業規模と商圏に基づいて営業展開をしているという共通した傾向があり,そのため都市部よりは地方都市や島嶼部といった場所において地域密着型の営業を行っている業者,すなわち「地場の有力業者」に多いという特徴が見受けられる.たとえば,鹿児島県の島嶼部で営業をしているH社は,90年代までは葬祭会館を有する互助会として通常の葬儀サービスを地域に提供していたが,2000年代以降に介護事業へと進出し,現在は総合型の介護支援施設と,小規模多機能型を謳う居宅介護施設という,2つの介護拠点の経営を手がけている.その経緯を,同社のU社長は次のように語った.

U : もともと,それほど介護(事業)といったものを考えていた,ということはなくてね.
田中: と,言いますと?
U : だって,うちは互助会だし,それはそれで地域の……この島の葬式というものに一役買っていた,と.でも,ダメなんですよ.
田中: 何がダメなんですか?
U : みんな,みんな年寄りになっちゃって.そりゃ今でも,どこかの大都

市とは違って，まだまだこの島では地域のつながりってのはえらい強い
んです．だから200人ぐらい（葬式に）来るんですよ．今でも，ね．で
も，いかんせん高齢なんだ．高齢化．高齢者ケアが（必要だ）．えらい
勢いで，ほんとに進んでるんです．そうしたら，この先どうなると思い
ますか？　もう，すぐそこまで来てる．誰かが，この島で「としより」
を受けとめないといけない．けれど，なかなかそうは（ならない）．農
協があるけど，でも……どうにもならない．

田中：　危機感が（あるのでしょうか）．

U　：　そう．昔ならいいんですよ．子供が帰ってくるから．でも，今はそう
もいかない．ヨボヨボになった爺ちゃん婆ちゃん達が，ほんとに体が動
かなくなったら……．いや，あなたの言いたいことはわかりますよ？
こういう介護施設をつくって，そこで死んだ人がまたお客さんになって
と，そういうことを考えているんじゃないか，と．結果として，そうい
うことがあるかもしれません．でも，そこまで考えていないというのが
実情で．採算度外視とまではいかないけど……いや，もうはっきり言え
ば採算は，本当にあって無きがごとしてね．なんていうか，高齢（者）
ケアにして地域ケアなんですよ．だから最初は赤字でもいいと思ってい
たぐらいで，今でも思ってる．本当に．（高齢者の）受け皿づくりなん
だから……．

［聴取録5-5　U氏との会話］
※音声記録と筆記録の併用．括弧内は筆者による追記補足．

　U氏の言葉から垣間見えるように，いわゆる「ムラ」や「シマ」に属する地
域では，「マチ」の住民が想像する程度をはるかに超えて，高齢化・過疎化の
危機感が生活の端々を覆っているが，その状況を受けとめる事業者がどこにも
いない，という状況が多く存在する．介護事業をはじめとする高齢者向け包括
事業への進出はこうした状況への呼応でもあるが，それは先ほどのCSRに関
する言及で触れたように，ケア産業化による「葬儀業の社会的認知」に向けた
取り組みを企業単位で行っているものとも解することができよう．
　さらに別の事例として，政令指定都市のなかで最も高齢化率[11]が高いと言わ

---

11)　65歳以上の高齢者人口が総人口に占める割合．北九州市の高齢化率は2012年3月末時点で
　　25.5％であり，全国平均の23.3％（2011年10月時点，『平成24年版高齢社会白書』による）を
　　上回っている．

「隣人館」外観　　　　　「隣人館」入口　　　　　「隣人館」食堂

「小倉紫雲閣」内のカルチャー教室

写真 5-6　サンレーの高齢者向け事業展開

※筆者撮影．

れる北九州地域で営業しているサンレーでは，公的年金で全てを賄えることを打ち出して老人ホーム「隣人館」を開設し，さらに各種の高齢者向けカルチャー教室を自社の葬祭会館のなかで展開している他（写真5-6），フランスから始まった「隣人祭り」[12]の取り組みを自社敷地内で定期開催している．それでは，そのような経営戦略を次々に採る背後には，どのような考えがあるのだろうか．同社の佐久間庸和[13]社長は，次のように語っている．

　　僕自身はこの小倉を，北九州を……「高齢者福祉特区」にしたいって，そう思っていて．つまりね，「お年寄りの安全地帯」にしたいと．たとえばね，この

---

12) 1999年にパリの区議会議員アタナーズ・ペリファンが始めたと言われている．ペリファンは，隣のアパートで死後1ヶ月が経過した高齢者（女性）の遺体を発見し，住民同士の触れ合いがあればこのような事態は回避できたと考え，近隣住民に声をかけてアパートの中庭でささやかなパーティーを開いた．その後，同様の取り組みはパリからフランス全土，そして欧州各国へと広がり，現在では日本各地でも「隣人祭り」と銘打った催しが開かれている．

13)「一条真也」のペンネームでも知られており，多数の著作を執筆している．なお，サンレーは本書でも研究を参照している鈴木光（Suzuki Hikaru）がフィールドワークを実施した企業である．

小倉紫雲閣（サンレー社が保有する主力の葬儀会館のひとつ）の目の前にある貨物線路を見てよ．（窓の外に広がる JR の貨物集積場を指差して）こんなに広いんだよ？　でも，ほとんど有効利用されていない．もったいない，というか……．ゆくゆくは，ここに隣人館（サンレー社の有料老人ホーム）をどんどん建てて，「老福都市」にしたいぐらいに……それぐらいに思ってるんです．北九州にくれば（高齢者は）大丈夫だ，というようにしたい，と．

その上でね，君の言う，田中さんの言う，その「ケア」だけど，やっぱり究極的には「お世話」っていうことになると思うんだよね．以前に僕も，我々の仕事って要するに「魂のお世話業」であるという，そういう表現もしました．ケアなんだよね．一事が万事．で，そういうことで言えば，私は「ケア」でも「グリーフ・ケア」でも，あるいは「デス・ケア」でもいいんだけど，それっていうのは一種の「怪談」，あるいは「幽霊づくり」だと思ってるんです．

わかります？　どういう意味かっていうと……要するに，「死んだ後も，生前の，その人を思い浮かべられるだけの想像力をつくる」と，そういうこと．死者と生者の交流っていうのかな．そう言っても，いいんじゃないかな．でもさ，これって，もともとお坊さんの，宗教者の役割だったでしょう？　そして今，僕らがその役割を担っていると．そういう……そういう側面もたしかにあると思うんですよね．にもかかわらず，この社会的評価とのギャップは何なのかと．そういう点が，こう……非常にもどかしいのはある．だから，これだけスピード感を持って（事業を展開していく）．

［聴取録5-6　佐久間庸和氏との会話］
※音声記録と筆記録の併用．括弧内は筆者による追記補足．

4　小　　括

　冒頭に述べたように，本章の目的は現代の葬儀業が「ケア」の文脈に強く彩られている現状を描写することにあった．

　諸事例からまず汲み取ることができるものは，商業的サービスとケアの文脈は必ずしも相反するのではなく，むしろ現代の葬儀サービスではケア的性質を帯びるということそのものを，ひとつのかたちとしているという点である．この，「ケア的性質を帯びる」ということを，本章では自己標榜・自己規定・自

己演出・自己説明といった「相手に自らを提示する」ないしは「自分自身の仕事を言語化する」ための技法として表現してきた．ところで，これは序章で挙げた先行研究，とりわけゴフマン流の相互行為論もしくは演劇論の図式 [Goffman 1959; 1967] のもとに葬儀社の仕事を観察してきた研究者達 [例として Turner and Edgley 1976: 378-379; Pine 1975: 8; Unruh 1979; Howarth 1996: 4-7] によって，葬儀業の職業的特質として指摘されていたものである．それはつまり，状況に応じて自らの仕事を何らかの文脈（たとえば「伝統の守護者として」「親密なアドバイザーとして」「専門家として」など）に沿って定義し，それを顧客に提示するという演出的行動のことである．その見立てを援用すれば，今日の葬儀業の仕事には「ケアとして」や「ケアを請け負う人間として」といった文脈が，過去に蓄積してきた文脈の重層的ヴァリエーションに新たに加わった，ということになろう．

　そして，この事柄は本章で挙げた諸事例だけでなく，第2章から重ねてきた事例研究の全体に当てはまるものでもあった．というのは，現代の葬儀サービスは，あらかじめ供給者側である程度パッケージ化されてしまうにしても，種別を問わず対人サービスを主軸としている点では共通しているからである．たとえば今までのさまざまな事例で，葬儀の遂行にまつわる仔細な選択肢を用意し，それらを顧客に圧迫感を与えない程度に逐次選択・決定・消化させていくという過程を見てきたが，それはまた，「このサービスはあなたへの／故人へのケアになり得るかどうか」という基準を葬儀社従業員の側から示唆し，「親密さの醸成」と「顧客満足の獲得」の双方を同時に成し遂げようとする過程でもあったと言える．

　そこで葬儀社従業員が自己標榜する「ケアの与え手」ないしは「ケアの専門家」という立場と，その立場に即したふるまいを，業務上の方便としてみることもおそらくはできるだろう．とは言え，その行為は同時に（裏側で法外な料金を請求するなどという行為がない限りは）利他的でもあるのであって，偽りの自己を騙る・装うというニュアンスとは異なる．むしろ従業員個人としても，あるいは会社組織全体としても，ケアの精神を能動的に打ち出すということは，自らにとっては葬儀業の職業的意義を好適な言葉や概念に置き換えることであり，そして顧客にとっても同様に自身が契約・購入したサービスをケア文脈に乗せ

ることによって満足感・達成感を得ることに結びついている．単に「ご遺体を湯灌することもできますが」と言えば，それは単にそのような商品の存在を報告し，その選択を相手の意思と事情に委ねていることでしかない．しかし，「亡くなられた○○さんはずっと病院暮らしでしたから，最後に湯灌をして温かいお風呂でゆっくりと体を洗ってさしあげましょうか」といった言葉でケアの相互行為を想起させれば，供給者—消費者関係（または遺族—死者関係）はケアの与え手—受け手関係へと円滑に更新され，葬儀業者がもたらす行為の価値が生み出される．言うなれば葬儀業のケア産業化とは，新たな付加価値を創造するための模索から生まれたひとつの現代的技法なのである．

第6章 つくられる葬儀

　これまでの事例研究によって，今日における葬儀業の仕事とは，単に葬儀に必要な物品・設備・人材を提供する代行業的な性質とは掛け離れたものであることが把握できたであろう．また，彼らが供給する葬儀サービスも，多様化する消費者の需要に応えるために現在では広汎な領域に及んでいる．本書全体の考察に当たるこの章では，各章ごとに分かれた主題のなかで論じられてきた題材を序論で示した問題意識に収束させて，「今日の葬儀において，葬儀業はどのような役割を果たしているのだろうか」という問いに立ち戻った議論を展開したい．

1　葬儀のイノベーション

　これまでに描き出してきた種々の事例に共通する要素を考えるに際して，サービスの「価値」への注目がひとつの切り口となり得る．業界・会社・従業員という観察対象の照準の大小によらず，あるいは葬儀業が手掛ける仕事の局面ごとの違いによらず，価値あるサービスを消費者に手渡すということが葬儀業の活動全体で不断に意識されているのは今まで繰り返し述べてきたとおりであるが，いかなる価値の表現が今日の葬儀サービスで重視されているかという点に光を当てることは，葬儀業に求められている役割の包括的な理解にもつながるであろう．

　ここで，今日の葬儀サービスを貫く価値を整序するため，俯瞰的な見取図として尊厳性・審美性・真正性・独自性という4つの分類を設定し，それらの性質と背景をひとつずつ把握していきながら，葬儀業の活動の多元性を考察して

いくこととしたい.

　まず, 尊厳性について. これは, 特に葬儀業においては, 何かを積極的に推奨したり, あるいは促したりするというよりも, 死という出来事にまつわる倫理を破壊しないための禁則的な規範とみることができる. また, そのような規範は顧客と相対するときの慎重な言葉遣い, そして遺体を扱う際の丁重なふるまいといった事例のなかで顕著に示されていた. 一見すると, これは葬儀業の仕事を強固に拘束し, 硬直的なルーティンに押し込めているようにみえるかもしれない. だが, このような「死と遺体への尊厳」こそが, 新しい葬儀サービスを生み出す原動力となる場合もある. たとえば葬儀祭壇の事例を思い起こしてみよう. 新基軸として登場した生花祭壇は, 従来の白木祭壇のように「使い回し」ができず, さらに一件の葬儀ごとに要する在庫・輸送・設営などの労力からすれば効率は明らかに劣るものであった. それにもかかわらず生花祭壇が隆盛を見せたのは, ひとつずつの葬儀ごとにカスタマイズされた意匠を提供することによって, 従来にも増して顧客の満足を獲得しようとする姿勢を打ち出したことが背景にあった. つまりここでは, 顧客がそれぞれに抱く「望ましい死のかたち」や「望ましい死者のイメージ」に対する尊厳の追求が, より新しく, より良いサービスの具現化に結びついているのである.

　次に, 審美性について. 概して過去の葬儀における美的感覚とは, 宗教的な教義にのっとってきちんと葬具が配列されたり, 儀礼実践の細部にわたる順序が慣習どおりに滞りなく遂行されたりすることを通じて顕現されるものであった. そこで発揮される審美性とは, 喩えるならばパズルのピースをひとつずつ嵌め込んでいくときの, つまりは「きちんと」「滞りなく」秩序をなぞっていくときの達成感に似るものであって, 創造性の積極的な追求という側面に比重が割かれているとは言い難い. 一方, 今日における審美性の中核は, 顧客が能動的に選択したサービスであることをいかに表現するかという点にある. そのことは, たとえば第3章のフィールドノート3-6「G家, およびZ家の葬儀における出来事」で描写された事例や, あるいは儀礼空間の設計と演出をめぐる他の事例からうかがえたであろう. それらの光景からは, どのような種類の花を用いるか, どのように照明を配置するか, どのような楽曲を流すかといった細分化された選択肢が, サービス提供の過程で緻密に設けられているという様

相が確認できた．葬儀社従業員側の美的感覚は準拠枠として提示はされるが，それよりも顧客の美的感覚を汲み取る工夫を凝らすという営為に大きな比重が割かれている点に，現代葬儀の特徴を見出すことができる．

　それでは，真正性についてはどのように把握できるだろうか．これは，2つの側面が密接に融合しているものと考えられる．第一の側面は，職業的知識による専門性である．葬儀業はそれぞれの地域が有していた局地的な伝統・慣習をとり込み，それを葬儀知識として提供することによって成長を遂げてきた．一方，現在では，人びとが葬儀を葬儀社に頼むのは「厄介な手間を誰かに任せたい」ということよりも「葬儀をどうやってよいかわからない」ことが主要な背景となっている．つまり，今日の葬儀で供給者—消費者間の差異化が成立しているのは，単に葬儀に必要なヒトやモノが葬儀社に集約されているからということだけでなく，確実かつ専門的な知識が葬儀業に集約されているからだと言えよう．そして第二の側面は，たとえば第5章の遺体ケアをめぐる諸事例で示されたような，死と遺体に馳せられるイメージの望ましさ，もしくは「もっともらしさ」である．顧客がそれらのサービスを依頼するときに，「本当の」あるいは「自然の」という語彙を多用していたことを思い出してみたい．顧客が故人の「本当の」姿をエンバーミングや死化粧によって取り戻してほしいと願うとき，または湯灌によって生前と変わらない「自然な」肉体のありようを取り戻してほしいと感じるとき，そこで需要されているのは剥き出しで提示された死の陰惨な視覚化ではなく，あくまで人為的に復元された「望ましいイメージ」に沿った死と遺体のかたちなのだ．

　そして最後に独自性，すなわちオリジナリティについて．現代葬儀においてこの価値は，カスタマイズされた「あなただけの・あなたらしい」サービス，または顧客側の一人称的視点に立って「わたしだけの・わたしらしい」サービスという文脈で表現されていた．しかし実際には，サービスのカスタマイズ化は何も制約がない状況で行われるわけではない．この点については後の議論で再び触れることになるが，他のサービス業と同じように，効率を上げるためにサービスの規格化をある程度まで施しながらも，その一方では現場において柔軟性を発揮するという努力が葬儀業の仕事には求められる．たとえば第4章で触れた生花祭壇用の「モジュール」の開発に関する事例などは，規格化とカス

タマイズ化を同時に成し遂げようとした工夫の表れと言えるだろう．このような，規格化とカスタマイズ化のバランスが常に追求されるという局面は他の諸事例を通じても観察できるが，それはひとつとして同じ死にざまが存在しないという，死と葬儀をめぐる原理的な性質にも由来している．それだけに，人生の最期で「かけがえのない，わたし／あなたの死」という価値を積極的に表現することは，現代の葬儀サービスの根幹を成すとも言える．

ところで，これらの価値を具体的なサービスに昇華させられるか否かは，もちろん個々の葬儀社の経営努力によるところが大きい．しかし，この努力を単に「より良いサービスの追求のために，葬儀社が研鑽を積んでいる」といった端的な言葉で括ることはできない．葬儀業の役割をサービスの価値という切り口から考察するのであれば，「サービスの提供」を「価値の追求」へと向かわせている力学そのものに眼差しを向ける必要がある．

ここで，第1章で述べた葬儀業の歴史的変遷，そして第2章で描写した葬儀業界の動向に関する議論でも示唆した事柄であるが，葬儀業の活動の端々を覆っている競争の圧力という要因に注目してみたい．というのも，葬儀サービスの価値を葬儀社が常に意識し，その向上へと駆り立てているのは，やはり究極的には「競争に負けないこと」で経営状態を安定・拡大させなければならないという企業としての至上命題が背後に存在するからである．

ここで，この「競争と価値追求」の機制を考えるための土台として，マイケル・ポーターによる「5つの力」の図式を導入してみたい．ポーターの図式が示すものは，企業が競争戦略を策定するときの判断や選択が，いかなる力の相関のもとに成立しているかという事柄であるが [Porter 1980]，それは図 6-1 に示したように「新規参入の脅威」「売り手の交渉力」「代替品または代替サービスの脅威」「買い手の交渉力」，そして「既存の競争企業間のライバル関係」という5つの圧力要因から構成される．経営学および企業戦略論の領域では古典的理論に属し，かつ幅広く人口に膾炙していることもあって違和感を覚えるかもしれないが，もちろん陳腐化した図式を場当たり的に導入することを試みているのではなく，本書の問いを考える上では敷衍性を有している．というのは，この図式は単に競争という現象を説明することにのみ適用されるのではなく，葬儀サービスにおける価値表現の力学が生み出されてくる構図を抽象化し

第 6 章　つくられる葬儀　　215

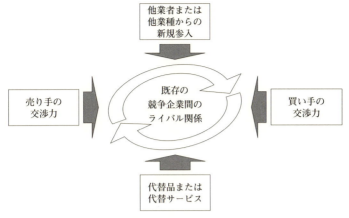

図 6-1　「5つの力」の図式
※ Porter［1980, 2008］に基づいて作成.

たものと考えることができるからだ．以下，順を追って見ていこう．

　まず，「他業者または他業種からの新規参入」について．同業他社の参入という事柄に関しては，いくつかの事例を想起することができる．たとえば高度成長期までの葬儀社は，ほぼ例外なく地域密着型の営業形態であった．しかし，徐々に規模を増した業者が大手または準大手として営業範囲を拡大し，それによって地域密着型葬儀社の商圏が侵食されていった．また，第 2 章では専門葬儀社と互助会という業界内の区分が今でも強固に保たれている様相を描写したが，互助会という業態の出現も，専門葬儀社の側にとってみれば新規参入の脅威として受けとめられていた．そこで起きていた事態は，価格競争であると同時に「新しいサービス」による「古いサービス」の淘汰であり，おそらく一般消費者からみればその対立は同業者間競争としか見えないが，業界内部から見ればそれは他業種からの新規参入の様相を呈していたのである．言うなれば第 3 章の業界団体に関する議論は，この多面性を把握するための題材でもあった．

　次に，「売り手の交渉力」について．葬儀社への売り手とは，すなわち諸々の関連業者である．第 3 章で示したとおり，葬儀社は各々の関連業者を束ねるコーディネーターとしての位置にあるため，葬儀社―関連業者間の関係は非対称的ではあるものの，同時に双方向的でもあった．だが，これも種々の事例で

みたように，時には関連業者の側もまた，サービスの開発者として葬儀社に対する優位性を行使し得るのである．もちろん，そのサービスが消費者に受け容れられるかどうかは葬儀社にとっても死活問題であるから，葬儀社はいわゆる「ダメ出し」を関連業者に行い，それをもとに関連業者はさらにサービスを洗練する．つまり葬儀社と関連業者の関係は，消費者に送り出す前のサービスを互いに提案し，吟味しあう回路にもなっていると言えよう．

　「代替品または代替サービス」という圧力要因に関しては，たとえば書籍や新聞などの紙媒体に代わるものとしてのインターネットというような，「葬儀サービスを代替するサービス」が出現することは想定し難い．というのは，葬儀一式を提供するというサービスの性質からみても，葬儀サービスを代替するのは同じく葬儀サービスなのであって，したがってそれは代替というよりもサービスの「更新」という事象と捉えるほうが妥当であるからだ．そして，葬儀サービスが時代を経て更新され，消費者の趣味嗜好や，各種の社会状況への対応をサービスに反映させてきたことは，とりわけ第4章において示してきたとおりである．そこで示された事例は，新たなサービスの潮流に乗り遅れまいとする切迫感だけでなく，他社に先駆けて新機軸を創り出すという圧力が常に葬儀業の活動に作用していることを浮き彫りにしていた．

　そして「買い手の交渉力」，つまり葬儀社の顧客である消費者から行使される力については，葬儀サービスの供給—消費関係の全体像に関わることでもあるため，葬儀サービスの「消費」とは何かという根源から考えてみたい．

　今日の葬儀サービスが，ヒトやモノといった「ハード」の供給に留まることなく，死と葬儀をめぐる抽象化されたコンセプトやイメージなどの「ソフト」の次元に及んでいることを，本書ではさまざまな事例を通して繰り返し述べてきた．それでは，ソフトの次元にあるサービスを消費するとは，一体どのような営みなのだろうか．その営みを理解するための補助線として，ここで「快楽消費」の概念に言及してみたい．堀内圭子によれば，快楽消費とは「主観的に望ましい感情を経験すること」と定義されるが［堀内 2004: 32］，ここでいう快楽とは一般的に思い描かれる「楽しさ」や「おもしろさ」のような感情だけではなく，「心地よさ」や「リラックス」などの感覚的なものから，「興味深い」といった認知的なものまで含めたポジティヴな感情の総体が念頭に置かれてい

る［堀内 2004: 54］．ところで，この快楽消費という概念が立ち現れてきた背後には，旧来の消費概念が拠りどころとしていた「合理性」や「問題解決」という構図への疑義が存在している．つまり，合理的な問題解決をする消費者という人間像だけでは，現代の消費行動をうまく説明できない場合も多いのだ．その例として堀内は，使い勝手が悪くても愛着があって手放せないパソコンを使い続けたり，何時間も列に並んで有名アーティストのチケットを買ったりするという消費行動の存在を挙げている［堀内 2004: 14-18］．これらはたしかに合理的な問題解決ではないが，当人にとっては望ましい感情を消費によって経験している，ということになるだろう．

　快楽消費という概念をここで導入したのは，それが主観的な意味づけの次元をも視野に含んでいるからである．たとえば上述のパソコンの例で言えば，ついに壊れてしまって新たなパソコンを買うという場合，従来の構図では「支障なくパソコンを使いたいから新品を買う」という説明が終着点と考えられていた．だが，そもそも「パソコンを支障なく使いこなせる状態になることが問題解決である場合，消費者はなぜこのような状況を望むのかと問うてみたらどうだろう」［堀内 2004: 16］という新たな問いが存在することを，この快楽消費という考えかたは気づかせてくれる．つまり，「パソコンを使うこと」には，それぞれの人間の価値観や事情に対応した究極的な意味づけがあるのであって，それゆえに望ましい経験を獲得することとは，望ましい意味を獲得することにも結びついているのである．

　さらに，快楽消費に注目するもうひとつの理由として，「経験」が快楽の上位概念として設定されているという点も挙げられる．堀内は，消費によって獲得が期待される経験を「プラスの快楽」「マイナスからの快楽」「到達の快楽」の3つに分類した．プラスの快楽とは，たとえば有名ブランドの靴を購入して喜ぶというように，もともと不快の状態にはなかった消費者が，より高い快楽の状態を経験することである．一方，マイナスからの快楽とは，「温泉旅館で日ごろの疲れをとる」といったように，不快の状態から，快―不快の中立状態以上になる，あるいは不快の状態になることを回避する経験である．そして最後の，到達の快楽とは，消費によって人生上の目標を成し遂げることであると説明されている［堀内 2001: 85］．

このような快楽消費の構成要素と現代葬儀の様相が結びつくのは，今日の葬儀サービスがまさに主観的な「意味」と「経験」の獲得に向けられているという点にある．細分化された個々の葬儀サービスにしても，そして葬儀という出来事そのものにしても，単純に合理的で安価であることを打ち出すだけでは，今日の消費者にはなかなか受け容れられない．だからこそ葬儀社は，自社のサービスに一種の精神性を付与することに腐心しているのである．このように，現代の葬儀業をめぐる「買い手の交渉力」とは，どれだけ望ましい意味を，そしてどれだけ望ましい経験をもたらしてくれるかという圧力としても理解することができるのだ．

再びポーターの図式に戻ろう．彼の図式では，これら４つの圧力要因が，「既存の競争企業間のライバル関係」に収斂すると示唆されている．そして，この図式は競争環境の分析枠組みとしてだけでなく，現代葬儀における価値表現の力学を示す見取図としても成立すると筆者はすでに述べた．なぜなら，各々の要因に対する説明からもわかるように，葬儀社の活動を取り巻いている圧力のいずれもが，葬儀業に対する「より良い」「より新しい」「より望ましい」サービスの価値革新を，すなわちイノベーションを常に促しているからである．

産業組織によるサービスの革新は，ヨーゼフ・シュンペーターの『経済発展の理論』［シュムペーター 1980]1)から現在に至るまで，このイノベーションという概念のもとに理解されてきたと言っても過言ではない．その概念定義は研究者によって微妙に異なるものではあるが，たとえばエベレット・ロジャーズの述べる「個人もしくは，他の採用単位によって新しいものと知覚されたアイデア，行動様式，物」［ロジャーズ 1990: 18］といった見方は，ハードからソフトまでの幅広い領域を手掛ける葬儀業の創造性に当てはまる．同時に，ロジャーズはイノベーションを素朴な企業内活動としてではなく，「（イノベーションの）普及は，イノベーションが，コミュニケーション・チャネルを通して，社会システムの成員間において，時間的経過の中でコミュニケートされる過程である」［ロジャーズ 1990: 16，括弧内は筆者補足］と位置づけているが，これもまた

---

1) 同書の表記ではシュ「ム」ペーターとなっているが，本文中では現在の一般的表記に倣った．

第6章 つくられる葬儀　219

今日の葬儀業が社会的要請を敏感にサービスへと反映させてきたことを考えれば，彼らの活動がまさにイノベーションという表現を与えるにふさわしいことを示していると言えよう[2]．つまり葬儀業の創造的活動とは，新規性の追求という単純な側面のみで捉えられるものではなく，葬儀という文化的実践において新たな価値と意味を表現しようとする社会的コミュニケーションの営みとしてみることができるのだ．

2　「マクドナルド化」論を超えて

ポーターの「5つの力」の図式や，あるいはイノベーションという概念を先に持ち出したのは，それらに代表される科学的（経営）戦略論の枠組みに葬儀業の活動を矮小化しようとしているからではなく，むしろ逆の目論見に基づいている．この点について，野中郁次郎と竹内弘高による以下の指摘を参照してみたい．

科学的戦略論の背後にある知識観の主要な限界は，次の3点に集約できる．まず第一に，ビジネス戦略の科学は価値や信念の問題を取り扱えないので，知識やビジョンの創造の可能性は最初からその理論に入り込む余地はない．（中略）第二に，戦略の科学が前提としているのはトップダウン・マネジメントであり，そこではトップだけが既存の明示化された知識を操作しな

---

2)　同時に，筆者がここでイノベーションという語に反映させようとしているのは，サービスの形態そのものの変化だけではなく，サービスをやり取りする「プロセス」の変化をも含んでいる．この点については，たとえばジョー・ティッド達による次の指摘が参考となるだろう．「（前略）言葉の定義を明確にしておくことは有用であろう．〈イノベーション〉という言葉は何を意味しているのだろうか？　本質的には，我々は変化について述べているのであり（中略），この種の変化は2種類の形を取ることができる．組織が提供するもの（製品やサービス）自体の変化と，それらが創造され利用者のもとへ届けられる方法の変化である．これらは伝統的に「プロダクト」および「プロセス」のイノベーションと呼ばれているが，これらの用語は時として混乱を招くものである」［ティッドほか 2004: 6］．また，このようにサービスそのものの革新である「プロダクト・イノベーション」ではなく，戦略的に他者よりも上手いやりかたを編み出すという意味での「プロセス・イノベーション」は，たとえば第5章で示した「ケア文脈の標榜と演出」にまつわる諸事例が当てはまるだろう．そこではサービスそれ自体の価値に加えて，いかに「望ましいやり取り」を醸成するかに葬儀社従業員が力を注ぐ様相が描き出されていた．このように，彼らが腐心しているのは単なる「望ましいサービスの創出」だけではなく，「望ましいコミュニケーションの創出」も含まれるのである．

がら考えるのである．トップ以外のメンバーが持つ大量の暗黙知は利用されないことが多い．第三に，広く使われている経営戦略コンセプトは，競争力の源泉としての知識の役割に注目すべきなのに，それをしていない．（中略）要するに，戦略の科学の知識観は，テイラー主義の知識観に似ているのである．論理的・分析的（すなわち演繹的あるいは帰納的）思考と組織トップにおける既存の形式知の利用に重点が置かれる．価値・意味・体験などの計量化できない人間的要素は，正式に事業計画を策定するときや戦略的に資源を配分するときには考慮されない．［野中・竹内 1996: 41，下線は筆者］

第2章の小括で筆者が指摘した「人間臭さ」の議論とも関連するが，産業組織をめぐる学説の大きな流れが科学的管理法から人間関係論へという展開を辿ってきた背景には[3]，上記引用のように価値・意味・体験といったものが分析から捨象されていたことへの批判が根底にあった．つまり，筆者がここで価値表現の力学や，イノベーションといった事象に注目するのは，それによって合理性や疎外性を強調しようとしているのではなく，むしろ葬儀業が価値・意味・体験をサービスに結びつける際の柔軟性，すなわち野中と竹内が「人間的要素」と呼ぶものを浮き彫りにしようとしているからである．

だが，これまで葬儀業と現代的葬儀サービスに向けられてきた学術的視点には，上記の科学的戦略論的な思考が巧妙に紛れ込んでいたと言わざるを得ない．つまり，ハードからソフトへという葬儀業の領域拡大や，全国津々浦々に葬儀サービスが普及するという動向が，「顧客が本来行うべきものまで葬儀社に奪

---

3) フレデリック・テイラーが提唱した科学的経営管理の手法 [Taylor 1911] は，マルクス主義理論の大きな部分を構成していた疎外論のさらなる実践的追究という側面を有している [平井 1998: 174; Burawoy 1979]．そこで主要な問題とされるのは労働管理であり，だからこそ組織活動のなかに見出せる何らかの様式，つまり企業文化と称されるものが個々の労働成員の逸脱行為を制御するための道具であるという洞察 [Krackhardt and Kilduff 1990: 142] も編み出されてくるわけだが，そのような労使関係の重視に対する批判および補正として，「組織内におけるフォーマル／インフォーマルな行為への注目」という人間関係論的および組織論的な視座が次第に広がりを見せるようになると，その議論と関連づけられて知識 [例として，Czarniawska-Joerges 1992] や信念 [例として，Pfeffer 1981] という認知人類学の題材となる要素が重要性を帯びるようになってくる．本文に引用した野中郁次郎と竹内弘高の指摘も，基本的にはこの大きな学問的潮流を受け継ぐものと言えるだろう．

われている」という印象のもとに読み替えられて，葬儀の均質化・マニュアル化・画一化という図式のもとで語られてきたのである．この図式を凝縮した記述の一例として，民俗学者の板橋春夫が述べている以下のエピソードを参考にしてみよう．

　最近の葬式は画一化しすぎていないか．その点について私には次のような経験がある．群馬県の民俗学者都丸十九一先生が平成12年（2000）に亡くなったときの告別式は，前橋市内の民間葬儀場を会場とした．私は喪主の正さんから司会進行を頼まれた．しかし私はそのような経験が一度もないので大いに困ってしまった．喪主の話では，親戚や知人の葬式に出かけるが，どこでも同じマニュアル化された告別式であり，個性豊かな故人はそのような葬式を望んでいないはずであるという．確かにどこでも同じような葬式が多くなったと私自身も感じていた．喪主はマニュアル化を嫌い，故人を偲ぶ葬式にしたい．ついては都丸先生から信頼の厚かった私に是非お願いしたいという．私としては白羽の矢が立ったことは大変光栄でありお引き受けすることにした．
　まずは葬儀場で行っている一般的なやりかたを係の人からレクチャーしてもらうことになった．司会進行については詳しいマニュアルがあり，一般的にはそれを基準に時間配分などを調整していることが分かった．しかし，そのマニュアルを大幅に変更するのは難しかったので，司会担当者がアナウンスすべき内容を私自身の言葉に置き換えるなど，亡くなった先生を紹介しながら参列者に先生とのつながりを再認識させる工夫をした．素人が進行する告別式であったが，逆にそれが新鮮な感動を与えたようであった．昔は葬儀委員長になると，その人が死者の後継者と認知されたものであったから，私は何人かの年配の先生方から「君こそ都丸先生の後継者だからしっかりしなさい」と励ましの声を掛けていただくことになった．民俗学に関しての実力はともかく，告別式の司会という大役がそのような評価につながっていたことは私にとって驚きであった．
　マニュアルに沿って進行することは一般的であり，そうすれば可もなく不可もなくという出来映えになる．葬式はマニュアル通りということが多

く，喪主が述べるお礼の言葉に至っては名前と日時を変えるだけで出来上がりというマニュアルがあることも分かった．しかし，これでは死者の個性が出ない，という喪主の意見は首肯できるのである．葬儀社が執り行っている葬式は進行だけでなく，入棺や出棺などの儀礼がマニュアル通りに行われてゆく．葬式を出すという経験はたびたびあるわけではないからマニュアル的な資料が役に立つことが多く，その結果，マニュアルは一定の型になる．そのマニュアルも地域の葬式によって少しずつ異なっているようであるが，それを比較検討していけば，地域性やその地域が何を大切にしているかがわかるであろう．［板橋 2010: 217-218，下線は筆者］

　下線を付した「個性豊かな故人」や「死者の個性が出ない」といった部分に表れているように，ここでは板橋がいかに故人の個性を表現するかという点に心を砕いていたかを察することができる．だが，仮に葬儀社の関与がなかったとしたら，あるいは葬儀社が存在しない時代の葬儀に立ち戻ったならば，そこでは彼の言う「個性」が発揮できるのであろうか．ここに，過去の葬儀が豊穣な民俗と地域慣習に溢れた「良きもの」であり，それに対して現在の葬儀は人びとのいきいきとした個性を奪い去った「悪しきもの」であるという，素朴な二項対立への回収を見てとることができる．そこで想定されている過去の葬儀では，おそらく葬儀の進行を「私自身の言葉に置き換え」たり，「つながりを再確認させる工夫」をしたりすることは，慣習の織り成す作法や格法によって排除されてしまっていたはずだ．あるいは，「しきたり通りに」という無言の圧力に逆らう覚悟が必要だったはずである．

　どの葬儀社にも，たしかにマニュアルは（明文化されているかどうかは別として）存在する．しかしマニュアルと顧客の意向が相反したときは，多くの場合で後者が優先されるのであり，また業界全体としてもそれが推奨されている．さもなければ，それはサービスの「失敗」を意味するからである．たとえば火葬後の遺骨を安置するために自宅で中陰壇[4]を設けるとき，「線香を絶やさないようにしましょう」というマニュアルはごく一般的に見受けるものである．

4）「後飾り」または「後飾り壇」などとも呼ぶ．これは葬儀で組む祭壇や，あるいは葬儀当日の式次第を「飾り」と呼ぶこととの対比からきたものと考えられる．

だが，「火事になるかもしれないので」「疲れているので」「部屋が臭くなるので」といったさまざまな理由で夜通し線香を焚かなくてもいいかどうかと遺族から尋ねられれば，葬儀社の従業員は躊躇なく「故人を弔う気持ちさえあれば，大丈夫です」と応じるだろう．

　この点で，板橋の言うとおりマニュアルは「一定の型」を形成してはいるが，それはむしろ状況に応じて改変されるために存在する準拠枠か，もしくは葬儀という出来事が成立しなくなって顧客に不利益を生じさせてしまわないための最低ラインという性格が強い．だからこそ板橋もまた，マニュアル化された司会の言葉を，会葬者に感動を与えようとして改変することができたのである．もしもマニュアルがなく，仮に全てが自由に委ねられていたならば，溢れ出る故人への言葉が止め処なく続き，それによって出棺の時刻が遅れ，結果として火葬場が遺体を受け入れられなくなるという事態も容易に想像できる．あるいはマニュアル化されているからこそ，近親者の死によって憔悴している遺族に「会葬者への挨拶を今すぐ考えてください」というような一方的な押し付けをせずに済む．そしてほとんどの場合，ディレクターの立場まで任されるようになった葬儀社の従業員は，このようなやり取りを顧客と行うだろう．「お疲れのところ申し訳ありませんが，葬儀に来ていただいた方々へのお礼も兼ねて，出棺前に喪主からご挨拶をしていただければと思います．ご自分の言葉で述べられるのがふさわしいと思いますが，火葬場への移動時間も限られていますので，もしもご入用でしたら当方が作成した例文をいくつかご用意しました．よろしければお使いください」と．

　彼らの仕事の端々を覆うこのような流儀は，葬儀社従業員が手掛ける日常労働が，上述のような個々の状況に応じた柔軟性を前提に成立していることに由来する．この点については主に第3章の諸事例が物語っているが，それらを補強する情報として，現場において強く叩き込まれる2つの言葉を挙げておきたい．そのひとつは「できませんと言ったら終わり」であり，もうひとつは「何でもできるようにしておけ」である．これらはともに平易な言葉ではあるが，葬儀業に要求される資質の多くを代表するものである．今までの議論のなかで繰り返し述べてきたように，現代の葬儀サービスはソフト面への比重を高めているが，それはサービスそのものが持つ内容や性質に加えて，それが供給され

る際の「やりかた」の次元でも作用している．たとえば顧客を接遇するときの丁重な礼儀から，椅子の配置，葬具の配列，生花の選別に至るまで，多種多様な顧客の嗜好や感覚に同調することが，従業員達の仕事の必須条件である．同時にそのことは，従業員の側から「できません」という意思表示をすることを困難にしているのだが，これは特にフィールドノート3-6の描写で如実に示されていた．つまり，金額に関する折衝は別としても，「できません」という意思表示は単にサービスの提供不能を意味するのではなく，顧客の嗜好や美的感覚といった「センス」の否定を意味しかねないのである．そしてそれは，死と葬儀という重大事に関することだけに，些細なことであろうとも顧客の反発を招くことに容易に結びついてしまう．

　そのためディレクターなど，能力のある熟練者は，苛烈なまでの仕事の連鎖という状況のなかで，同時に複数の案件を回転させる処理能力を保ちつつ，それぞれに異なる顧客の事情や動機を汲み取り，時には自ら顧客の嗜好をさりげなく誘導する．そのことは，生来的な資質が占める部分もあるものの，やはり経験の豊富さに多くを依拠していると言ってよいだろう．そしてこの点が，もうひとつの言葉である「何でもできるようにしておけ」に連なっている．それは，経験のなかで定型化された顧客対応のヴァリエーションを眼前の局面に瞬時に当てはめる判断能力，初見の経験にも動じない胆力，そしていかなる状況をも（顧客にとっての主観的な）望ましい方向に誘導できる「状況改変能力」とでも言うべき能力の総体を意味している．だからこそ葬儀社の仕事では，膨大なまでの定型的手練を迅速かつ反射的な動作に具現化できるまで熟練を重ねることが要件となっているのだが，それにもかかわらず現場で，そしてサービスとして顧客の前に立つ局面では，その定型をいとも簡単に放棄してしまうのも当然であると，常に意識されているわけである．

　言わば葬儀業の仕事には，その大きな特質として「ルーティン化しないというルーティン」が埋め込まれているのだ．これは言葉としては矛盾しているけれども，彼らの仕事においてはまったく矛盾していないことが，これまでの描写と考察からも理解できるであろう．一方，先述のように現代葬儀と葬儀サービスに関する従来の諸研究では，このような葬儀業の微視的特質を通り過ぎてしまっているがゆえに，「葬儀サービスがもたらす文化の均質化」という視点

が支配的であった．たとえば筆者と同じく現代日本の葬儀業を研究している鈴木光は，葬儀における地域ごとの固有性が大量生産の機制によって均質性に転換されているという考察を与えるとともに［Suzuki 2000: 220］，「マクドナルド化された葬 Mcfunerals」という言葉を用いて現代葬儀の中核的性質は合理化と専門化に存在すると主張している［Suzuki 2003: 52］．また，米国における現代葬儀を論じたピーター・メトカーフとリチャード・ハンティントンは，筆者と同様に葬儀実践の潮流形成を経済的合理性に還元してしまうことの限界を認識しつつも［メトカーフ＆ハンティントン 1996: 278］，「儀礼の均一性 ritual unifomity」という言葉のもとに，次のような指摘を行っている．

　　世界中には種々雑多な死の儀礼があり，またアメリカ社会が文化的に異種混交であることを考えれば，そこでの葬式の習俗も地域や階層，エスニック・グループによって互いに大きく異なっていることが予想されるだろう．奇妙なことに，実際にはそうではないのだ．全般的な葬儀形態は，アメリカ全土で驚くほど均一である．その一般的特徴としては，葬儀堂への遺体の迅速な移動，エンバーミング，画一化された「ご対面」，埋葬による死体処理，などがあげられる．［メトカーフ＆ハンティントン 1996: 270］

　　葬式産業において，いくつかの巧妙な新案装置があったのは事実である──ドライブイン式の葬儀場は，最近の例である──しかし儀礼の形態全体は，数十年ものあいだ，驚くべき安定性を保ってきた．［メトカーフ＆ハンティントン 1996: 278］

　これらの議論は，あからさまな産業批判の主張を慎重に避けてはいるものの，やはり産業の力学による一方的な合理化が推し進められていくという，素朴なフォーディズムの構図のもとにしか現代葬儀を捉えていない．したがって葬儀サービスの端々にどれだけ臨機応変かつ能動的な創意工夫が観察できても，その構図と印象を通している限りは，鈴木のようにマクドナルド化という語彙で「産業による一方的な文化の侵食」を示唆するか，あるいはメトカーフとハンティントンのように「風変わり」［メトカーフ＆ハンティントン 1996: 39, 268］と

いう表現を与えるかの違いこそあれ，現代葬儀をめぐる多様な事象は均質なサービスの提供という作用に還元されてしまうのである．

さらに，このようなマクドナルド化の図式を葬儀に適用するという議論は，儀礼の本質が静態性・固定性にあるという構図をも暗黙裡に内包している．だからこそ本書で描き出してきた現代葬儀の動態は，序章で挙げた諸々の産業批判がそうであったように「本質の破壊」や「意味の形骸化」として，つまり，世俗化と結びつけて論じられる場合が多かったのだ．その点をふまえると，過去から現在に至る葬儀無用論と均質化論とは，土台となる視座において実は共通しているのである．たとえば，いわゆる「葬儀本」のなかでも近年稀にみるベストセラーとなった島田裕巳の『葬式は，要らない』[島田 2010] では，次のような2つの議論が同一の地平に置かれていた．

　　葬式は，社会的な慣習であり習俗である．慣習や習俗は昔から受け継がれてきた伝統である．多くの場合，前例を踏襲するため，急激な変化は少ないと考えられてきた．[島田 2010: 37]

　　葬祭業者は，社会の変化に非常に敏感で，新しい動きが生まれれば，それをすぐに取り入れていく．散骨が可能になれば，それを請け負う業者が生まれ，密葬が家族葬と名前を変えて一般化していくと，業者はさまざまな家族葬のプランを用意してきた．火葬場にほぼ直行する直葬の普及が急速度で進んでいるのも，葬祭業者がいち早くそれを取り入れたからである．[島田 2010: 123]

ここで，序章で引用した木下光生の指摘を再び振り返ってみよう．それは，従来の研究において支配的であった「葬儀社が普及することで葬送の商品化が推し進められ，その結果「伝統的」な葬送儀礼が変質していく，という見方」への疑義表明であり，またそのような商品化を求めている人たちが存在するという事実への注目であった[木下 2010: 260]．つまり，島田が列挙したさまざまな新しい葬儀のかたちは，「葬祭業者がいち早くそれを取り入れたから」ではなく，「葬祭業者にいち早くそれを取り入れるよう求めた人びと」と葬儀社

との双方向的なやり取りのなかで大きな潮流となっていたのである．要するに，ここにも「人間的要素の排除」[5]というマクドナルド化の構図が見受けられるのであり，儀礼実践を刻々と変化させる力学と，それを能動的に生み出す人びとの複雑な営みが思考から捨象されてしまっていると言えよう．これに対して本書では，そのような観点を注意深く避けつつ，儀礼と産業の結びつきを諸事例によって浮き彫りにしてきた．そこで貫かれている視点を筆者はすでに序章で提示しているが，あらためて別の言葉に置き換えるならば以下のようになるだろう．

　（前略）個々の領域では新旧儀礼・儀式のひそやかな交代劇はあたりまえの現象であり，自然発生的ですらある．だからといって儀礼的行為一般が人間の世界から，とくに現在の技術的に「合理化された」世界から必然的に消滅すると言うなら，それは人間を根本から誤解している判断である．　［今村・今村　2007: 5-6］

3　葬儀をつくる——文化資源論の視座から

　以上に展開してきた議論のとおり，本書では儀礼と産業の結びつきという視点をもとに，今日の葬儀業の諸活動と，葬儀業が提供する葬儀サービスについて論じてきた．ここで筆者は，葬儀業の役割という問いに立ち戻るとともに，前節に示したマクドナルド化の議論を乗り越えるものとして，現代社会における彼らの位置づけを文化資源論の視座から捉えてみたい．

　この文化資源論，つまり「文化を資源としてみる」という眼差しを導入する最大の理由は，現代葬儀におけるサービスの供給や開発が，まさに多種多様な文化的要素を摂取することによって成立していたからである．たとえば葬儀祭

---

5)　マクドナルド化という図式が「人間的要素の排除」を土台としている点は，その概念と用語を提唱したジョージ・リッツァ本人による次の指摘からも明らかであろう．「マクドナルド化は，人間的技能を人間によらない技術体系に置き換えることによって，効率性，予測可能性，計算可能性，制御の増強を図っている．もちろん，それは多くの望ましい発展ももたらすが，しかしまた，マクドナルド化は，広い範囲にわたる非合理性，とくに脱人間化と画一化をともなっている」［リッツァ　2001: I］．

壇が儀礼空間の演出において中核的な葬具と認められるようになったのは，そこに宗教民俗的な意匠を凝らすことのできる可能性が葬儀社や葬具業者によって見出されたからであり，さらに現在では生花祭壇という新たなサービスが望ましい死の表象を形成する新機軸として浸透しつつある．このように過去の文化的意匠や規範を能動的に変容させるという役割を葬儀業が果たしている一方で，そこで顕現される「望ましさ」は，たとえば第4章でみたQ社の「アジアン・テイスト・ルーム」で見たように，時には異文化の表象をも導入したものであった．すなわち，そこでは「行為者が文化を対象として実体化あるいは客体化し，それを提示したり操作したり活用したりすることによって，利益や効用を得る」[清水 2007: 127] という，文化資源の発見や利用として図式化できる種々の営みが展開されているのである．

　また，上述のようにさまざまな文化的要素を過去／現代，そして自文化／異文化という境界すら超えて渉猟するという葬儀業の活動展開は，葬儀サービスのイノベーションにおいても大きな部分を占めている．そのことは，たとえば第5章で描写した死化粧・湯灌・エンバーミングなどの事例からも思い起こすことができるだろう．かつては近親者が自分たちで執り行うものとされていた死化粧や湯灌は，過去にはそれが民俗風習的な臨終儀礼であったという歴史との連続性を保ちながら，現在では業者の手によって提供され，かつ以前とは異なった専門性の高いケア実践として供給されている．またエンバーミングに関しては，北米において主流である土葬と，日本において主流である火葬という葬制の違い，そして遺体に寄せるキリスト教的な畏怖と救済の観念 [Emerick 2000: 34] と，日本における仏教民俗あるいは先祖祭祀的な観念との違いを乗り越えて，新たな文化とテクノロジーが融合された実践として輸入されたものであった．

　文化資源という枠組みが思考上の便法を超えた意義を持つのは，これらの変化のなかに人びとの能動的な「文化への働きかけ」を汲み取ることができるという点にある．文化というものを人びとの創造性からまったく乖離した，自律的かつ静態的な存在としてみる限り，上述のような葬儀をめぐる変化は単なる世俗化や，異文化による自文化の侵蝕，ないしは前節で論じたようなマクドナルド化といった構図でしか捉えられない．言わば筆者は文化資源論の視座をと

り入れることで，それらの平板な文化理解を乗り越えると同時に，産業の力学のなかで葬儀の文化的様式が構築されるという様相を，より精緻な図式のもとに捉えることを試みているのである．しかしながら，そのためには葬儀の変化を生み出す経路となる葬儀サービスの供給—消費関係についても，より明確な考察を与えておくことが必要となるだろう．

　この供給—消費関係がもたらす葬儀の変化という点に関して，前節でも論じた鈴木光の先行研究を再度引き合いに出してみたい．先述のとおり，鈴木は現代葬儀の変化に対して，大量生産の機制がもたらす葬儀のマクドナルド化という構図を与えているが，実はそれを否定的な印象で捉えているわけではない．というのは，そのような性質に彩られた現代葬儀の供給—消費関係は，地域共同体における人間関係の喪失を補完するものであり，むしろ社会的結束力を強める方向に作用していると鈴木が主張しているからである［Suzuki 2000: 205］．鈴木の論理によると，従来の地域共同体内部における相互依存的な互酬関係においては，世代を超えた関係の永続性が追求されていたが，葬儀業の浸透がもたらした「業者と顧客」という新たな交換関係もまた永続性が追求されているという点で過去の互酬関係の代替になり得ており［Suzuki 2000: 212］，かつ葬儀サービスのやりとりを介在した新たな形態の相互依存関係［Suzuki 2000: 221］が創出されているという．だが，この鈴木の考察は葬儀業の浸透が新たなネットワークをもたらしているという点では同意できるものの，贈与交換と市場交換の概念を代替可能なものと混同してしまっているという難点が存在する．

　伊藤幹治が指摘しているように，贈与とは本来「贈り手と一体化された所有物を与えること」であり，その点をふまえれば商品交換と贈与交換は異なる実践であるが，「有名デパートで購入した和菓子を「お歳暮」として贈る」というように，現代社会では贈与に供する財物のほとんどが非人格的な商品によって占められているのも事実であって，その点では贈与交換もまた市場経済のシステムに埋め込まれているという見方も可能ではある［伊藤 1996: 22］．だが，贈与という実践を人類学的理論のなかで最初に体系化したマルセル・モースの問題意識まで遡れば，そこに内包されていたのは「返礼を義務付ける規則は何か」という問いであった．その問いに対してモースは「モノの中に贈物を循環させる力がある」という解釈を示すと同時に，返礼の義務として賭けられてい

るものは結局のところ「人格」なのだと主張しており，だからこそ贈与とは単なる経済行為なのではなく，法・宗教・審美・社会などのさまざまな次元にまたがる「全体的社会事象」と論じられたのである［モース 1973: 223; 竹沢 1996: 80-81］．したがって贈与とは，もともとの概念定義に基づくならば贈与「交換」というひとつの交換形態であり，単なる全般的な「交換」で思い描かれるような，特に見返りを求めない供与の往復活動ではない．

　このように贈与交換とは必ず債権と債務の発生を伴うものであり，先述の鈴木が過去の地域共同体における互酬関係として述べたものも，まさにこのような地域内に張り巡らされた網目状の債権—債務関係を念頭に置いていたと言えよう．だが，その債権—債務関係は一般的な市場交換における「ギブ・アンド・テイク」式の関係とはかなり異なる．このような錯誤は多くの研究に見られるが，たとえば上野千鶴子はこの点について，ケネス・ボールディングのように進化論的図式を分析に導入した人類学寄りの経済学者や，マーシャル・サーリンズやカール・ポランニーといった経済人類学の先駆者達が市場交換と贈与交換の対比を強調するあまり，返礼の債権・債務を生じさせない「見返り」や「共有」といった活動をも贈与交換に含めてしまったことが背景にあると指摘している［上野 1996: 155］．

　これらの議論に基づいて考えると，現代における葬儀社と顧客の供給—消費関係は，やはり対価のやり取りを介在した紛れもない市場交換なのであって，そこに「集団の文脈の中で生きており，かつその中でしか生きられない」ことに根ざした社会的連帯への要請［上野 1996: 161］が横たわっていると見なすのは無理がある．つまり，「ムラの葬儀」という光景のなかで互酬されるモノや労働が持つ意味と，現代葬儀でやり取りされる葬儀サービスが持つ意味とは，たしかに鈴木の主張のように同じ「関係の永続性」という言葉で表現し得るものではあっても，当人の人格まで賭けた全体的社会事象であるか否かという点では，圧倒的な差異があるのだ．たとえば，「あなたの母親の葬儀では私が墓掘りをした．だから，次に私の家が葬儀を行うときは，あなたの家から墓掘りの人足を出してほしい」という言葉と，「いささか不謹慎ですが，今回の葬儀に限らず，次にお客様の家でご不幸があったときも，私たちが心を込めてお手伝いをいたします」という葬儀社が用いる常套的なセールストークとは，それ

ぞれ世代を超えた関係を保とうとしている点では共通するものの，そこで示唆されている含意が同じとは言えないのである．

重要なことは，この差異にこそ序章で述べた「葬儀のやりかた」と「葬儀のつくりかた」という視点の違いが表れている，という点である．前者の構図，すなわち慣習と伝統が織り成す強固な文化的拘束を前提とした民俗モデルの枠組みで捉える限り，儀礼とはあくまで当人達も説明がつけられない「とりあえず，そうすることになっているもの」であり，何らかの解釈がつけられることもあるにせよ，最終的には循環論法的に「そうすることになっているから，そうする」という地点から先にはたどり着けないものとして想定される．この点について福島真人は「儀礼執行者達が，儀礼的行為を逐一意味づけ／解釈して，異なるイデオロギーから闘争しあっている訳ではな」く，「（儀礼は）慣習的行為であって，解釈の為に存在する訳ではない」[福島 1993: 139，括弧内は筆者補足] ことを強調しているが，このように民俗モデルの枠組みでは，儀礼は「やりかた＝慣習的行為」という骨格だけが人びとに共有されるものであり，一種のブラックボックスとして位置づけられているのだ．

一方，同じく序章で述べたように，本書では「儀礼に関与する者を，漠然と想定された慣習から意味を受け取って咀嚼するだけの，遺産相続者的な存在であると見なさない」という視点を提示した．同時にその視点は，葬儀という出来事に対して能動的に意味や価値を与えようとする創造性が現代葬儀の通奏低音として存在することを，すなわち従来の儀礼観で思い描かれてきたイメージとは異なる「葬儀のつくりかた」を人びとが模索するという事態が展開されていることを浮き彫りにした．もちろん，その模索とは葬儀サービスにおける「より良い意味」や「より良い価値」の追求のことであるが，その過程で発揮される創造性がサービスに昇華されるのは，繰り返し述べてきたとおり「それが消費者に受け容れられる限りにおいて」であることに注意しなければならない．葬儀サービスの新機軸は，葬儀業界の内的な機制だけで生み出されるのではなく，供給者と消費者の双方向的なやり取りのなかで提案と淘汰を繰り返して，はじめて社会に打ち出されるのである．

そして，そのような合目的的な「意味づけ」と「価値づけ」の力学は，今日の葬儀業にとっては往々にして死という重大事をいかに望ましい文化的実践と

して具現化するかという命題として認識されている．現代においても葬儀とは，あくまで死という重大事にふさわしい「文化の匂い」が醸し出される場であり，早い・安いといった単純な合理性や効率性のみに彩られた機械的な処理であってはならないと人びとに受けとめられているからだ．つまり，今日の葬儀から観察できる文化とは，まさにイーフー・トゥアンが述べたような「ある特定の人間の集団がつくり上げてきた理想のイメージもしくは概念」[トゥアン 1991: 182] として存立しており，人びとの能動的な想像力や創造性が反映される対象になっているのである．

　このように，「ある社会的な構図のなかで，いかにして文化が資源になるか，そのプロセスはどのようなものか」[山下 2007: 15] という文化資源論の視座に寄り添った問題意識に即して今日の葬儀を眺めると，現代の葬儀業とは文化を何らかの目的に沿って用い，能動的な創意工夫を凝らし，それによって新たな文化の表現形態を発信するという役割を請け負っている「文化産業」，すなわち生活における諸々の所作の様式を開発することによって，望ましい文化的価値を供給する産業 [Throsby 2001] にほかならない．それでは文化資源の概念によって，あるいは葬儀業の文化産業としての側面を強調することによって，筆者は従来の研究をどのように乗り越えたと主張できるのだろうか．

　森山工が指摘しているように，文化資源論の図式が持つ利点として，まずは文化「を」用いるという営みと，文化と見なされていないものを文化「へ」と位置づける営みの双方を汲み取ることができるという点が挙げられよう [森山 2007: 63]．また第二の利点として，その図式の行為志向的な性質，すなわち「ある特定の行為者がある特定の行為によってある特定のものを「資源」として活用する，その行為の具体性，およびその行為が紡がれる場の具体性を可視化する」[森山 2007: 65] という点にも有効性を見出すことができる．もっとも，これらの見立てが世界各地で生起している全ての文化的動態に当てはまると考えるのは拙速と言わざるを得ない．だが，これまでの研究が概して葬儀サービスの開発と供給をめぐる力学を素朴なフォーディズムの印象のもとに捉えていたのに対して，本書では文化資源論の眼差しを導入することにより，葬儀サービスの供給─消費関係を通じて築き上げられていく文化の能動的利用を可視化した．つまり葬儀という事象において創造性が発揮されているという「人間的

要素」の存在と，その背景となるメカニズムを新たに発見したのである．

しかし他方で，先述のように今日でも葬儀は「規範」や「真正性」の遵守と密接に結びついた実践である．もしそうならば，今までに述べてきた「文化資源の利用」とは，単なる過去の反復参照であり，新たな実践を生み出しているとは言えないのではないか，という疑問がわいてくるであろう．

葬儀業が浸透する以前の段階において，「我々の地域の葬儀では，こうすることになっている」といった知識の類を，つまり葬儀に関する真正性を供給していたのは，概して地域内の宗教職能者や故老などであった．アンソニー・ギデンズによれば，彼らは「伝統の守護者」と位置づけられ，彼らが伝統的知識の維持と更新において大きな力を持っていたのは，「伝統の有す（る）原因力の作用主体，つまり，原因力の極めて重要な仲介者であるから」［ギデンズ 1997: 122-123，括弧内は筆者による補足］とされていた．それでは現在の葬儀社は，伝統の守護者なのだろうか．

今日の日本でも，その全般的な社会的影響力に関する新旧の違いこそあれ，僧侶に代表される宗教職能者達は今でも健在であり，かつ葬儀には欠かせない存在である．第2章で示したとおり，現代日本における葬儀の約90％は仏式，すなわち僧侶を呼び，読経を行うというように，形式的には教義的解釈にのっとって行われている．その点で，宗教的信念や伝統そのものは今でも葬儀の無視できない部分を占めているのである．これらの事実を考えると，葬儀業に属する人びとは伝統の守護者の地位を得たのではなく，むしろ宗教職能者たちと共存関係にある者と見なすほうが妥当であろう．だが今日では，とりわけ新しい実践様式を生み出すという点では，産業の力学は伝統の文脈を凌駕していると言える．ある意味で，それは至極当然な両者の違いに基づく．これまで論じてきたように，葬儀サービスの供給過程には新機軸の更新を促す圧力が常に作用していることに加えて，そもそも葬儀業の仕事が「柔軟性」や「創意工夫」を根幹とするからである［Tanaka 2006: 190-194］．

つまり葬儀業が新しい死の表象や実践形式を浸透させられるだけの能力を持っているのは，彼らが過去における伝統の守護者のように定式的真理を供給する役割を担うようになったからということではない．むしろ彼らの活動が，顧客ごとに細分化された真理を供給するための修正可能性 corrigibility を前提と

しているからである．したがって，葬儀業はこの先も「伝統」や「慣習」を創り出すというよりは，あくまで時代ごとに更新された葬儀の「スタイル」を提供し続けていくだろう．だが同時に，このことは葬儀業が伝統・文化・慣習といった要素と分断されていることを示唆しているわけではない．それらをも活動のなかにとり込みながら，彼らはさまざまな価値を表現していくからであり，またそのような創造性の発揮こそが，現代社会が彼らに求めている役割だからである．

　葬儀が死の発生を契機とした文化的実践であり，また死者を弔う出来事としての地位を保ち続けている一方で，葬儀業はその新しい様式を不断に追求している．その追求において彼らは種々の文化資源を利用し，サービスとして具現化するが，それは野放図な多様化ではなく，ある一定の傾向を需要と供給のせめぎ合いのなかで構築するというプロセスをともなう．そのプロセスこそが現代的な葬儀サービスの根幹を形づくっているのであり，また葬儀を「つくる」という表現によって筆者が示唆するものなのだ．

第7章 「現代の死」と葬儀業

　これまでに展開してきた議論の終着点となる本章では，本書の全体を顧みながら現代の葬儀業と葬儀をめぐる探究を総括する．本書を通じて明らかにされたものは何か．また，本書から得られる知見はどのような意義を生み出すのか．それらの問いかけに対する呼応を，最後に結論として示しておきたい．

1　現代葬儀における能動性と創造性

　エスノグラフィという手法が，観察者の経験をもとにした記録ということだけでなく，そこから何がしかの発見を紡ぎ出すことを目論むものであるならば，このエスノグラフィの試みが明らかにしたものは，何よりもまず葬儀業というひとつの産業カテゴリーが社会にもたらしている影響の大きさであると言えよう．そのことは本書において，葬儀業の活動が極めて広汎かつ多元的な領域にまたがるという事実関係の描写と，その多元性こそが死と葬儀をめぐる新しい文化的様式の創出に結びついているという考察によって浮き彫りにされた．つまり，葬儀費用や市場規模といった量的な側面というよりも，死の出来事をめぐって社会的に共有される文化のありかたを発信するという質的な側面にこそ，葬儀業の顕著な影響力を見出すことができるのである．

　この葬儀業の質的な影響力という点に関して，本書は一貫して次の事実を強調してきた．それは，葬儀業が旧来に続いて設備・物品・マンパワーといった「ハード」の供給者としての地位を保ちながら，一方では葬儀サービスの比重が「ソフト」への移行を示しているという現代的様相である．その変化は，序章で把握した葬儀業の歴史的展開に加えて，顧客の死生観・他界観・美的感覚

などを望ましいコンセプトに顕現させるための意匠の開発，高齢者が抱える人生設計上の不安に対処するための各種サービスの企画，そしてデス・ワークに社会的価値を持たせるためのケア文脈の先鋭化といった諸事例からも把握することができた．同時に，その状況は葬儀業に対して一般的に課せられてきた代行業者のイメージとは微妙に異なる役割を今日の葬儀業が請け負っていることを示唆している．つまり葬儀業の役割とは，同じ代行という言葉で語られるとしても，現在では「意味を収集し，その消費財への転移を達成する代行者」［マクラッケン 1990: 142］としての性質を帯びているのであり，それはまた「どのように How-to」だけでなく「何のために What-to」の提供を請け負うようになった［山田 2007: 319］という表現にも換言できるだろう．

このような葬儀業の現代的特質を，本書は従業員個人による能力の発揮，企業組織による経営戦略の立案，そして業界全体による方向性の模索というように，対象の照準を各章ごとの主題に応じて変えながら，可能な限り総合的に把握することを試みた．その議論は前章の内容，とりわけ第6章で展開した文化資源論の視座に基づく考察に収束されているが，そのなかで葬儀業を「文化産業」として位置づけたのは，顧客にとっての望ましい意味や価値を表現するために多種多様な文化的要素をサービスにとり込んでいくというプロセスが彼らの仕事の端々に埋め込まれているからである．もっとも，現代社会では「商品・サービスの購入行動が，自己演出・自己獲得への希求をはらむ」ものであり，それに応じてサービスの供給者も「すぐれて文化表現を要求される」［秋谷 1980: 207］という議論そのものは特に目新しいものではなく，むしろそのような要求に応えることは今日のサービス産業全般において中心命題となっていると言っても過言ではない．しかしながら現代葬儀をめぐる従来の諸研究はそのような文化と産業の融合を，すなわち本書の問題に即して言えば，「儀礼と産業の結びつき」が能動的に生み出されているという事実を捉え切れていないという難点を抱えていた．

これに対する批判は，序章における先行研究の検討のなかで，そして第6章における「マクドナルド化」論に対する考察を通じて筆者が展開したとおりだが，その難点とは，言うなれば村落モノグラフの範疇で儀礼を描き出す際には有効であった民俗モデルの構図を，産業化した現代葬儀へとそのまま当てはめ

第7章 「現代の死」と葬儀業　237

てしまうことから生じたものである．その構図のなかでは，儀礼に関与する人
びとはあくまで過去から受け継いだ慣習の枠内で儀礼のやりかたと解釈を受け
継ぐ継承者であって，先述した「何のために」を自ら能動的に追求するという
力学は捨象されるしかない．したがって，その力学を生み出している産業の駆
動力は，文化を平板に均質化して「単なる手続き」に塗り替えていく夾雑物の
ように扱われるか，さもなければ序章で論じた一連の産業批判のように「創ら
れた伝統」[Hobsbawm and Ranger (eds.) 1983]を大量生産するような疎外化と
合理化の機構として表面的に語られるということになる．

　たしかに，葬儀業の活動には過去の伝統や慣習を参照し，加工することによ
って新機軸を打ち出すことも含まれている．だが，現代葬儀では「一連の慣習
および，反復によってある特定の行為の価値や規範を教え込もうとし，必然的
に過去からの連続性を暗示する一連の儀礼的ないし象徴的特質」や「先例と調
和していること」は［ホブズボウム 1992: 10-11］，必ずしも欠くべからざる条件
とはなっていない．たとえば第4章でみたアジア風・米国風・和風の表象が混
在している葬儀式場の光景や，第5章でみた湯灌や死化粧の光景は，「どこか
で見聞きしたような過去」を喚起させるものではあっても，殊更に伝統や慣習
が打ち出されていたわけでもなく，歴史的真正性のフィクションが捏造されて
いるわけでもなかった．それにもかかわらず我々がみてきた多様な事例は，ま
さに死を契機とした文化的な表現として打ち出され，またそのように消費者か
ら希求されることによって，葬儀を構成する種々の実践として成立していたの
である．

　ここで，あらためて序章で打ち出した「本書では慣習や伝統が織り成す文化
的拘束に回収できない「儀礼のつくりかた」に注目し，文化的実践と誰もが見
なしている儀礼の遂行のなかに極めて自然なかたちで産業の力学が入り込んで
いるという様相を探究する」という視点を振り返ってみたい．そのような様相
に覆われた現代葬儀はそもそも儀礼ではないのだ，という意見がもしもあると
すれば，それに対する筆者の立場は次のとおりである．葬儀に会する人びとが
まさに葬儀＝葬送儀礼の名称を与えている行為に対して，「儀礼という言葉を
使わないとしたところで，（中略）一体その代わりに何ができるというのか？」
[Goody 1977: 33]．この立場は，「儀礼研究が儀礼自体に対して持つずれを全面

的に解消することは，儀礼と呼ばれる全体として言語的ではない行為の記述分析が言語によって行なわれるものであるかぎり，最終的には不可能であるだろう」［名和 2002: 160］という諦観をいくらかは含むものだが，さりとてそれだけではない．本書でとりあげた現代葬儀の諸相は，前章で論じた「そうすることになっているから，そうする」という循環的な解釈の限界を抜け出すような，つまり能動的な意味づけ・価値づけによって儀礼を非言語的行為から言語的行為の次元に引き寄せるような力学の多様な表れとも捉えられるからだ．

　だからこそ本書では，そのような能動的な意味や価値の創造という現代葬儀のリアリティに近づくために，敢えて民俗モデルを反転させた「儀礼に関与する者を，その土地の人びと folks あるいは合理的経済人 homo oeconomicus のどちらの枠にも押し込めない」「儀礼に関与する者を，漠然と想定された慣習 custom／folkways から意味を受け取って咀嚼するだけの，遺産相続者的な存在であると見なさない」「儀礼を静態的で固定された慣習のみによって成立する出来事と見なさない」という視点を提示し，かつ文化資源論の図式を採用することによって，葬儀サービスの供給―消費関係が新たな文化的実践を創り出すメカニズムを射程に収めることを試みたのである．

　以上のように，本書では葬儀サービスのやり取りをめぐる双方向的な供給―消費関係の作用が，これまで儀礼実践の維持・浸透・変容などを規定する動因として考えられてきた「慣習の反復参照」の作用と並び立っているだけでなく，現代では慣習や伝統といった言葉で称される事柄でさえもサービスの材料としてとり込まれているという様相を明らかにすることを目論んだ．同時に，従来の民俗モデルの構図からは捨象されがちであった葬儀業の種々の能力を微視的な観察を通じて描き出し，その様相を文化資源論の視座から捉えなおすことによって，彼らの活動がいわゆる「マクドナルド化」の範疇にあるものではなく，能動的かつ創造的な文化への働きかけという役割を請け負っていることを見解として打ち出した．この点で，本書は序論で示したとおり葬儀業への注目を通じて現代葬儀に内包された「儀礼と産業の結びつき」のメカニズムを浮き彫りにするとともに，その取り組みを通じて現代社会の状況をふまえた新たな儀礼観と文化観を投げかける試みであったと言えるだろう．

2 わたしらしい死

　本書の冒頭に述べたとおり，これまでに展開してきた葬儀業への着眼は，必然的に今日の葬儀のありようを描き出す試みと重なっている．そして，その試みはさらに，今日の死の様相を見つめる橋頭保のひとつになり得る．本書を締め括るにあたり，最後に「死と葬儀」をめぐる様相についても，言及を与えておくこととしたい．

　我々の生活は多種多様な欲求，そして選択のなかで成立しており，それは死の局面においても当てはまる．そして本書で描き出してきた葬儀という機会においても，現在では望ましい死のありかたをいかに表現するかという場になっており，そこで形づくられている多様な実践も，単に慣習の範囲内に沿って粛々と行われるものであるというよりは，価値と意味を内包したサービスとして消費者に手渡されていることを我々は諸事例を通じて確認してきた．

　だが，こうした状況は，偶発的かつ自然発生的な潮流として生じたものではない．序章で述べたように日本のほとんどの地域で葬儀社が葬儀に携わるようになったのは高度成長期以降のことであり，その時点から現在までの約半世紀の間に，葬儀業は多元的な領域を覆うサービス産業へと脱皮を遂げ，それと並行して葬儀は「対価を払って受け取るサービス」であるということが当然のものとして受けとめられるようになった．そしてそれは，葬儀という機会が死という出来事に馳せる私的な意味づけや価値づけを反映する場として，社会に受けとめられていく過程でもあったのだ．

　ところで，この「私的な」という事柄は，顧客との折衝時におけるセールストーク，儀礼空間の設計，あるいは生前契約など，葬儀サービスをめぐる多様な事例で示されていた．第6章で述べたように，人生の最期で「かけがえのない，わたし／あなたの死」という価値を積極的に表現することは，現代の葬儀サービスの根幹を成すとも言えるのである．しかし，葬儀が「カネを払って受けとる」ものではなかった過去においては，葬儀の場は「わたし」の表現の場ではなかったという点に注意する必要がある．

　ここに大きな転換をもたらしたのは，先述したように高度成長期に始まる葬

儀業のサービス産業化，そしてハードからソフトへの業態拡大であったが，これはすなわち葬儀が消費文化と融合していく展開，つまり遺族や故人といった存在が「消費者」として社会のなかに位置づけられていく過程であったとも言える．この「消費文化との融合」という様相を，筆者は第6章において快楽消費の概念を導入して考察し，今日の新しい葬儀サービスがまさに主観的な「意味」と「経験」の獲得に向けられているという点を明らかにした．さらに付け加えるならば，その快楽消費の性向はジャクソン・リアーズがかつて「心理療法のエートス」と名づけたような，消費することで自己実現を果たそうとする欲求と密接に結びついている．「充たされた生活」と「絶え間ない成長」を消費という行動のなかで追求し，新しく世に出た商品やサービスを獲得していくことで「わたしらしさ」の感覚を維持していこうとするその欲求は［Lears 1983］，まさに我々がみてきた事例に当てはまるものだ．

　リアーズがこの消費文化の現代的様相を心理療法の連想と絡めたのは，「あなたはこうあるべき」という心理カウンセリングの過程，そしてそれがどちらか一方からの押し付けというよりも，双方向的なやりとりのなかで巧妙につくりあげられていくという点に着目したからにほかならない．そしてこの過程は，葬儀業の絶え間ないサービスの開発と供給が，次第に「わたしらしい死」として消費者のなかに浸潤し，その欲求はまた葬儀業の側に汲み取られていくという供給と消費のサイクルをもよく捉えている．

　つまり現代では，死にゆく者もまた消費者としての地位に置き直されているという事態が進みつつあるのだ．「死ぬこと」あるいは葬儀という出来事は，自らは決して経験することはできないものであり，したがってその価値を現実の生において追認することはできない．それにもかかわらず「わたしらしさ」を反映させようという現代葬儀の特質は，自らの生活の延長線上で死をコントロールしたい，そして生活の諸局面を制御するがごとく最期の行く末をも自分の手の届く範囲に置きたいという，2つの欲求が映し出されたものとして考えることができるのである．

参照文献（アルファベット順）

秋谷重男　1980　「流通産業化の限界と商業資本の機能——流通革命と文化表現」流通産業研究所（編）『大規模小売業と地域社会』pp.197-239，リブロポート．

青木新門　1993　『納棺夫日記』桂書房．

Armour, Robert A. and J. Carol Williams　1981　Image Making and Advertising in the Funeral Industry. *The Journal of Pop Culture* 14(4): 701-710.

有賀喜左衛門　1968(1948)　「不幸音信帳から見た村の生活」『有賀喜左衛門著作集V』pp.199-252，未来社．

Asad, Taral　1983　Notes on Body Pain and Truth in Medieval Christian Ritual. *Economy and Society* 12(3): 287-327.

朝日新聞出版　2010　『週刊朝日 MOOK わたしの葬式 自分のお墓——終活マニュアル 2010』朝日新聞出版．

ブロック，モーリス　1994(1986)　『祝福から暴力へ——儀礼における歴史とイデオロギー』田辺繁治・秋津元輝訳，法政大学出版局．

Bowman, Leroy E.　1959　*The American Funeral: A Study in Guilt, Extravagance and Sublimity*. Washington: Public Affairs Press.

Burawoy, Michael　1979　The Anthropology of Industrial Work. *Annual Review of Anthropology* 8: 231-66.

Cahill, Spencer E.　1995　Some Rhetorical Directions on Funeral Direction: Historical Enlargements and Contemporary Dilemmas. *Work and Occupations* 22(2): 115-136.

———　2011　The Boundaries of Professionalization: The Case of North American Funeral Direction. *Symbolic Interaction* 22(2): 105-119.

千葉徳爾　1971　「都市内部の葬送習俗」『人類科学』23: 1-14.

朝野新聞　1886　明治 19 年 1 月 7 日付　東京葬儀社関連記事．

Crouch, Ben M.　1975　The Occupation of Funeral Director: A Research Note on Work Orientations. *Journal of Vocational Behavior* 6: 365-372.

Czarniawska-Joerges, Barbara　1992　*Exploring Complex Organizations: A Cultural Perspective*. Newbury Park: Sage.

Eliot, Thomas D.　1930　Bereavement as a Problem for Family Research and Technique. *The Family* 11: 114-115.

———　1932　The Bereaved Family. *Annals of the American Academy of Political and Social Science* 160: 184-190.

———　1933　A Step toward the Social Psychology of Bereavement. *The Journal of Abnormal and Social Psychology* 27(4): 380-390.

Emerick, Elizabeth J.　2000　Death and the Corpse: An Analysis of the Treatment of Death and the Dead Bodies in Contemporary American Society. *Anthropology of Consciousness* 11(1-2): 34-48.

Faunce, William A. and Robert L. Fulton　1958　The Sociology of Death: A Neglected Area of Research. *Social Forces* 36(3): 205-209.

Feifel, Herman (ed.)　1959　*The Meaning of Death*. New York: McGraw-Hill.

藤田庄市　1998　『神さま仏さま——現代宗教の考現学』アスペクト.

福島真人　1992　「説明の様式について——あるいは民俗モデルの解体学」『東京大学東洋文化研究所紀要』116: 295-360.

――――　1993　「儀礼とその釈義——形式的行動と解釈の生成」民俗芸能研究の会・第一民俗芸能学会（編）『課題としての民俗芸能研究』pp.99-154, ひつじ書房.

――――　1995　「儀礼から芸能へ——あるいは見られる身体の構築」福島真人（編）『身体の構築学——社会的学習過程としての身体技法』pp.67-99, ひつじ書房.

Fulton, Robert L.　1961　The Clergyman and the Funeral Director: A Study in Role Conflict. *Social Forces* 39(4): 317-323.

美容情報センター総合研究所　1985　『人生80歳時代における大都市での葬儀システムに関する研究』NRC-83-5 委託研究, 総合研究開発機構.

Gebhart, John C.　1928　*Funeral Costs: What They Average, Are They too High? Can They Be Reduced?* New York: G.P. Putnam's Sons.

ギデンズ, アンソニー　1997　「ポスト伝統社会に生きること」ウルリッヒ・ベックほか（著）, 松尾精文・小幡正敏・叶堂隆三訳『再帰的近代化——近現代における政治, 伝統, 美的原理』pp.105-204, 而立書房.

Glaser, Barney G. and Anselm L. Strauss　1965　*Awareness of Dying*. New York: Aldine.

Goffman, Erving　1959　*The Presentation of Self in Everyday Life*. New York: Doubleday Anchor.

――――　2002(1967)　*Interaction Ritual: Essays in Face-to-Face Behavior*. Chicago: Aldine. （『儀礼としての相互行為——対面行動の社会学』浅野敏夫訳, 法政大学出版局.）

Goody, Jack　1977　Against 'Ritual.' In *Secular Ritual*. Sally F. Moore and Barbara G. Myerhoff (eds.), pp.25-35. Assen: Van Gorcum.

ゴーラー, ジェフリー　1986(1965)　『死と悲しみの社会学』宇都宮輝夫訳, ヨルダン社.

Habenstein, Robert. W.　1954　*The American Funeral Director: A Study in the Sociology of Work*. Ph.D. dissertation, University of Chicago.

――――　1962　Sociology of Occupations: The Case of the American Funeral Director. In *Human Behavior and Social Processes: An Interactionist Approach*. Arnold M. Rose (ed.), pp.225-246. London: Routledge and Kegan Paul.

――――　1963a　Conflicting Organizational Patterns in Funeral Directing *Human Organization* 22(2): 126-132.

――――　1963b　Critique of "Profession" as a Sociological Category. *Sociological Quaterly* 4(4): 291-300.

芳賀登　1980(1970)　『葬儀の歴史』雄山閣.

Hall, G. Stanley　1897　A Study of Fears. *The American Journal of Psychology* 8(2): 147-249.

林英一　2010　『近代火葬の民俗学』法蔵館.

Hertz, Robert　1907　Contribution à une Étude sur la Représentation Collective de la Mort. *Année Sociologique* 10: 48-137.

碑文谷創　1994　『「お葬式」の学び方』講談社.

――――　2009　『「お葬式」はなぜするの？』講談社.

碑文谷創（編）　2013　『葬儀概論（増補三訂版・第4刷）』表現文化社.

平出鏗二郎　1983(1902)　『東京風俗志　全（下巻）』日本図書センター.

平井京之介　1998　「企業の人類学的研究——疎外, インフォーマルシステム, ジェンダー」『社会人類学年報』東京都立大学社会人類学会（編）, 24: 171-187, 弘文堂.

広井良典　2000　『ケア学——越境するケアへ』医学書院.

Hobsbawm, Eric and Terence Ranger (eds.)　1983　The Invention of Tradition. Cambridge: Cambridge University Press.

ホックシールド, アーリー　2000　『管理される心——感情が商品になるとき』石川准・室伏亜希訳, 世界思想社.

堀内圭子　2001　『「快楽消費」の追究』白桃書房.

―――　2004　『〈快楽消費〉する社会——消費者が求めているものはなにか』中央公論新社.

Howarth, Glennys　1993　Investigating Deathwork: A personal Account. In *The Sociology of Death: Theory, Culture, Practice*. David Clark (ed.), pp.221-237. Oxford: Blackwell.

―――　1996　*Last Rites: The Work of the Modern Funeral Director*. New York: Baywood.

Howarth, Glennys and Oliver Leaman (eds.)　2001　*The Encyclopedia of Death and Dying*. London: Routledge.

Howarth, Glennys and Peter C. Jupp (eds.)　1996　*Contemporary Issues in the Sociology of Death, Dying and Disposal*. London: Macmillan.

Hughes, Everett C.　1931　*The Growth of an Institution: The Chicago Real Estate Board*. Chicago: Society for Social Research, University of Chicago.

―――　1955　Instituitions. In *Principles of Sociology* (4th Edition). A. McClung Lee (ed.), pp.225-267. New York: Barnes and Noble.

―――　1971　Bastard Instituitions. In *The Sociological Eye: Selected Papers*. Chicago: Aldine-Atherton.

市野川容孝　2008　「介助するとはどういうことか——脱・家族化と有償化の中で」上野千鶴子・大熊由紀子・大沢真理・神野直彦・副田義也（編）『ケアという思想（ケア　その思想と実践1)』pp.135-150, 岩波書店.

一柳葬具總本店創業百年史編集委員会（編）　1977　『一柳葬具總本店創業百年史』一柳葬具總本店.

井原西鶴　1960(1688)　『日本永代蔵』『日本古典文学大系48 西鶴集 下』岩波書店.

今村仁司・今村真介　2007　『儀礼のオントロギー——人間社会を再生産するもの』講談社.

井之口章次　1977　『日本の葬式』筑摩書房.

―――　2000　『生死の民俗』岩田書院.

井上治代　2003　『墓と家族の変容』岩波書店.

井上理津子　2015　『葬送の仕事師たち』新潮社.

井上章一　1984　『霊柩車の誕生』朝日新聞社.

石川晃弘　1988　「産業社会学とは何か」青井和夫（監修）, 石川晃弘（編）『産業社会学』pp.3-15, サイエンス社.

石川弘義　1990　『死の社会心理』金子書房.

板橋春夫　2010　『生死——看取りと臨終の民俗／ゆらぐ伝統的生命観』社会評論社.

伊藤幹治　1996　「贈与と交換の今日的課題」井上俊ほか（編）『贈与と市場の社会学（岩波講座現代社会学17)』pp.1-34, 岩波書店.

岩田重則　2003　『墓の民俗学』吉川弘文館.

時事新報　1901　明治34年12月13日付 中江兆民死亡広告.

上方郷土研究会　1938　『上方——郷土研究』昭和13年12月号　創元社.

可南子　1905　『祝祭送迎婚礼葬儀準備案内』園屋書店.

Kastenbaum, Robert　1959　Time and Death in Adolescence. In *The Meaning of Death*. Herman Feifel (ed.), pp.99-113. New York: McGraw-Hill.

244

勝田至（編）　2012　『日本葬制史』吉川弘文館.

川島大輔・近藤恵（編）　2016　『はじめての死生心理学——現代社会において，死とともに生きる』新曜社.

経済産業省　2016　「平成 27 年特定サービス産業実態調査報告書（冠婚葬祭業編）」http://www.meti.go.jp/statistics/tyo/tokusabizi/result-2/h27.html を 2016 年 8 月 23 日付にてインターネット上で参照.

経済産業省商務情報政策局サービス産業室　2011　『安心と信頼のある「ライフエンディング・ステージ」の創出に向けて——新たな「絆」と生活に寄り添う「ライフエンディング産業」の構築　報告書』経済産業省公布資料.

——　2012　『安心と信頼のある「ライフエンディング・ステージ」の創出に向けた普及啓発に関する研究会　報告書——よりよく「いきる」，よりよく「おくる」』経済産業省公布資料.

Kephart, William M.　1950　Status after Death. *American Sociological Review* 15(5): 635-643.

菊地章太　2011　『葬儀と日本人——位牌の比較宗教史』筑摩書房.

木下光生　1997　「近世おんぼう論」『部落問題研究』140: 62-80.

——　1998　「近世大阪における墓所聖と葬送・諸死体処理」『日本史研究』435: 1-26.

——　2000　「大阪六ヶ所墓所聖の存立構造」『ヒストリア』168: 57-82.

——　2001　「近世葬具業者の基礎的研究」『大阪の歴史』57: 61-87.

——　2002　「近世日本の葬送を支えた人びと」江川温・中村生雄（編）『死の文化誌——心性・習俗・社会』pp.85-107，昭和堂.

——　2003　「近世堺の四ヶ所墓地と三昧聖」『ヒストリア』187: 27-54.

——　2004　「近世畿内三昧聖の自己認識と葬送文化——近世畿内三昧聖研究の課題」『解放研究』17: 103-129.

——　2007a　「近世河内中本山真宗寺院の葬送とその存立基盤」大阪真宗史研究会（編）『真宗教壇の構造と地域社会』pp.359-384，清文堂出版.

——　2007b　「近世近代移行期における畿内三昧聖の実態」『世界人権問題研究センター研究紀要』12: 55-84.

——　2007c　「近世畿内近国民衆の葬送文化と死生観」『民衆史研究』73: 3-17.

——　2010　『近世三昧聖と葬送文化』塙書房.

——　2012　「近世の葬送と墓制」勝田至（編）『日本葬制史』pp.180-246，吉川弘文館.

北川慶子　2001　『高齢期最後の生活課題と葬送の生前契約』九州大学出版会.

小林光恵　2005　『死化粧（エンゼルメイク）——最期の看取り』宝島社.

国立歴史民俗博物館・山田慎也・鈴木岩弓（編）　2014　『変容する死の文化——現代東アジアの葬送と墓制』東京大学出版会.

此経啓助　2001　『明治人のお葬式』現代書館.

小杉哲兵　1992　『ザ・葬式』朝日新聞社.

小谷みどり　2006　『変わるお葬式，消えるお墓（新版）』岩波書店.

公益社葬祭研究所（編）　2005　『エンバーミング——新しい葬送の技術』現代書林.

厚生労働省　2012　「平成 23 年国民生活基礎調査」http://www.mhlw.go.jp/toukei/saikin/hw/k-tyosa/k-tyosa11/dl/03.pdf（2012 年 9 月 21 日アクセス）.

——　2015　「人口動態調査」http://www.e-stat.go.jp/SG1/estat/List.do?lid=000001137965（2016 年 8 月 24 日アクセス）.

公正取引委員会　2005　『葬儀サービスの取引実態に関する調査報告書』公正取引委員会公布資料.

Krackhardt, David and Martin Kilduff 1990 Friendship Patterns and Culture: The Control of Organizational Diversity. *American Anthropologist* 92: 142-54.

Kübler-Ross, Elisabeth 1969 *On Death and Dying*. New York: Macmillan.

Laderman, Gary 2003 *Rest in Peace: A Cultural History of Death and the Funeral Home in Twentieth-Century America*. New York: Oxford University Press.

Lears, T. J. Jackson 1983 From Salvation to Self-Realization: Advertising and the Therapeutic Roots of the Consumer Culture, 1880-1930. In *The Culture of Consumption: Critical Essays in American History, 1880-1980*. Richard W. Fox and T. J. Jackson Lears (eds.), pp.1-38. New York: Pantheon Books.

レオン，ヴィッキー 2009(2007) 『図説 古代仕事大全』本村凌二監修，原書房.

Liénard, Pierre and Pascal Boyer 2006 Whence Collective Rituals? A Cultural Selection Model of Ritaulized Behavior. *American Anthropologist* 108(4): 814-827.

Lindemann, Erich 1944 Symptomatology and Management of Acute Grief. *The American Journal of Psychiatry* 101: 141-148.

前田俊一郎 2010 『墓制の民俗学——死者儀礼の近代』岩田書院.

Marcus, George E. and Michael M. J. Fischer 1986 *Anthropology as Cultural Critique: An Experimental Moment in the Human Sciences*. Chicago: University of Chicago Press.

メイソン，ロジャー S. 2000 『顕示的消費の経済学』鈴木信雄・高哲男・橋本努訳，名古屋大学出版会.

モース，マルセル 1973(1968) 『社会学と人類学Ⅰ』有地亨・伊藤昌司・山口俊夫訳，弘文堂.

Mayer, Robert G. 2006 *Embalming: History, Theory, and practice (4th ed.)*. New York: Mcgraw-Hill.

マクラッケン，グラント 1990 『文化と消費とシンボルと』小池和子訳，勁草書房.

メトカーフ，ピーター＆リチャード・ハンティントン 1996(1991) 『死の儀礼——葬送習俗の人類学的研究』池上良正・池上冨美子訳，未来社.

Millerson, Geoffrey 1964 *The Qualifying Associations: A Study in Professionalization*. London: Routledge and Kegan Paul.

皆川真寿美 1989 「社会過程の社会学」片桐雅隆（編）『意味と日常世界——シンボリック・インタラクショニズムの社会学』pp.57-84，世界思想社.

Mitford, Jessica 1963 *The American Way of Death*. New York: Simon and Schuster.

―― 1998 *The American Way of Death Revisited*. New York: Alfred A. Knopf.

森謙二 1993 『墓と葬送の社会史』講談社.

―― 1998 『墓地に関する意識調査』平成9年度厚生科学特別研究事業報告書.

―― 2000 『墓と葬送の現在——祖先祭祀から葬送の自由へ』東京堂出版.

森田敦郎 2003 「産業の生態学に向けて——産業と労働への人類学的アプローチの試み」『民族学研究』68(2): 165-188.

森山工 2007 「文化資源 使用法——植民地マダガスカルにおける「文化」の「資源化」」山下晋司（編）『資源化する文化（資源人類学2）』pp.61-91，弘文堂.

村上興匡 1990 「大正期東京における葬送儀礼の変化と近代化」『宗教研究』64(1): 37-61.

―― 2001 「近代葬祭業の成立と葬儀慣習の変遷」『国立歴史民俗博物館研究報告』91: 137-149.

―― 2002 「中江兆民の死と葬儀」『東京大学宗教学年報』19: 1-14.

―― 2003 「葬祭の個人化と意識の変容——各種アンケート調査をもとにして」『死生学研

究』1: 362(31)-341(52).

―――― 2004 『都市的生活様式の普及と日本人死生観の変遷についての社会史的研究』科学研究費補助金 基盤研究（C）平成 13-15 年度研究成果報告書（研究代表者：村上興匡）.

―――― 2006 「都市葬祭業の展開と葬儀意識の変化」『東京大学宗教学年報』23: 9-22.

長江曜子 1991 『欧米メモリアル事情――デスケア・サービス最新レポート』石文社.

内閣府 2015 「平成 27 年版 高齢社会白書」http://www8.cao.go.jp/kourei/whitepaper/w-2015/zenbun/27pdf_index.html （2016 年 2 月 1 日アクセス）.

仲田定之助 1970 『続・明治商売往来』青蛙房.

中牧弘允（編） 1999 『社葬の経営人類学』東方出版.

中筋由紀子 2006 『死の文化の比較社会学――「わたしの死」の成立』梓出版社.

波平恵美子 1996 『いのちの文化人類学』新潮社.

―――― 2004 『日本人の死のかたち――伝統儀礼から靖国まで』朝日新聞社.

名和克郎 2002 『ネパール，ビャンスおよび周辺地域における儀礼と社会規範に関する民族誌的研究――もう一つの〈近代〉の布置』三元社.

日本消費者協会 1991 『葬儀についてのアンケート調査 第 4 回』日本消費者協会.

―――― 1995 『葬儀についてのアンケート調査 第 5 回』日本消費者協会.

―――― 1999 『葬儀についてのアンケート調査 第 6 回』日本消費者協会.

―――― 2003 『葬儀についてのアンケート調査 第 7 回』日本消費者協会.

―――― 2007 『葬儀についてのアンケート調査 第 8 回』日本消費者協会.

―――― 2010 『葬儀についてのアンケート調査 第 9 回』日本消費者協会.

―――― 2014 『葬儀についてのアンケート調査 第 10 回』日本消費者協会.

野田浩資 1997 「〈プロフェッションの社会学〉の原型――エヴェレット・ヒューズ『制度体の成長――シカゴ不動産協会』」宝月誠・中野正大（編）『シカゴ社会学の研究――初期モノグラフを読む』pp.383-406, 恒星社厚生閣.

野田正彰 1992 「電子葬儀のドラマのはて」『仏教』20: 59-67, 法蔵館.

野中郁次郎・竹内弘高 1996(1995) 『知識創造企業』梅本勝博訳, 東洋経済新報社.

野坂昭如 1967 『とむらい師たち』講談社.

農林中央金庫調査部研究センター 1982 『農協の葬祭事業――実態と問題点』農林中央金庫.

尾高邦雄 1981 『産業社会学講義』岩波書店.

Pfeffer, Jeffrey 1981 Management as Symbolic Action: The Creation and Maintenance of Organizational Paradigms. In *Research in Organizational Behavior*. Larry L. Cummings and Barry M. Staw (eds.), 3: 1-52. Greenwich: JAI Press.

Pine, Vanderlyn R. 1972 Social Organizations and Death. *Omega* 3(2): 149-153.

―――― 1975 *Caretaker of the Dead: The American Funeral Director*. New York: Irvington Publishers.

Pine, Vanderlyn R. and Derek L. Phillips 1970 The Cost of Dying: A Sociological Analysis of Funeral Expenditures. *Social Problems* 17(3): 405-417.

Porter, Michael E. 1980 *Competitive Strategy: Techniques for Analyzing Industries and Competitors*. New York: Free Press.

―――― 2008 The Five Competitive Forces That Shape Strategy. *Harvard Business Review* 86(1): 78-93.

Pringle, Rosemary and Jo Alley 1995 Gender and the Funeral Industry: The Work of Citizenship. *Journal of Sociology* 31(2): 107-121.

Radcliffe-Brown, Alfred R. 1952 *Structure and Function in Primitive Society: Essays and*

Addresses. London: Routledge and Kegan Paul.

リッツァ, ジョージ 2001 『マクドナルド化の世界――そのテーマは何か?』正岡寛司監訳, 早稲田大学出版部.

ロジャーズ, エベレット M. 1990(1962) 『イノベーション普及学』青池愼一・宇野善康監訳, 産能大学出版部.

笹川紀勝 1988 『天皇の葬儀』新教出版社.

佐藤米司 1977 『葬送儀礼の民俗』岩崎美術社.

澤井敦 2005 『死と死別の社会学――社会理論からの接近』青弓社.

澤井敦・有末賢 (編) 2015 『死別の社会学』青弓社.

シュムペーター, ヨーゼフ 1980(1912) 『経済発展の理論 (改訳)』塩野谷祐一・中山伊知郎・東畑精一訳, 岩波書店.

Scott, Colin A. 1896 Old Age and Death. *The American Journal of Psychology* 8(1): 67-122.

関沢まゆみ 2002 「葬送儀礼の変化――その意味するもの」国立歴史民俗博物館 (編) 『葬儀と墓の現在――民俗の変容』pp.201-226, 吉川弘文館.

島田裕巳 2010 『葬式は, 要らない』幻冬舎.

嶋根克己 2001 「近代化と葬儀の変化」副田義也 (編) 『死の社会学』pp.267-287, 岩波書店.

清水展 2007 「文化を資源化する意味付与の実践――フィリピン先住民イフガオの村における植林運動と自己表象」山下晋司 (編) 『資源化する文化 (資源人類学2)』pp.123-150, 弘文堂.

清水哲郎 2005 「ケアとしての医療とその倫理」川本隆史 (編) 『ケアの社会倫理学――医療・看護・介護・教育をつなぐ』pp.105-130, 有斐閣.

新村拓 1999 「死を看取る」新谷尚紀 (編) 『死後の環境――他界への準備と墓 (講座 人間と環境 第9巻)』pp.29-52, 昭和堂.

新谷尚紀 1991 『両墓制と他界観』吉川弘文館.

――― 1992 『日本人の葬儀』紀伊国屋書店.

――― 2015 『葬式は誰がするのか――葬儀の変遷史』吉川弘文館.

Smith, Robert J. 1974 *Ancestor Worship in Contemporary Japan*. Stanford: Stanford University Press.

Smith, Ronald G. E. 1996 *The Death Care Industries in the United States*. North Carolina: Mcfarland.

綜合ユニコム 1999 『遺体取り扱い実務・安全対策と関連サービス資料集――メイク・納棺, 湯灌サービス, エンバーミング実践法』綜合ユニコム.

葬送文化研究会 (編) 1993 『葬送文化論』古今書院.

Sudnow, David 1992(1967) *Passing On: The Social Organization of Dying*. Englewood Cliffs, New Jersey: Prentice- Hall. (『病院でつくられる死――「死」と「死につつあること」の社会学』岩田啓靖・志村哲郎・山田富秋訳, せりか書房.)

杉島敬志 2001 「人類学の設計主義」杉島敬志 (編) 『人類学的実践の再構築――ポストコロニアル転回以後』pp.226-245, 世界思想社.

Sumner, William G. 1906 *Folkways: A Study of the Sociological Importance of Usages, Manners, Customs, Mores, and Morals*. Boston: Ginn.

Suzuki, Hikaru 2000 *The Price of Death: The Funeral Indsutry in Contemporary Japan*. Stanford: Stanford University Press.

――― 2003 McFunerals: The Transition of Japanese Funerary Services. *Asian Anthropology* 2: 49-78.

Suzuki, Hikaru (ed.)　2013　*Death and Dying in Contemporary Japan*. London: Routledge.

高橋都　2003　「がん患者への化粧支援プログラムの日本への適用可能性に関する研究」コスメトロジー研究振興財団研究報告.

高橋繁行　1991　『現代お葬式事情』立風書房.

竹内利美　1990(1942)　「村落社会における葬儀の合力組織」『竹内利美著作集 1』pp.263-305, 名著出版.

竹沢尚一郎　1996　「贈与・交換・権力」井上俊ほか（編）『贈与と市場の社会学（岩波講座現代社会学 17)』pp.79-94, 岩波書店.

玉川貴子　2011　「葬送の社会学——ライフエンディング・ステージの創出と葬儀における消費」藤村正之（編）『いのちとライフコースの社会学』pp.84-99, 弘文堂.

田中大介　2004　「葬儀産業研究の可能性——社会的傾向としての死ぬことの把握を目指して」『死生学研究』2004 年春号 : 306-323.

―――　2006　Conceptualizations of Death in a Commercial Context: The Funeral Business in Present-day Japan. *Research in Economic Anthropology* 25: 173-197.

―――　2007　「葬儀サービスのイノベーション——現代日本の葬儀産業による文化資源の利用」山下晋司（編）『資源化する文化（資源人類学 2)』pp.303-332, 弘文堂.

―――　2013　Working of Funeral Homes: Between Dignity of Death and Commercialism in Work for the Dead. In *Death and Dying in Contemporary Japan*. Hikaru Suzuki (ed.), pp.83-101. London: Routledge.

―――　2014　「ハードからソフトへ」「葬祭の産業化」「葬儀サービスの多様化」「未来を目指すための変化」互助会保証株式会社・全日本冠婚葬祭互助協会（編）『冠婚葬祭の歴史——人生儀礼はどう営まれてきたか』pp.93-108, 水曜社.

田代志門　2015　『死にゆく過程を生きる : 終末期がん患者の経験の社会学』世界思想社.

立岩真也　2004　『ALS 不動の身体と息する機械』医学書院.

Taylor, Frederick W.　1911　*The Principles of Scientific Management*. New York: Harper and Brothers.

Throsby, David　2001　*Economics and Culture*. Cambridge: Cambridge University Press.

ティッド, ジョーほか　2004　『イノベーションの経営学——技術・市場・組織の統合的マネジメント』後藤晃・鈴木潤監訳, NTT 出版.

東京都生活文化局　1996　『都民の生活意識と生活費用等実態調査——葬儀にかかわる費用等調査報告書』東京都.

―――　2002　『平成 13 年度流通構造等分析調査——葬儀にかかわる費用等調査報告書』東京都.

恒藤暁　2007　『遺族支援サービスのニーズと効果に関する実証的研究』科学研究費補助金 基盤研究（C）平成 16-18 年度研究報告書（研究代表者 : 恒藤暁).

トゥアン, イーフー　1991(1989)　『モラリティと想像力の文化史——進歩のパラドクス』筑摩書房.

Turner, Roony E. and Charles Edgley C.　1976　Death as Theater: A Dramaturgical Analysis of the American Funeral. *Sociology and Social Research* 60(4): 377-392.

上野千鶴子　1996　「贈与交換と社会変容」井上俊ほか（編）『贈与と市場の社会学（岩波講座現代社会学 17)』pp.155-178, 岩波書店.

―――　2011　『ケアの社会学——当事者主権の福祉社会へ』岩波書店.

浮ヶ谷幸代　2009　『ケアと共同性の人類学——北海道浦河赤十字病院精神科から地域へ』生活書院.

Unruh, David R. 1976 The Funeralization Process: Toward a Model of Social Time. *Mid-American Review of Sociology* 1(1): 9-25.

――― 1979 Doing Funeral Directing: Managing Sources of Risk in Funeralization. *Urban Life* 8(2): 247-263.

Veblen, Thorstein 1899 *The Theory of the Leisure Class: An Economic Study in the Evolution of Institutions.* New York: Macmillan.

ボイス情報株式会社 2006 『葬祭ビジネス市場動向 2006』ボイス情報株式会社.

Walter, Tony 1994 *The Revival of Death.* London: Routledge.

Waugh, Evelyn 1948 *The Loved One: An Anglo-American Tragedy.* London: Chapman and Hall.

Wilson, Arnold T. and Hermann Levy 1938 *Burial Reform and Funeral Costs.* Oxford: Oxford University Press.

山田慎也 1995 「葬制の変化と地域社会――和歌山県東牟婁郡古座町の事例を通して」『日本民俗学』203: 23-59.

――― 1996 「死を受容させるもの――輿から祭壇へ」『日本民俗学』207: 29-57.

――― 1999a 「葬祭業者を利用することとは――互助から契約へ」新谷尚紀（編）『死後の環境――他界への準備と墓（講座 人間と環境 第 9 巻）』pp.101-125, 昭和堂.

――― 1999b 「社葬はいつ成立したか――新聞の死亡広告を中心として」中牧弘允（編）『社葬の経営人類学』pp.53-78, 東方出版.

――― 2001 「死をどう位置づけるのか――葬儀祭壇の変遷に関する一考察」『国立歴史民俗博物館研究報告』91: 119-136.

――― 2003 「越境する葬儀――日本におけるエンバーミング」篠原徹（編）『現代民俗誌の地平 I 越境』pp.37-53, 朝倉書店.

――― 2006 「日本における葬制研究の展開――近代化による変容を中心に」東京都立大学社会人類学会（編）『社会人類学年報』32: 165-182, 弘文堂.

――― 2007 『現代日本の死と葬儀――葬祭業の展開と死生観の変容』東京大学出版会.

――― 2008 「葬儀用品問屋と葬儀の産業化――ある問屋さんのライフヒストリーを通して」『国立歴史民俗博物館研究報告』141: 493-522.

山下晋司 2007 「序：資源化する文化」山下晋司（編）『資源化する文化（資源人類学 2）』pp.13-24, 弘文堂.

柳田國男 1975(1937) 『葬送習俗語彙』国書刊行会.

――― 1990a(1929) 「葬制の沿革について」『柳田國男全集（ちくま文庫版）12』pp.618-648, 筑摩書房.

――― 1990b(1934) 「葬制沿革資料」『柳田國男全集（ちくま文庫版）12』pp.649-686, 筑摩書房.

――― 1990c(1945) 「先祖の話」『柳田國男全集（ちくま文庫版）13』pp.7-215, 筑摩書房.

横田睦 2000 『お骨のゆくえ――火葬大国ニッポンの技術』平凡社.

横山潔 1996 『葬儀屋さんが行く』KK ロングセラーズ.

読売新聞 1901 明治 34 年 12 月 13 日付 中江兆民死亡広告.

財団法人生命保険文化センター 2010 「平成 22 年度 生活保障に関する調査」http://www.jili.or.jp/research/report/pdf/h22hosho.pdf （2016 年 2 月 1 日アクセス）.

全日本冠婚葬祭互助協会 1989 『冠婚葬祭互助協会四十年の歩み』全日本冠婚葬祭互助協会.

全葬連二十五年史編纂委員会 1982 『全葬連二十五年史』全日本葬祭業協同組合連合会.

あとがき

本書は2013年3月に東京大学大学院総合文化研究科より博士（学術）の学位を授与された論文『葬儀業のエスノグラフィ——現代日本の葬儀業と葬儀サービスに関する人類学的探究』を加筆修正したものである．本書の編集に際しては過去に刊行された論稿を部分的に用いた箇所があるが，その初出を以下に示しておく．

第1章　第1-2節
　　2004年「お葬式，売ります——明治大正期における〈葬儀屋さん〉の勃興」『超域文化科学紀要』（東京大学大学院総合文化研究科超域文化学専攻）9, pp.165-184.
第4章　第1節
　　2007年「葬儀サービスのイノベーション——現代日本の葬儀産業による文化資源の利用」山下晋司（編）『資源化する文化（資源人類学 2)』pp.303-332, 弘文堂.
第5章　第1-3節
　　2014年「葬儀業の仕事にみる専門家のケアとサファリング——死と葬儀をめぐる職業的機制の観察から」浮ヶ谷幸代編『苦悩することの希望——専門家のサファリングの人類学』pp.195-226, 協同医書出版社.

また，出版に際しては独立行政法人日本学術振興会より平成28年度科学研究費補助金（研究成果公開促進費）の助成をいただいたほか，本書の内容に関連する調査研究は次に掲げる団体・機関の貴重な助成によって成し遂げられたものである．列挙とはなるが，記して謝意を表すこととしたい．

［五十音順，筆者が代表者をつとめる研究助成のみ］
家計経済研究所
　　個人研究助成，2007-2008,「近現代日本における葬儀サービスの消費動向の変遷——ライフコースおよび家族形態との関連性を基軸として」
冠婚葬祭総合研究所
　　調査委託研究助成，2015-2017,「葬儀の標準化と個別化」
澁澤民族学振興基金

大学院生等に対する研究活動助成，2004-2005，「現代日本における死の変容に関する研究」

全日本冠婚葬祭互助協会

社会貢献基金研究助成，2011-2012，「総合型ケア産業としての葬儀業に関する産業人類学的研究——グリーフ・ケアならびにデス・ケアの提供をめぐる現状と展望」

東海ジェンダー研究所

個人研究助成，2007-2008，「現代的葬儀におけるジェンダー的役割の人類学的探究——葬儀サービスの利用に関する分析を中心に」

東京大学

学術研究活動等奨励事業（海外），2005，「米国ニューヨークにおける葬儀社および霊園開発業者等への調査研究」

学術研究活動等奨励事業（国内），2006，「福岡県博多地区の葬儀社におけるフィールドワーク調査」

トヨタ財団

個人研究助成，2003-2004，「現代日本における死の変容に関する研究——葬儀産業からみる死ぬことの実践」

日本学術振興会（科研費）

特別研究員奨励費，2005-2007，「現代日本における死の産業化——葬儀産業からみる死の変容と動態」

研究活動スタート支援，2012-2014，「東日本大震災の死後措置プロセスに関する人類学的研究」

基盤C（ネオ・ジェロントロジー），2014-2017，「ライフエンディングを支援する多職種連携スキームの人類学的研究」

松下国際財団

個人研究助成，2003-2004，「葬儀実践の日米間比較：葬儀産業からみる死への対処の変容」

明治安田こころの健康財団

個人研究助成，2007-2008，「現代日本の葬儀サービスにおけるグリーフ・ケアの浸透——ケア概念とイノベーション実践の融合に関する産業人類学的分析」

早稲田大学

特定課題研究助成，2012-2013，「日本における現代的葬制の動態に関する人類学的探究」

特定課題研究助成，2013-2014，「ライフエンディング・プロセスの多職種連携に

関する人類学的研究」

＊　　　　　　　＊　　　　　　　＊

　朝に目ざめたら，家のなかにもうひとつ「小さな家」ができていた．
　母は，今日は保育園に行かなくてもいいと言う．近所にある中華料理屋のお
ばさんが，なぜか家に来てくれて母が料理をつくるのを手伝っていた．黒い身
なりの人びとが入れかわり立ちかわり集い，それが翌日も続いて，夜になると
母を含めた一同が車座になって何かを話し合っている．その間，私は寝室にい
て，今起きているこの出来事を自分なりに理解しようと努めていたように思う．
さして利発でもなかった5歳の私には，その出来事を明晰な言葉に紡ぎだすこ
とはできなかった．けれども，その出来事のさらに前に起きた出来事がきっか
けであるのだろうということは，ゆっくりと染み込むような空気で感じる．
　父が死んだので，こういうことをしているのだろう，と．そして，あの「小
さな家」が白木祭壇と呼ばれていることを知ったのは，ずいぶんと後になって
からである．
　大学院に入学して直後，大林太良先生が亡くなった．残念ながら，生前にお
会いしたことはない．そのときに私が在籍していた研究室で教鞭を執っておら
れた諸先生の，そのまたさらに先生の世代である．人類学者よりも民族学者と
いう名のほうがしっくりとくる，私にとっては文字通り「神話」の世代だ．と
いうわけで，四海に通暁するのかと畏怖すら感じさせる莫大な業績と，「教室
に入るや否や教壇でおもむろに原書を開き，そのまま最後まで，あたかも詩吟
のごとく朗々とドイツ語で講義を行う」「文献や論文の話題が出ると，何も見
ずに何頁の何行目にどのような記述があるかを正確に語る」といった，まこと
しやかに語られる博覧強記の伝説で，その人となりを窺うに留まるのみであっ
た．事の是非は別として，「教授会の間にハードカバーの文献を5冊読み終え
てしまう」といった伝説もあっただろうか．
　言葉を交わしたことすらない人間がこんなことを語る資格もないと言えばな
いのだが，それはさておき大林先生の葬儀が行われることになった．新しい環
境で右も左も分からないまま私も手伝いに駆り出されることになり，駐車場の
案内係をしたことを思い出す．だが，より鮮明な記憶に残っているのは，ある

ひとつの出来事だった．まだ読経が終わらない内に，葬儀が行われていた寺院の各所に設けられたスピーカーから，哀切な響きのある音楽が流れてきたのだ．近くにいた先輩の院生に聞けば，おそらくファドではないかと言う．ポルトガルの伝統的な歌謡である．真偽は未だもって定かではないものの，大林先生ならばファドを知っていても，それを好んで聴いていたとしても，おかしくはない．しかし私にはそのことが，何か奇妙なことのようにも思えた．大林先生は，すでにこの世にはいない．だからファドの響きを聴くこともできないし，誰かに聴かせたいという思いがあったにしても，それを見届けることもできない．では，今起きている，この葬儀という出来事は何なのか．

　翌週になって大学院の授業に出ると，さらに興味深い出来事があった．授業は全て演習形式で，小ぢんまりとした教室で行われる．そこには，（未だ存命であっても）遺影のように歴代の教授の写真が掲げられており，大林先生の写真もあった．

　私は今でも，修士課程に入学した最初の学期で，どの先生が何曜日の授業を担当されていたかを思い出すことができる．月曜日は関本照夫先生で，しみじみと大林先生の写真を見つめながら「ユニバーサル・スカラーと言える，最後の方でした」と語り，その後はいつものように授業が進められた．火曜日は私の指導教員でもあった山下晋司先生で，歴代教授の最初から最後まで，大林先生も含めてひとりずつ，その業績についてコメントをしながら人類学の歴史を紐解いていた．授業時間の半分ぐらいは費やしていたように思う．水曜日の名和克郎先生は，大林先生の存在がご自身の研究に与えた影響を手短に回想していただろうか．金曜日は船曳建夫先生で，授業を始めるにあたって厳かに「賛同してくれる方だけでよいので，黙祷を捧げましょう」と語り，その静寂が過ぎた後の授業はいつにも増して真剣な議論が交わされていた．ちなみに金曜日は伊藤亜人先生も授業を担当していたのだが，じっと大林先生の写真を見上げている内に，話はいつしか学内で密かにキノコ栽培に励んでいたことや，ごみ捨て場で真空管を漁っては廃品利用でオーディオのアンプを製作していた助手時代の追憶に遷ったので，その日の授業はなぜか皆で伊藤先生の研究室で自慢のオーディオを拝見することになってしまった．福島真人先生と中村雄祐先生は，特段の言葉を語ることはなかったという記憶がある．もちろん，だからと

言って素っ気ないとか，淡白であるということにはならない．

　十人十色の，そんな弔いのかたちを目のあたりにしていると，再び「葬儀という出来事は何なのか」という問いかけが自分のなかでゆっくりと醸成されてくるのが分かった．私が葬儀の研究を始めようと思ったのは，おそらくはそれが契機だったのだろうと今になって感じる．もっとも，大学院に入学する時点で「死」の研究をしたいという意思は持っていたので，その意味では葬儀という対象も射程内ではあったのだが，修士課程の2年間の内は準備的な調査を行うに留まり，本格的な長期調査を実施したのは本文中でも事例を描写したN社が最初であった．

　率直に言えば，N社で調査を開始した当初は，暗中模索どころか「やめさせてください」と切り出すタイミングを常に探っていた．その経緯の一端は第3章で述べたが，何しろ皆忙しく，その一方で自分は何をしていいのか分からない．精神的にも限界に追い込まれたとき，思い切って，当時は未だサブの立場であったSさんを近くの居酒屋へと誘った．私はほとんど下戸に近いにもかかわらず，である．俗に言う「飲みニュケーション」の効用を謳っているわけではない．それでも，正面切って自分の苦境を吐露してみるところから色々と道が開けたのは事実である．

　今でもSさんをはじめとするN社の皆さんには陰に陽に支えられているが，それ以外のさまざまな業者の皆さんにも本当にお世話になり放しであった．記憶を掘り起こすと際限がなくなってしまうが，印象深いのはN社で調査を開始してから1年ほどが過ぎた，ある日の出来事である．その時にはN社で霊柩車（遺体搬送車も兼ねていた）も任されるようになっており，ご遺体やご遺族を乗せて，ほぼ毎日のように特別仕様に製造されたボルボV70を運転していた．ある葬儀会館から事務所に戻る途中で信号待ちをしていると，隣にまた別の霊柩車が並ぶ．すると，そのドライバーが窓を開けて「よう，今から帰るのか？」と声をかけてきたのだ．見知らぬ相手から声をかけられて少し戸惑ったものの，「ええ，そうですよ．そちらは？」と応じると，「こっちは今から，さ．じゃあな」という返事とともに信号が青に変わり，そのまま別れてしまった．それは私にとって狐につままれたような出来事だったが，それを事務所に帰ってから話すと，当の私ではなくTさんが出来事の理由を説明してくれた．間

違われたんですよ，と.

　私が調査していた時点で，ボルボという車種を霊柩車で使用しているケース
を，ほとんど見かけたことがない．火葬場に行って，同業他社の従業員から
「珍しいね」と言われたことも一度や二度ではない．ただし，都内で霊柩運送
を手掛ける大手業者が1台だけ，同じボルボを保有しているはずだとTさん
は言う．つまり私は，その業者の同僚に勘違いされたのだ．そのことが私はと
てもうれしかった．何しろ，間違われるぐらいにはなれたのだ.

　人類学者＝フィールドワーカーとして「葬儀屋さんを研究する」ということ
は，私にとって「葬儀屋さんに，なる」ということを意味していた．フィール
ドワークというのは，その程度の差こそあれ「何者かに，なる」ということな
のかもしれない．でも，究極的には「なれない」のも事実である．どこかの時
点で，フィールドから引き剝がされてしまうのだから．そう考えると，「な
る」というよりは「なってみる」ぐらいの語感が正鵠を射ているのだろう．そ
れでも，「なる」と「なれない」の間を往来して，もがきながら何かを見出し
ていく作業というのは，幸いなことに私にとっては苦しさよりも楽しさのほう
が多かったと自信を持って言える．だからこそ，フィールドワークにひとまず
の終止符を打たねばならないときは，その楽しさが終わってしまう反動も生じ
ることになった.

　N社での調査を終えることにした最後の通夜で，私はいつものように式場内
で撤収後の作業をしていた．すると，その場にいたN社のディレクターや社
員たちが「今日はもう終わりでいいから，ちょっとこっちに来て」と手招きを
している．その式場内のバックヤードにあたる，事務所兼倉庫のような場所に
案内されると，そこにいたのは板前姿の男性だったが，見たことはない．聞け
ば，N社がよく使っている仕出料理業者H社の社長であると言う．現場に来
るのは妻にあたる女将さんであり，そちらはよくよく見知っていたものの，社
長と会うのは初めてだった．「いつもお世話になってまして……これ，どうぞ.
いっぱい食べると聞いているので」と社長が何かを差し出してくれるので，見
れば豪華絢爛な寿司が並べられた大きな寿司桶であった.

　恥ずかしい話だが，なぜか私はN社随一の大食漢と見なされており，いわ
ゆる業弁（仕出業者が葬儀社の現場要員のために用意してくれる弁当）が私だけ大盛

あとがき　257

になっていたこともある．いずれにしても，その寿司桶は数人前のサイズだったであろう．それに加えて，未だ周囲が後片付けの作業をしているのに一人だけ寿司を味わうのは気が引けたので，現場にいた面々に「一緒に食べましょうよ」と言っても，「ダメだ．それはお前のなんだから，お前だけで全部食べなきゃ」と笑い混じりの返事が返ってくるだけである．黙々と狭い場所で身を縮めるようにして寿司を食べながら，私はこう思った——これもまた，自分が今いる場所から離れるために用意されたひとつの通過儀礼なのかもしれない，と．

＊　　　　＊　　　　＊

　私の研究は，いつもこのように，数えきれないほど多くの人びとによって支えられていた．まずは調査を受けいれていただいたご遺族ならびに故人の皆様，そしてＮ社をはじめとする全国各地の葬儀社および関係各社，全日本葬祭業協同組合連合会，全日本冠婚葬祭互助協会，葬祭ディレクター技能審査協会の多大なるご支援とご協力に，感謝の念を込めて厚く御礼を申し上げたい．

　大学院で指導を仰いだ山下晋司先生にも，本当にお世話になった．自宅が全焼火災に遭って，焼け跡で茫然自失となっている私の前に山下先生が現れたときのことが今でも思い出される．山下先生を主査として，博士論文の審査を引き受けていただいた東京大学大学院の川中子義勝先生・森山工先生・名和克郎先生，国立歴史民俗博物館の山田慎也先生には，ご多忙のなかで査読の労を執っていただいた．とりわけ山田先生とSuzuki Hikaru先生，そして碑文谷創氏は，現代の死と葬儀を見つめてきた先達として，後進である私を常に温かく見守っていただいただけでなく，私の調査研究の道筋を開いてくれた方々である．また，博士論文を執筆するにあたって大きな支援をいただいた早稲田大学の竹中宏子先生と，共に楽しみ，共に議論を交わして示唆と発奮を与え続けてくれた東京大学文化人類学研究室の皆様にも，この場を借りて感謝を捧げたい．

　本書の出版に際しては東京大学出版会の各位，とりわけ山本徹氏から絶大な御協力を賜った．打ち合わせの席上で，「本を出したら，次の世界が待っているかもしれない」という山本氏の一言に，どれほど勇気づけられたことだろう．

　私の家族にも，あらたまって述べるのはいささか気恥ずかしいが，大きく感謝している．女手ひとつで育ててくれた闘病中の母，常に泰然とかまえていて

くれる兄と義姉，私が東京に戻るのを見届けて逝った祖母，いつでも優しく見守ってくれる義父と義母，そして5歳の私が人生最初の葬儀で見送った父に，ようやく本書で感謝の思いを伝えることができた．

　最後は，妻に．色々な苦境に出くわすたび，「大丈夫，なんとかなる」という言葉にどれだけ励まされたか，自分でもその大きさを測ることができない．博士論文を執筆しているときも，そして本書を執筆しているときも，「未来の私とあなたが，この論文を待ってる」と伝えてくれたからこそ，どうにかこうにか上梓に漕ぎつけることができた．本当に，ありがとう．

　2016年11月

田中大介

索　引 (＊は人名)

あ 行

石川弘義＊　　11
遺体ケア　　196
板橋春夫＊　　221
5つの力　　214
伊藤幹治＊　　229
井上章一＊　　25
イノベーション　　218
ヴェヴレン，ソースタイン＊　　10
エジリー，チャールズ＊　　20
エルツ，ロベール＊　　16
演出　　148, 153
エンゼルメイク　　197
エンバーミング　　198
桶屋　　39

か 行

会員制組織　　169, 170
外部化　　180
快楽消費　　216
科学的戦略論　　220
駕籠業　　36
家族葬　　161
割賦販売法　　63, 70
龕師　　35
慣習　　5, 6, 31
感情労働　　189

簡素化　　145
北川慶子＊　　29
ギデンズ，アンソニー＊　　233
木下光生＊　　27
キューブラー＝ロス，エリザベス＊　　12
業界団体　　68
供給―消費関係　　229
業種間ネットワーク　　81, 88
儀礼　　3, 141
儀礼空間　　148
儀礼研究　　3
儀礼の解釈不可能性　　5
儀礼の均一性　　225
均質化論　　226
空間演出　　148
グリーフ　　184, 191
グリーフ・ケア　　181, 184, 191
グリーフ・ワーク　　184
グレーザー，バーニー＊　　19
ケア　　179, 196
ケア産業　　179, 183
ケアの文脈　　179
ゲブハート，ジョン＊　　9
現代葬儀　　8
香典返し　　65
高齢者向け包括ケア　　204
ゴーラー，ジェフリー＊　　16
告別式　　52, 111

輿屋　45

互酬関係　229

互助会（冠婚葬祭互助会）　56, 70

ゴフマン，アーヴィング*　17, 20, 87,
　208

さ　行

サドナウ，デヴィッド*　19

サブ　127

産業　3, 92

CSR　202

シカゴ社会学派　17

市場交換　229

自助グループ　202

死化粧　196

死の社会学*　11

死の認知運動　12

島田裕巳*　226

嶋根克己*　26

社会化　180

奢侈化　145

修正可能性　233

熟練　123

手練　129, 133, 135

状況改変能力　224

職業研究　18, 63

白木祭壇　106, 145

真正性　213

審美性　212

シンボリック相互作用論　18, 19

鈴木光*　29, 225

ストラウス，アンセルム*　19

スミス，ロバート・J.*　25

生花祭壇　106, 147

生存感覚　177

全日本冠婚葬祭互助協会（全互協）　68

全日本葬祭業協同組合連合会（全葬連）
　68

葬儀一式　61, 65, 77

葬儀業　1, 2, 8, 43, 63

葬儀サービス　2, 143, 208, 214

葬儀祭壇　144

葬儀司会　56

葬儀社　2

葬儀無用論　226

葬具業　34, 40

葬祭ディレクター技能審査　73, 127,
　192

贈与交換　229, 230

葬列　45, 50, 145

祖型の追究　22, 26

尊厳性　212

た　行

ターナー，ロニー*　20

玉川貴子*　29

力関係　82, 87

知識　118

千葉徳爾*　24

創られた伝統　237

ディレクター　104, 115, 123

デス・ケア　181, 182

デス・スタディーズ　10

デス・ワーク　17, 190, 236

デス・ワーク研究　20

伝統の守護者　233

トゥアン，イーフー*　232

東京葬儀社　44

索 引　261

統制組合　55
独自性　213
都市化　23
ドラマツルギー論　20

な 行

中筋由紀子*　29
中牧弘允*　29
西村熊彦*　56
日本人論　22
任意後見　174
人間関係論　220
能力　132, 133, 135

は 行

ハーベンシュタイン，ロバート*　17
ハイテク野辺送り　153
パイン，ヴァンダーリン*　18
芳賀登*　23, 33
花屋　40
早桶　37
ハワース，グレニス*　20, 189
ハンティントン，リチャード*　15, 225
美的感覚　139, 148
碑文谷創*　55
ヒューズ，エヴェレット*　17
平出鏗二郎*　47
フォンス，ウィリアム*　11
福島真人*　4, 177
フューネラル・ディレクター　14, 20
フルトン，ロバート*　11
文化産業　232
文化資源論　227, 232

ボウマン，ルロイ*　9
ポーター，マイケル*　214
ホックシールド，アーリー*　189
堀内圭子*　216

ま 行

マクドナルド化　225, 226
マニュアル　192, 222
水屋　36
密葬　161
ミットフォード，ジェシカ*　12
民俗モデル　4, 231
村上興匡*　24
メトカーフ，ピーター*　15, 225
面目一行為　87
モース，マルセル*　229
モジュール　147
森謙二*　25

や 行

柳田國男*　21
山田慎也*　21, 26
湯灌　196, 197
横山潔*　59
予測不能性　117

ら行・わ行

ライフエンディング・デザイン　171,
　　172, 174
リアーズ，ジャクソン*　240
立体墓地　96
ルーティン　135, 212, 224
わたしらしい死　239

著者略歴

1972 年　東京都生まれ
　　　　三菱商事株式会社勤務を経て
　　　　東京大学大学院総合文化研究科博士課程修了
現　　在　桜の聖母短期大学キャリア教養学科教授. 博士（学術）

主要論文

「葬儀と葬儀社──死ぬこと，はたらくこと」（春日直樹編『人
　類学で世界をみる』第 6 章，ミネルヴァ書房，2008 年）
「葬儀業の仕事にみる専門家のケアとサファリング──死と葬
　儀をめぐる職業的機制の観察から」（浮ヶ谷幸代編『苦悩す
　ることの希望』第 7 章，協同医書出版社，2014 年）
「ライフエンディングとしての現代葬儀──儀礼と人生設計の
　「あいだ」」（『質的心理学フォーラム』第 8 号，2016 年）

葬儀業のエスノグラフィ

　　　2017 年 1 月 25 日　初　版

　　　　［検印廃止］

著　者　田中大介

発行所　一般財団法人　東京大学出版会
　　　　代表者　古田元夫
　　　　153-0041 東京都目黒区駒場 4-5-29
　　　　http://www.utp.or.jp/
　　　　電話 03-6407-1069　Fax 03-6407-1991
　　　　振替 00160-6-59964
印刷所　株式会社平文社
製本所　誠製本株式会社

ⓒ 2017 Daisuke Tanaka
ISBN 978-4-13-056310-9 Printed in Japan

[JCOPY] 〈(社)出版者著作権管理機構　委託出版物〉
本書の無断複写は著作権法上での例外を除き禁じられています. 複写される
場合は, そのつど事前に, (社)出版者著作権管理機構（電話 03-3513-6969,
FAX 03-3513-6979, e-mail: info@jcopy.or.jp）の許諾を得てください.

山田慎也著	現代日本の死と葬儀	A5	五八〇〇円
国立歴史民俗博物館 山田慎也・鈴木岩弓 編	変容する死の文化	A5	五四〇〇円
島薗進一編	宗教と公共空間	A5	四四〇〇円
磯前順一著	宗教概念あるいは宗教学の死	A5	四〇〇〇円
山口輝臣著	明治国家と宗教	A5	六〇〇〇円
島薗進・竹内整一・ 小佐野重利編集代表	死生学〔全5巻〕	A5	各二八〇〇円

ここに表示された価格は本体価格です．御購入の
際には消費税が加算されますので御了承下さい．